"十二五"国家重点图书出版规划项目

风力发电工程技术丛书

风电场技术经济分析

顾圣平 李晓英 王社亮 主编

中国水利水电出版社
www.waterpub.com.cn

内 容 提 要

本书是《风力发电工程技术丛书》之一，全面介绍了风电场技术经济分析的基本理论和方法，内容包括绪论、技术经济分析的经济要素、资金等值计算、技术经济分析的基本方法、不确定性分析、风电场财务评价、风电场国民经济评价与社会效果分析、风电场建设资金与融资分析、风电场设备更新技术经济分析、风电场后评价中的技术经济分析等。

本书适合作为高等学校相关专业的教材或教学参考用书，也可供从事风电场规划与设计的工程技术人员和有关管理人员阅读参考。

图书在版编目（CIP）数据

风电场技术经济分析 / 顾圣平，李晓英，王社亮主编. -- 北京：中国水利水电出版社，2015.6
（风力发电工程技术丛书）
ISBN 978-7-5170-3328-8

Ⅰ. ①风… Ⅱ. ①顾… ②李… ③王… Ⅲ. ①风力发电—发电厂—技术经济分析 Ⅳ. ①F407.613.7

中国版本图书馆CIP数据核字(2015)第130850号

书　　名	风力发电工程技术丛书 **风电场技术经济分析**
作　　者	顾圣平　李晓英　王社亮　主编
出版发行	中国水利水电出版社 （北京市海淀区玉渊潭南路1号D座　100038） 网址：www.waterpub.com.cn E-mail：sales@waterpub.com.cn 电话：（010）68367658（发行部）
经　　售	北京科水图书销售中心（零售） 电话：（010）88383994、63202643、68545874 全国各地新华书店和相关出版物销售网点
排　　版	中国水利水电出版社微机排版中心
印　　刷	北京纪元彩艺印刷有限公司
规　　格	184mm×260mm　16开本　14.75印张　350千字
版　　次	2015年6月第1版　2015年6月第1次印刷
印　　数	0001—3000册
定　　价	**46.00元**

凡购买我社图书，如有缺页、倒页、脱页的，本社发行部负责调换

版权所有·侵权必究

《风力发电工程技术丛书》编委会

顾　　问	陆佑楣　张基尧　李菊根　晏志勇　周厚贵　施鹏飞
主　　任	徐　辉　毕亚雄
副 主 任	汤鑫华　陈星莺　李　靖　陆忠民　吴关叶　李富红
委　　员	（按姓氏笔画排序）

马宏忠　王丰绪　王永虎　申宽育　冯树荣　刘　丰
刘　玮　刘志明　刘作辉　齐志诚　孙　强　孙志禹
李　炜　李　莉　李同春　李承志　李健英　李睿元
杨建设　吴敬凯　张云杰　张燎军　陈　刚　陈　澜
陈党慧　林毅峰　易跃春　周建平　郑　源　赵生校
赵显忠　胡立伟　胡昌支　俞华锋　施　蓓　洪树蒙
祝立群　袁　越　黄春芳　崔新维　彭丹霖　董德兰
游赞培　蔡　新　糜又晚

丛书主编　郑　源　张燎军

主要参编单位 （排名不分先后）

河海大学
中国长江三峡集团公司
中国水利水电出版社
水资源高效利用与工程安全国家工程研究中心
华北电力大学
水电水利规划设计总院
水利部水利水电规划设计总院
中国能源建设集团有限公司
上海勘测设计研究院
中国水电顾问集团华东勘测设计研究院有限公司
中国水电顾问集团西北勘测设计研究院有限公司
中国水电顾问集团中南勘测设计研究院有限公司
中国水电顾问集团北京勘测设计研究院有限公司
中国水电顾问集团昆明勘测设计研究院有限公司
长江勘测规划设计研究院
中水珠江规划勘测设计有限公司
内蒙古电力勘测设计院
新疆金风科技股份有限公司
华锐风电科技股份有限公司
中国水利水电第七工程局有限公司
中国能源建设集团广东省电力设计研究院有限公司
中国能源建设集团安徽省电力设计院有限公司

丛书总策划 李 莉

编委会办公室

主　　　任	胡昌支　陈东明
副 主 任	王春学　李 莉
成　　　员	殷海军　丁 琪　高丽霄　王 梅　邹 昱
	张秀娟　白 杨　汤何美子

本书编委会

主　　编　顾圣平　李晓英　王社亮

参编人员　（按姓氏笔画排序）

　　　　　　朱三华　朱碧泓　刘　舜　刘小松　李承志

　　　　　　吴来群　宋　强　张　箭　胡立伟　粟素容

　　　　　　谢宏文　戴文新　糜又晚

前　言

风能资源是一种清洁的可再生能源。我国的风力发电始于 20 世纪 50 年代后期。1986 年，我国第一座风电场——马兰风力发电场在山东荣成并网发电，是我国风力发电史上的里程碑。此后，我国风电真正进入快速发展时期。截至 2013 年末，全国发电装机总容量达 12.47 亿 kW，其中，水电 2.8 亿 kW，火电 8.6 亿 kW，核电 1461 万 kW，并网风电 7548 万 kW，并网太阳能发电 1479 万 kW。目前，我国有 29 个省、市、自治区（不含港、澳、台地区）建有风电场，风电已成为我国除火电、水电等常规能源外最重要的发电方式。

风电场项目既属于基础设施建设，又是经营性的工程建设项目。为了不断提高风电场设计、建设和运营水平，促进风力发电的健康持续发展，必须做好风电场的技术经济分析。这就要求将来要从事风电场规划与设计工作的风电专业大学生应当具备这方面的知识。作为《风力发电工程技术丛书》之一，本书既能满足风电专业"风电场技术经济分析"或类似课程的实际教学需要，也可供从事风电场规划与设计的工程技术人员和有关管理人员阅读参考。

风电场技术经济分析涉及的内容非常广泛。本书首先介绍了技术经济分析的基本理论和方法，包括技术经济分析的经济要素、资金等值计算、技术经济分析的基本方法、不确定性分析等，在此基础上，着重介绍了风电场技术经济分析实际应用方面的基本知识，包括风电场财务评价、风电场国民经济评价与社会效果分析、风电场建设资金与融资分析、风电场设备更新技术经济分析、风电场后评价中的技术经济分析等。

全书共分为 10 章，其中，第 1 章至第 5 章由河海大学顾圣平编写；第 6 章由河海大学李晓英和中国水电顾问集团西北勘测设计研究院王社亮编写；第 7 章至第 10 章由河海大学李晓英编写；全书由顾圣平统稿。本书的编写大纲广泛征询了本书编委会成员意见。在编写、出版过程中得到了本书编委会成员以及有关领导、同行专家和编辑同志的关心和支持，相关工程设计单位也热情相助，为本书提供了案例分析所需的素材。作者在此一并表示诚挚的谢意。

此外，本书在编写过程中参阅了大量参考文献，书后已经列出主要参考文献，未能详尽之处，谨向各位作者致以歉意和敬意。

由于作者的水平有限，书中疏漏和不足之处在所难免，敬请广大读者批评指正。

作 者

2015 年 4 月

目 录

前言
第1章 绪论 ·· 1
  1.1 风能资源及风电发展概况 ·· 1
  1.2 风电场技术经济分析的目的与意义 ·· 7
  1.3 风电场技术经济分析的要求和主要内容 ··· 8
第2章 技术经济分析的经济要素 ··· 11
  2.1 价值和价格 ·· 11
  2.2 总投资 ··· 14
  2.3 总成本费用 ·· 22
  2.4 营业收入 ·· 32
  2.5 税金 ··· 34
  2.6 利润 ··· 39
第3章 资金等值计算 ··· 42
  3.1 资金的时间价值 ·· 42
  3.2 利息与利率 ·· 43
  3.3 资金等值计算方法 ·· 48
第4章 技术经济分析的基本方法 ··· 62
  4.1 概述 ··· 62
  4.2 经济效果评价指标与方法 ·· 62
  4.3 决策结构及其分析方法 ··· 78
第5章 不确定性分析 ··· 96
  5.1 概述 ··· 96
  5.2 盈亏平衡分析 ··· 99
  5.3 敏感性分析 ·· 103
  5.4 风险分析 ·· 109

第6章 风电场财务评价 ······ 119
6.1 概述 ······ 119
6.2 陆上风电场财务评价实例分析 ······ 124
6.3 海上风电场财务评价实例分析 ······ 144

第7章 风电场国民经济评价与社会效果分析 ······ 166
7.1 概述 ······ 166
7.2 经济效益和费用的识别与估算 ······ 169
7.3 经济费用效益分析指标 ······ 174
7.4 区域经济与宏观经济影响分析 ······ 175
7.5 风电场的社会环境效果分析 ······ 180

第8章 风电场建设资金与融资分析 ······ 183
8.1 资金来源与筹措方式 ······ 183
8.2 资金成本分析 ······ 194
8.3 资金结构分析 ······ 198
8.4 融资风险分析 ······ 201

第9章 风电场设备更新技术经济分析 ······ 203
9.1 设备磨损及其经济寿命 ······ 203
9.2 设备大修及其技术经济分析 ······ 208
9.3 设备更新及其技术经济分析 ······ 211
9.4 设备现代化改装及其技术经济分析 ······ 215

第10章 风电场后评价中的技术经济分析 ······ 218
10.1 概述 ······ 218
10.2 风电场后评价中的经济效益分析 ······ 219
10.3 风电场经济效益优化 ······ 223

参考文献 ······ 225

第1章 绪 论

1.1 风能资源及风电发展概况

1.1.1 我国的风能资源及其分布

风是自然界中的空气流动现象，一般是指空气相对于地面的水平运动。风能是空气流动所产生的动能。风能资源是一种储量极为丰富的自然资源，也是一种清洁的可再生能源。早在1948年，普特南姆（Putnam）曾对全球风能储量进行了估算，他认为大气总能量约为10^{14}MW。这个数量得到世界气象组织的认可，并在其1954年出版的技术报告《来自于风的能量》中进一步假定上述数量的$1/10^7$是可为人们所利用的，即10^7MW为可利用的风能。然而，1974年，冯·阿尔克斯（W. S. Von Arx）指出，上述数值过大，只能作为一个储藏量。他认为，风能这样的可再生能源必须跟太阳能的流入量对它的补充相平衡，据此，他提出地球上可以利用的风能为10^6MW。即便如此，全球可利用风能的数量仍为可利用水能的10倍。1979年，古斯塔夫逊（M. R. Gustavson）从另一个角度推算了风能利用的极限。他根据风能来源于太阳能这一理论，认为可以通过估计到达地球表面的太阳辐射流中能够转变为风能的数量，来推算可利用的风能的数量。根据他的推算，到达地球表面的太阳辐射流是1.8×10^{17}W，经折算后是350W/m^2，其中，转变为风能的转化率$\eta=2\%$，因此可以获得的风能为3.6×10^{15}W，即7W/m^2。在整个大气层中边界层约占35%，于是，边界层中能获得的风能为1.3×10^{15}W，即2.5W/m^2。作为一种稳妥的估计，在近地面层中，风能提取极限按1/10（即0.25W/m^2）计，则全球风能资源的可利用量为1.3×10^{14}W。以上介绍的情况表明，不论采用哪一种估算结果，风能资源都是一种数量极为可观、开发利用潜力巨大的能源。

一方面，与煤炭、石油、天然气等矿物燃料能源不同，风能资源不会随着其本身的转化和利用而减少，因此也可以说是一种取之不尽、用之不竭的能源。另一方面，矿物燃料的利用过程往往会带来严重的环境污染问题。例如，利用矿物燃料会导致空气中CO_2、SO_2、NO_x、CO等气体排放量的增加，进而导致温室效应、酸雨等现象的产生，而大规模利用风能资源，大力发展风电，被认为是缓解能源短缺状况、减少空气污染、减少有害气体（CO_2等）排放的有效措施之一。自20世纪70年代以来，世界范围内的风力发电技术取得了长足的进步，在此基础上，许多国家建立了众多的中型及大型风力发电场，风力发电的装机规模发展迅速。根据全球风能理事会（Global Wind Energy Council，GWEC）的统计，到2011年，全球75个国家有商业运营的风电装机，其中22个国家的风电装机容量超过1GW，而全球累计风电装机容量达到238GW。

我国的风能资源非常丰富。1980年，我国进行了第一次风能资源普查。当时在全国

29个省（自治区、直辖市）选择了300个气象站点，从每个站点30年的气象资料中选出了3组年数据（即风速大值年、小值年、平均年），通过计算分析，得出我国风能资源储量约为1.6亿kW的结论。1984年9月至1987年7月，我国又开展了第二次风能资源详查。这次详查对风能资源丰富和较丰富的19个省（自治区、直辖市）的748个气象站连续10年的风能资料进行了收集、统计和计算，1995年中国气象局对外公布了详查结果，我国陆地10m高度处风能资源理论储量为32.26亿kW，技术可开发量按理论储量的10%推算，并考虑风轮扫掠面积，为2.53亿kW，见表1-1。此外，当时对我国近海风能资源只做了粗略估计，认为我国近海（水深小于15m）风能资源为陆上的3倍，即7.50亿kW。据此，得到我国风能资源技术可开发总量约为10亿kW的结论。

表1-1 我国陆上风能资源量及其地区分布情况表

省、自治区	理论储量/10^{10}W	技术可开发量/10^{10}W	平均单位面积储量/（W·m^{-2}）
内蒙古	78.6940	6.1775	695.48
辽宁	7.7166	0.6058	514.44
黑龙江	21.9467	1.7228	477.10
吉林	8.1215	0.6375	451.19
青海	30.8455	2.4214	428.41
西藏	50.8661	3.9930	423.88
甘肃	14.5607	1.1430	373.35
台湾	1.3350	0.1048	370.83
河北	7.7943	0.6119	357.87
山东	5.0139	0.3936	334.26
山西	4.9308	0.3871	328.73
河南	4.6821	0.3675	292.63
宁夏	1.8902	0.1484	286.39
江苏	3.0264	0.2376	286.05
新疆	43.7329	3.4330	273.33
安徽	3.1914	0.2505	245.49
海南	0.8154	0.0640	239.82
江西	3.7313	0.2929	233.21
浙江	2.0828	0.1635	208.28
陕西	2.9840	0.2342	157.05
湖南	3.1403	0.2465	149.54
福建	1.7474	0.1372	145.62
广东	2.4845	0.1950	138.23
湖北	2.4550	0.1927	136.39
云南	4.6705	0.3666	122.91
四川	5.5514	0.4358	99.13
广西	2.1415	0.1681	93.11
贵州	1.2814	0.1006	75.38
全国	322.600	25.3000	

2004—2006年，中国气象局组织开展了第三次全国风能资源调查，利用全国2000多个气象台站近30年的观测资料，对原有的计算结果进行修正和重新计算，结果表明：我国陆上风能资源总储量为43.5亿kW，其中技术可开发量为2.97亿kW。2008年，中国气象局又牵头组织实施了"全国风能详查和评价"项目。2009年，中国气象局公布了这次风能资源详查和评价结果：我国风能开发潜力逾25亿kW。我国陆上离地面50m高度达到3级以上风能资源的潜在开发量约23.8亿kW；我国5~25m水深线以内近海区域，海平面以上50m高度处可装机2亿kW。

以上情况表明，我国风能资源丰富，可开发的风能潜力巨大，具有成为未来能源结构中重要组成部分的资源基础。

我国幅员辽阔，各地自然条件不同，风能资源呈现出地区分布不均的特点。一般说来，平均风速越大，风功率密度越大，风能可利用小时数就越多，风能资源越丰富。我国风能区域等级划分的标准如下：

(1) 风能资源丰富区。年有效风功率密度大于$200W/m^2$，$3\sim20m/s$风速的年累积小时数大于5000h，年平均风速大于$6m/s$。

(2) 风能资源次丰富区。年有效风功率密度为$150\sim200W/m^2$，$3\sim20m/s$风速的年累积小时数为$5000\sim4000h$，年平均风速在$5.5m/s$左右。

(3) 风能资源可利用区。年有效风功率密度为$100\sim150W/m^2$，$3\sim20m/s$风速的年累积小时数为$4000\sim2000h$，年平均风速在$5m/s$左右。

(4) 风能资源贫乏区。年有效风功率密度小于$100W/m^2$，$3\sim20m/s$风速的年累积小时数小于2000h，年平均风速小于$4.5m/s$。

具体地，根据有效风功率密度和一年中风速不小于$3m/s$的累积小时数，我国风能资源的地理分区情况如下：

(1) 东南沿海及其岛屿为风能资源丰富区。有效风功率密度不小于$200W/m^2$的等值线平行于海岸线，沿海岛屿的风功率密度在$300W/m^2$以上，一年中风速不小于$3m/s$的累积小时数为$7000\sim8000h$。但是，当从这一地区延伸向内陆，地形呈丘陵连绵，冬半年强大冷空气南下，很难长驱直入；夏半年台风在离海岸50km时，风速便减小到68%。因此，东南沿海仅在由海岸向内陆几十公里的范围内有较多风能资源，再向内陆风能资源锐减，在离海岸不到100km的地带，有效风功率密度降至$50W/m^2$以下，反而成为全国风能资源贫乏区。而在沿海岛屿上（如福建省的台山、平潭等，浙江省的南麂、大陈、嵊泗等，广东省的南澳等）风能资源都很多。其中，台山有效风功率密度为$534.4W/m^2$，一年中风速不小于$3m/s$的累积小时数为7905h，平均每天出现风速大于等于$3m/s$的时间可达21h20min，是我国平地上有记录的风能资源最多的地方之一。

(2) 内蒙古和甘肃北部以北广大地带亦为风能资源丰富区。这一带终年在高空西风带控制之下，又是冷空气入侵首当其冲的地方，有效风功率密度在$200\sim300W/m^2$，一年中风速不小于$3m/s$的累积小时数为5000h以上，最大的虎勒盖地区达到7659h，并呈现自北向南逐渐减少的特点，但其梯度比东南沿海小。该区域虽比东南沿海岛屿上的风功率密度略小，但其分布范围较广，是我国连成一片的最大风能资源区，适于大规模开发利用。

(3) 黑龙江和吉林东部及辽东半岛沿海也属于风能资源丰富区，有效风功率密度在 200W/m^2 以上，一年中风速不小于 3m/s 的累积小时数为 5000~7000h。

(4) 青藏高原北部也应属于风能资源丰富区。其有效风功率密度在 150~200W/m^2 之间，一年中风速不小于 3m/s 的累积小时数达 6500h。但由于该地区海拔高，空气密度较小，所以有效风功率密度也相对较小。因此，若仅从一年中风速不小于 3m/s 的累积小时数考虑，青藏高原应属风能资源丰富区，而实际上这里的风能资源储量远比东南沿海小。

(5) 云南、贵州、四川、甘肃、陕西南部，河南、湖南西部以及福建、广东、广西的山区，西藏雅鲁藏布江以及新疆塔里木盆地属于风能资源贫乏区，其有效风功率密度在 50W/m^2 以下，一年中风速不小于 3m/s 的累积小时数在 2000h 以下，尤以四川盆地和西双版纳地区风能资源储量最小。这些地区除高山顶和峡谷等特殊地形外，风力潜能很低，无利用价值。

(6) 在以上 (4)、(5) 两类地区以外的广大地区为风能资源可利用区，有的地区风能资源在冬、春季可以利用，有的地区在夏、秋季可以利用。这些地区有效风功率密度在 50~150W/m^2 之间，一年中风速不小于 3m/s 的累积小时数为 2000~4000h。

需要指出，我国东部沿海水深 5~20m 的海域面积辽阔，但受到航线、港口、养殖等海洋功能区划的限制，近海实际的技术可开发风能资源量远远小于陆上。不过在江苏、福建、山东和广东等地，近海风能资源丰富，距离电力负荷中心很近，近海风电可以成为这些地区未来发展的一项重要清洁能源。

1.1.2 风力发电概况

人类对风能资源的利用已有数千年的历史。早期阶段，风能作为重要的动力，被广泛用于船舶航行、提水饮用和灌溉、排水造田、磨面和锯木等。在蒸汽机出现之前，风力机械是动力机械的一大支柱。随着煤、石油、天然气的大规模开采和廉价电力的获得，曾经被广泛使用的各种风力机械，由于成本高、效率低、使用不方便等原因无法与蒸汽机、内燃机和电动机等相竞争，渐渐被淘汰。

19 世纪末，丹麦首先开始利用风力发电，并研制出风力发电机组。但是，20 世纪 70 年代以前，只有小型充电用风力发电机组达到实用阶段。20 世纪 30 年代，在美国很多电网未通达的地区，独立运行的小型风力发电机组在实现农村电气化方面起到了很大作用。对于如何将风力发电机组发出的电送入常规电网，人们曾做过许多尝试来研制并网风力发电机组，其中对后来风力发电机组技术发展产生过重要影响的是丹麦的 Gedser 200kW 风力发电机组，设计者采用异步发电机，定桨距风轮和叶片端部带有制动翼片，这种结构方式后来成为丹麦风力发电机组的主流，在市场上获得巨大成功。该机组从 1957 年运行到 1966 年，平均年发电量为 45 万 kW·h。1973 年石油危机发生以后，在常规能源告急和全球生态环境恶化的双重压力下，作为新能源的一部分，风能资源的开发利用有了长足的发展。特别是风力发电在解决发展中国家无电农牧区居民的用电方面发挥了重要的作用。即使在发达国家，风能作为一种高效清洁的新能源也日益受到重视。例如，美国于 1974 年开始实行联邦风能计划，其内容主要是：评估国家的风能资源；研究风能开发中的社会和环境问题；改进风力发电机组的性能，降低造价；研究为农业和其他用户用的小于 100kW 的风力发电机组；为电力公司及工业用户设计兆瓦级风力发电机组。近年来，随着全球应对气候变化呼声的日益高涨以及能源短缺和能源供应安全形势的日趋严峻，风能作为可再生能源中成本较低、技术较成熟、可靠性较高的新能源，已开始在世界能源供应中发挥更加重要的作用，风力发电的普及程度迅速提高。截至2010年年底，已有100多个国家开始发展风力发电，其中风电装机容量超过100万kW的国家有20个，全球风电总装机容量已达到2亿kW。预计到21世纪中叶，风能将成为世界能源供应的支柱之一，成为人类社会可持续发展的主要动力源。

我国是世界上最早利用风能的国家之一。早在公元前数世纪，我国人民就利用风力提水、灌溉、磨面、舂米，用风帆推动船舶前进。到了宋代，我国进入风车应用的全盛时代，当时应用广泛的垂直轴风车一直沿用至今。而沿海沿江地区的风帆船，以及利用风力提水灌溉或制盐的做法，则一直延续到20世纪50年代，仅在江苏沿海地区，利用风力提水的设备就曾达到20万台。

我国的风力发电始于20世纪50年代后期，初期主要是为了解决海岛和偏远农村牧区的用电问题，重点在于离网小型风力发电机组的建设。20世纪70年代末，我国开始进行并网风电的示范研究，并引进国外风机建设示范风电场。1986年，我国第一座风电场——马兰风电场在山东荣成并网发电，成为我国风力发电史上的里程碑。此后，我国风电真正进入快速发展时期。随着风力发电技术的进步和国家产业政策持续支持，风电装机规模迅速扩大。2005年底，全国风力发电总装机容量达到1.25GW，到"十一五"期末，我国累计风电装机容量迅速增加到44.73GW（图1-1）。按风电装机规模计算，我国在2005年位居世界第八位，到2010年已跃居世界第一位。目前，我国有29个省、自治区、直辖市（不含港、澳、台地区）建设了风电场，其中，风电累计装机容量超过2GW的省份有7个（表1-2）。风力发电为我国能源供应和减少温室气体排放做出了重要贡献，2010年，全国风电年发电量490亿kW·h，按照发电标煤煤耗320g/(kW·h)计算，可

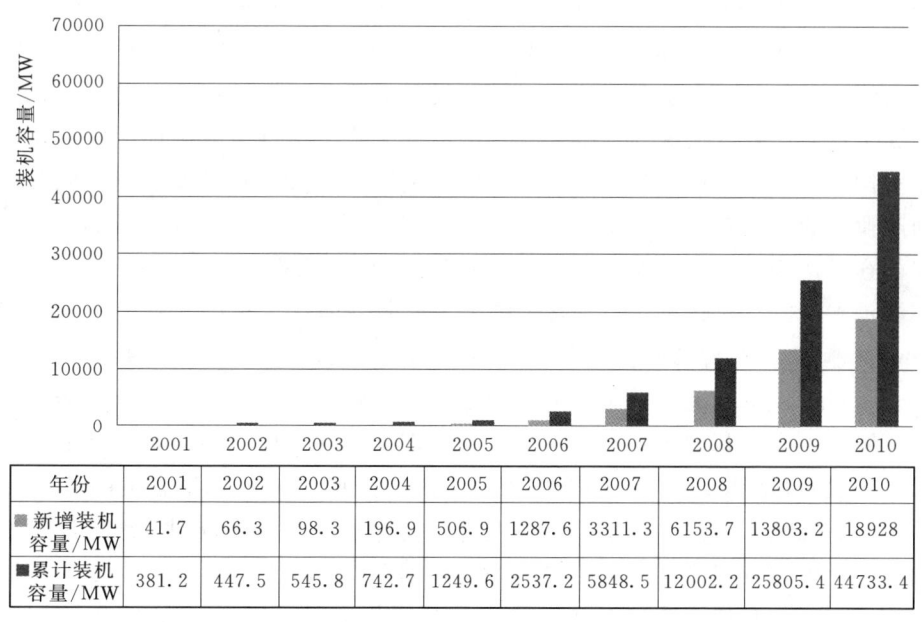

图1-1 中国新增及累计风电装机容量（2001—2010年）

节省标煤 1568 万 t，减少 CO_2 排放 4829 万 t，减少 SO_2 排放 24.6 万 t，风力发电已经成为我国除火电、水电等常规能源外最重要的发电方式。

表 1-2　　2010 年各省（自治区、直辖市）风电装机容量情况

序号	省（自治区、直辖市）	2010 年累计装机容量/MW	序号	省（自治区、直辖市）	2010 年累计装机容量/MW
1	内蒙古	13858.0	18	陕西	177.0
2	甘肃	4944.0	19	北京	152.5
3	河北	4794.0	20	安徽	148.5
4	辽宁	4066.9	21	河南	121.0
5	吉林	2940.9	22	天津	102.5
6	山东	2637.8	23	湖南	97.3
7	黑龙江	2370.1	24	江西	84.0
8	江苏	1595.3	25	湖北	69.8
9	新疆	1363.6	26	重庆	46.8
10	宁夏	1182.7	27	贵州	42.0
11	山西	947.5	28	青海	11.0
12	广东	888.8	29	广西	2.5
13	福建	833.7	30	香港	0.8
14	云南	430.5	31	四川	0
15	浙江	298.2	32	台湾	519.0
16	上海	269.4		总计	45252.8
17	海南	256.7			

"十二五"时期是我国全面建设小康社会的关键时期，是深化改革开放、加快转变经济发展方式的攻坚时期，也是我国风电规模化发展的重要时期。在这一时期，我国风电发展的总目标是按照"建设大基地、融入大电网"的方式，推进风电规模化发展，增加风电在能源消费构成中的比重；加强海上风力发电示范工程建设，积极发展海上风电；加快风电技术和产业升级，培育技术先进、具有国际竞争力的风电产业。预计到 2015 年，我国风电总装机容量达到 1.0 亿 kW，年发电量达到 2000 亿 kW·h，折合标煤约 6000 万 t，风电在能源消费中的比重达到 2%。依托华北、东北、西北（"三北"）地区以及东部沿海风能资源丰富地区，重点规划建设河北、蒙东、蒙西、吉林、甘肃、新疆、江苏、山东八大千万千瓦级风力发电基地，其中江苏和山东主要以集中开发海上风能资源为重点。根据各千万千瓦级风力发电基地规划，到"十二五"期末，在考虑电力市场消纳的情况下，各基地具备总装机容量 7000 万 kW 的开发潜力，约占全国风电总规划容量的 70%。在经济较发达的上海、福建、浙江、广东等沿海地区，发挥其海上风能资源、地区经济和市场优势，加快海上风电开发建设，到 2015 年，在该地区海域建成 10 余个 10 万千瓦级的大型海上风力发电场。在其他具有可利用风能资源开发价值的内陆省（自治区、直辖市），因地制宜发展中小型风电场。同时，不断提高风电场设计、建设和运营水平，在风力发电机

组整机设计和轴承、控制系统等核心部件制造的关键技术方面取得新突破，使我国风电设备制造技术水平和装备能力基本达到国际先进水平。根据国家发展和改革委员会能源研究所发布的《中国风电发展路线图 2050》报告，到 2020 年、2030 年和 2050 年，我国风电装机容量将分别达到 2 亿 kW、4 亿 kW 和 10 亿 kW，成为中国五大能源之一。到 2050 年，风电将满足全国 17% 的电力需求。

1.2　风电场技术经济分析的目的与意义

从我国经济社会发展对电力能源的需求和风能资源条件出发，同时考虑我国节能减排和生态文明建设目标的要求，大力发展风力发电，积极推进风电场建设，有着十分重要的意义。为了不断提高风电场设计、建设和运营水平，促进风力发电的健康持续发展，必须做好风电场的技术经济分析。

在风电场建设的过程中，必然涉及到一系列技术经济因素。例如，要建设一座风电场，就需要对该工程项目进行勘测、规划、设计、施工、科研、运行和管理等一系列工程技术活动。所有这些工程技术活动，都直接涉及人力、物力、财力等各类资源的投入，而该工程项目的建成并投入生产运营，又直接为社会提供电能产品或服务，产生一定的工程效用。在现实社会条件下，任何一座风电场工程项目建设可以利用的资源数量是有限的，因此，人们自然会关心这样的问题：相对于其工程效用而言，风电场的资源投入是否值得？如何使风电场以尽可能少的资源投入，去实现尽可能大的工程效用？要回答这样的问题，就要对风电场工程建设所涉及的资源投入、工程效用以及两者之间的关系进行全面的技术经济分析。通常，资源投入是通过风电场的投资和发电成本体现的，工程效用则是以发电效益体现的。根据相关资料，目前我国陆上风电开发的单位千瓦投资一般为 8000～9000 元/kW，其中，风力发电机组投资约占 50%，风电场运行维护成本约为 0.1 元/(kW·h)，单位风电电能成本为 0.5～0.6 元/(kW·h)；近海风电的单位千瓦投资约为陆上风电的 1.5～2 倍，一般为 14000～19000 元/kW，风电场运行维护成本约为 0.15 元/(kW·h)，单位风电电能成本为 0.6～0.9 元/(kW·h)。在工程效益方面，风电场的效益应包括经济效益、环境效益和社会效益，而经济效益又具体体现为发电收入、清洁发展机制（Clean Development Mechanism，CDM）收入及其他收入等，且通常发电收入是其中主要部分。目前我国陆上风电的电价水平为 0.51～0.61 元/(kW·h)，近海风电的电价水平为 0.77～0.98 元/(kW·h)。在现有电价定价机制下，若不考虑煤电的资源、环境成本，不考虑风电的环境效益，风电成本和电价水平高于煤电成本和电价水平。如果考虑风电替代煤电的资源、环境效益，风电成本将与煤电相当。随着我国风电开发规模的不断扩大和风电技术的不断进步，风力发电机组价格、风电场投资和运行维护成本将逐渐降低，进而拉低风力发电成本。与此同时，由于煤炭开采成本和价格的攀升，我国煤电价格上涨将难以避免。预计到 2020 年，即使不考虑化石能源资源税（或环境税、碳税等）等政策出台的可能性，风电的成本和价格也将达到与煤电成本和价格持平的水平；到 2020 年后，在不考虑风电消纳和远距离输送的情况下，风电价格将会低于煤电价格，风电开发的资源、环境效益将得到进一步彰显。

进行风电场技术经济分析，就是要将整个风电场建设活动作为一个系统，对该系统的投资、发电成本、发电效益等费用和效益方面的技术经济因素进行正确的识别和定量的分析与计算，在此基础上，应用正确的方法，综合研究系统费用与效益的关系，并对系统的技术经济效果进行分析、比较和评价，从而为进行相关的系统决策提供经济方面的依据。

对于整个风电场建设活动而言，风电场技术经济分析的意义主要体现在以下方面：

（1）通过对风电场工程建设所涉及的投资、发电成本和发电效益等进行正确的识别和定量的分析与计算，使投资者明确所需的投资数额以及整个工程建设项目的资金收支情况，以便开展融资活动，做好资金安排。

（2）通过对风电场建设活动系统费用与效益关系的分析，使投资者全面了解项目的技术经济特性，以便采取针对性的措施，加强工程项目建设活动的管理，促进预期工程经济效益目标的实现。

（3）通过对风电场工程建设项目系统的技术经济效果进行分析、比较和评价，为工程项目建设方案的优化选择提供技术经济依据，并为项目建设过程中的相关审批环节和项目投资者的最终投资决策提供依据，从而降低投资风险。

（4）通过对已经建成投产的风电场进行技术经济后评价，分析项目实际运行状况与项目预期目标之间可能存在的差异及其产生的原因，以便总结经验教训，提出改进措施，加强经营管理，在保证工程安全的前提下，尽可能增加风电场的效益，并促进整个风电开发的投资决策水平和管理水平的不断提升。

1.3 风电场技术经济分析的要求和主要内容

1.3.1 风电场技术经济分析的要求

在风电场技术经济分析中，系统的观点十分重要。首先必须确定所要分析的对象是一个什么样的系统，因为所有的投入（费用）与产出（效益）都是相对于特定系统而言的，对象系统不同，分析问题的角度不同，其费用与效益的具体内容也可能不同。在现实的经济生活中，常常出现这样的情形，同样一笔资金，对某一对象系统来说可能属于支出（费用），对另一对象系统而言却属于系统的收入（效益）。在风电场技术经济分析时，从国民经济整体利益角度分析的费用与效益与从企业本身利益角度分析的费用与效益往往也是不同的。因此，明确的对象系统是进行风电场经济分析的前提。

确定了风电场技术经济分析的对象系统后，还必须明确界定系统费用与效益计算的范围，总的原则是应该对风电场工程建设项目系统所涉及的全部费用与效益因素进行全面的分析和计算。特别是当系统存在多个技术方案，需要对这些方案进行比选时，必须对所有方案按照相同的标准去界定费用与效益计算的范围，并根据不重复、不遗漏的原则，对各方案进行具体的费用与效益分析计算。

1.3.2 风电场技术经济分析的主要内容

风电场项目既属于基础设施建设，又是经营性的工程建设项目，其技术经济分析涉及的内容十分丰富。由于篇幅限制等原因，本书主要从以下 8 个方面进行介绍。

(1) 效益与费用因素分析计算。在进行风电场技术经济分析时，必须从系统全生命周期的观点出发，分析计算风电场工程建设项目系统的费用与效益。既要分析系统开发建设期，也要分析系统运营期；既要考虑系统建设期的投资费用，又要重视系统运营期的经常性开支，要按照系统全生命周期成本最低的原则进行技术经济决策。

(2) 资金时间价值分析。在对风电场工程建设项目系统的费用与效益及其相互关系进行具体的分析时，还必须考虑这些费用与效益的"资金时间价值"。在现实的经济生活中，人们已普遍认识和接受这样的事实，即一笔数额一定的资金，因其发生的时间点不同，其价值也不同。因此，在风电场技术经济分析时，必须考虑时间因素，对所有的系统费用与效益进行"动态折算"，以更全面地反映系统耗费和效果的实际价值。

(3) 风电场技术经济分析的基本方法。为确保风电场工程建设项目决策的正确性和科学性，必须对工程技术方案的经济效果作出科学的分析评价。为此，必须根据风电场工程建设项目的特点选用合适有效的经济效果评价指标；针对相关工程技术方案，计算这些评价指标，并根据计算结果，按照一定的标准对其在经济上是否有利作出评判；通过对不同工程技术方案的比较选择对现有资源实现最有效利用的方案，从而使工程技术的投资决策建立在科学分析的基础之上。

(4) 不确定性分析。任何一项技术经济活动，由于各种不确定性因素的影响，会使期望的目标与实际状况发生差异，可能会带来经济上的风险。为此，在风电场技术经济分析中，需要进行不确定性分析，估计工程建设项目的风险大小，进而为风险管理和控制提供依据。

(5) 风电场工程建设项目经济评价。对实际的风电场工程建设项目，其系统经济效果分析与评价的主要内容可分为以下方面：

1) 财务分析。财务分析是从风电场企业自身利益角度，分析各技术方案的经济效果。在市场经济条件下，企业进行任何工程建设及其他技术活动，都是为了获得一定的盈利，取得较好的财务效益，进而为企业自身在日益激烈的市场竞争中更好地发展积累经济实力。因此，企业在进行工程技术决策时十分关注自身的财务收支盈亏情况。于是，财务分析就成为技术经济分析的重要内容。为此，首先要拟定若干个具有同一可比基础的可能方案，然后从企业自身利益角度对其费用与效益进行分析与估算，并初步淘汰掉其中一些明显不利的方案，再针对留下的各方案，将其费用与效益进行"动态折算"。在此基础上，综合费用与效益因素对各方案计算出能够反映其财务效果的有关指标，并通过对这些指标进行比较决定方案的优劣。

2) 经济分析。经济分析是从整个国民经济整体利益出发，分析各技术方案的经济效果。尽管从根本上来说，在社会主义制度下，企业利益与国民经济整体利益是一致的，但是有时也可能出现一些矛盾。因此，从国民经济整体利益角度来看，企业财务效果最好的方案有时却可能并不有利。为了使风电场工程建设项目在给企业自身带来较好财务效益的同时，又能为社会多增加财富，对国民经济发展作出较大的贡献，就必须在对工程技术方案做好财务分析的同时，进行经济分析，从国民经济整体利益的角度，审查这些方案的有利程度，为最后决策提供依据。

3) 社会效益分析。有时，单凭上述的财务分析和经济分析还不能最后决定方案的取舍，因为财务分析和经济分析所反映出的只是用货币形式表达的企业盈利水平与社会财富，但有时一个工程建设项目所产生的影响可能会超出这个范围，仅仅用货币来衡量其价值是不够的。就风电场工程建设项目系统而言，既有可以用货币来衡量的经济影响，又有不能用货币而只能用物质或人力数量来表示的经济影响，还有其他各种非经济影响。有些影响发生在当地、眼前，并且是直接的；也有一些影响则波及到远方、今后若干年，也许还是间接的。有些影响可以定量地表述，而另一些影响只能定性地说明。在这些形形色色的影响中，在有些情况下可能会有一部分形成对决定技术方案取舍的主要或次要因素，在技术经济分析与评价中必须予以考虑。除了能用货币表明的经济影响可以在财务分析和经济分析中加以研究外，其他各种各样的影响因素可以统称为社会效益，要在社会效益分析中加以研究。也有的文献中将其称为"间接效益"、"无形因素"等。关于社会效益分析的内容和方法，可参阅其他相关书刊文献。

（6）融资分析。随着社会主义市场经济体制的建立，风电场工程建设项目资金来源多元化已成为必然。因此，进行风电场技术经济分析，就要研究在市场经济体制下如何建立筹资主体和筹资机制，以及怎样分析各种筹资方式的成本和风险的问题。

（7）设备更新分析。风电场企业购置设备之后，在运行过程中，设备会逐渐磨损，当设备因物理损坏或因陈旧落后不能继续使用或不宜继续使用时，就需要进行更新。随着技术进步速度的加快，设备更新的速度也相应加快。因此，为了促进技术进步和提高经济效益，进行风电场技术经济分析，就要研究设备更新中的技术经济问题，通过对设备整个运行期间的技术经济状况和设备更新技术经济效果进行分析研究，确定设备的经济寿命和最佳更新方案、更新方式及更新时机。

（8）风电场技术经济后评价。风电场技术经济后评价是在风电场项目投产一段时间后，以其实际取得的经济效益和社会效益为基础，重新测算项目计算期内各主要投资效益指标，与项目前期决策效益指标或基准判据参数相比较，在比较的偏差中发现问题，找出原因和改进措施，总结经验教训，为提高项目的投资效益、管理水平和投资决策水平服务。后评价的主要效益评价指标的计算方法与可行性研究阶段技术经济评价中各相应指标的计算方法相同，但是，后评价是依据项目投产后实际的费用和效益数据或以实际数据为基础的重新测算数据进行的分析计算。

第 2 章 技术经济分析的经济要素

2.1 价值和价格

在风电场技术经济分析中,所涉及的资源投入和工程效用是通过工程投资、发电成本和发电效益等费用和效益方面的技术经济因素体现的,而这些资源投入和工程效用的大小是由其价值决定的,在具体分析计算中,又是依据相关技术经济因素的价格条件确定的。

2.1.1 商品价值

价值,泛指客体对于主体表现出来的积极意义和有用性,可视为能够公正且适当反映商品、服务或金钱等值的总额。

商品具有价值和使用价值。商品价值是凝结在商品中的无差别的人类劳动(包括体力劳动和脑力劳动),即不管制造商品的是哪一个行业,制造商品的人的劳动的质是一样的。商品使用价值是指其能够满足人们某种需要的属性,也就是商品的有用性,它是商品的自然属性,由其物理、化学、生物等属性决定。商品的价值量取决于生产该种商品的社会必要劳动时间,而社会必要劳动时间是指在现有的社会正常的生产条件下,在社会平均的劳动熟练程度和劳动强度下制造某种使用价值所需要的劳动时间。

从商品价值组成来看,商品价值 S 包括三部分:①商品生产过程中所消耗的生产资料的价值,即生产资料转移到产品中的价值 C;②劳动者为自己劳动所创造的价值,即必要劳动价值 V;③劳动者为社会劳动所创造的价值,即剩余劳动价值 m。因此,商品价值 S 可表示为

$$S = C + V + m \tag{2-1}$$

式(2-1)中,所消耗的生产资料价值 C 包括厂房、机器设备和生产工具等固定资产的损耗,以及原料、燃料、材料、辅助材料等方面的消耗;必要劳动价值 V 是指为劳动者及其家属所必需的生活资料的消耗费用,也就是支付给劳动者的工资及福利,其实质是补偿劳动力的消耗;剩余劳动价值 m 是企业上交给国家的税金和利润,以及企业留成利润中用于扩大再生产的少量资金。其中,所消耗的生产资料价值 C 与必要劳动价值 V 之和就是产品的成本,以 F 表示;必要劳动价值 V 与剩余劳动价值 m 之和是劳动者通过劳动新创造的价值,称为净产值,以 N 表示,即

$$F = C + V \tag{2-2}$$

$$N = V + m \tag{2-3}$$

一个国家物质生产部门(包括工业、农业、建筑业、交通运输业和商业等部门)的劳动者在一定时期(通常是一年)内新创造的产值之和,即为全社会的净产值,又称为国民

收入。一个国家人均国民收入多少,在一定程度上反映国家经济发展水平和居民生活水平。

2.1.2 商品价格

在经济学中,价值是商品的一个重要性质,它代表该商品在交换中能够交换得到其他商品的多少,价值通常通过货币来衡量,成为价格。或者说,商品价格是商品价值的货币表现,是商品与货币的交换比率。既然商品价格是由货币表现的商品价值,那么商品价格的变化取决于商品价值和货币价值相互之间的变动情况。当货币价值不变,商品价格与其价值呈正比例变化。即当商品价值增加,其价格随之升高,反之则降低。当商品价值不变,商品价格与货币价值呈反比例变化,即当货币贬值,商品价格随之上涨,反之则下降。

商品价格的变动还取决于该商品在市场中的供求关系变化情况。换言之,即使商品价值和货币价值都保持不变,当商品在市场中供不应求时,其价格可能上升到它的价值之上;而当供过于求时,其价格则可能下降到它的价值之下。由此可见,在市场中商品供求不一致的情况下,商品价格与其价值也是不一致的。但是,在市场经济条件下,这种价格与价值相背离的情况是暂时的,因为当商品价格高于其价值,工厂就会增加产量,进而使商品价格回落到固有价值;反之,当商品价格低于其价值,工厂就会减少产量,进而使商品价格上升到固有价值。总之,在市场经济条件下,商品价格总是以其价值为中心上下波动的,但从长期平均的观点来看,商品价格是等于其价值的。

在工程建设项目技术经济分析中,经常用到现行价格、不变价格、可比价格、影子价格等概念。

1. 现行价格

现行价格亦称当年价格,是指现实经济生活中正在执行的市场价格,如工厂产品的出厂价格、农产品的收购价格、商业的零售价格等。使用现行价格计算的数据,如地区生产总值、工业总产值、农业总产值和社会消费品零售总额等,可以反映当年的实际情况,使国民经济各项指标互相衔接,便于考察当年社会经济效益,便于对生产和流通、生产和分配、生产和消费进行经济核算和综合平衡。在进行工程建设项目技术经济分析时,财务评价中一般采用的就是现行价格。

需要注意的是,按现行价格计算的价值指标,在不同年份之间进行对比时,因为包含有各年间价格变动的因素,不能确切地反映实物量的增减变动,必须消除价格变动因素后,才能真实反映经济发展动态。因此,在计算发展(增长)速度时都使用按可比价格计算的数据。

2. 不变价格

不变价格又称固定价格,是指国家规定用来计算不同历史时期产品产值的某一时期的价格。在反映不同时期产品产值的变动时,用不变价格计算价值量指标,可消除价格变动的影响,从而便于进行历史的对比,反映生产的发展速度。根据实际需要和核算特点,不变价格的确定有两种方式:①直接规定不变价格,即在基年中确定某一时点(如某一天)的一揽子商品(即指具有代表性的一批商品)的价格为该基期的不变价格;②以基期商品的现行价格作为该基期的不变价格。如我国在第一个"五年计划"时期（1953—1957年）采用1952年的价格为不变价格；1958—1970年采用1957年的价格为不变价格；1971—1980年采用1970年的价格为不变价格；1981—1990年采用1980年的价格为不变价格。自20世纪90年代起，采用直接规定不变价格的方式确定农业和工业部门中的不变价格。知识结构的更新和高技术产业的发展加速了产品更新换代，需要变更新的基期年份以保持不同年份之间具有较好的可比性，因而需要形成新的不变价格。

3. 可比价格

可比价格是指各种总量指标计算中所采用的扣除了价格变动因素的价格。由于可比价格扣除了价格变动的因素，因此，采用可比价格计算，能够确切反映实物量的变化，便于进行不同时期总量指标的对比。按可比价格计算总量指标有以下两种方法：

（1）用价格指数进行缩减。所谓价格指数，是反映不同时期一组商品（服务项目）价格水平的变化方向、趋势和程度的经济指标，是经济指数的一种，通常以报告期和基期相对比的相对数来表示。

（2）直接用产品产量乘以某一年的不变价格计算。对于工程建设项目技术经济分析来说，就是选择某一年的价格作为计算投资、成本和效益的可比价格，其中所选的价格水平年不一定与国家规定的不变价格年份相一致。对于新建工程项目，一般可取经济评价工作开始的那个年份，也可取预计建设开始的那个年份；对于已建工程项目的后评价，可根据不同情况选择不同的价格水平年。

4. 影子价格

影子价格又称为最优计划价格，是指当社会经济处于某种最优状态时，能够反映社会劳动的消耗、资源的稀缺程度和市场供求状况的价格。影子价格是荷兰经济学家詹恩·丁伯根在20世纪30年代末首次提出来的，它是运用线性规划的数学方式计算，反映社会资源获得最佳配置的一种价格。苏联经济学家列·维·康特罗维奇根据当时苏联经济发展状况和商品合理计价的要求，提出了最优价格理论，其主要观点是以资源的有限性为出发点，以资源最佳配置作为价格形成的基础。这种最优价格被美籍荷兰经济学家库普曼和苏联经济学界视为影子价格。詹恩·丁伯根的影子价格与列·维·康特罗维奇的最优价格都是运用线性规划方法把资源和价格联系起来，通过解线性规划的对偶规划的最优解或解拉格朗日乘子得到。求解线性规划或解拉格朗日函数，就是在一定的约束条件下求极值。对一个企业或整个国民经济来说，由于劳动产品、自然资源、劳动力都不是无限的，因此最优的计划应该是充分利用这些有限资源，以取得最大社会经济效益的计划。解最优计划的线性规划模型的对偶模型可以得到一组影子价格。这种影子价格反映劳动产品、自然资源、劳动力的最优使用效果。自然资源的影子价格反映了自然资源的稀缺程度。资源越是稀缺，其影子价格越高；可以充分满足需要的资源，其影子价格为零。

总之，影子价格是一种理论价格，它是一种更能反映商品价值的真实价格。从影子价格的确定原则看，它力图更真实地反映产品的价值、市场供求状况和资源稀缺程度。从其定价效果看，它有助于实现资源的优化配置。影子价格不用于商品交换，仅用于预测、计划和进行项目国民经济效益分析等。

2.2 总 投 资

2.2.1 总投资的概念

在人类所有的经济活动中,投资是其中最重要的活动之一。投资的概念有广义和狭义之分。广义的投资概念是指一种有目的的经济行为,具体地说,是以一定的资源投入某项计划,以获取期望的报酬的行为。其中,投入的资源可以是资金,也可以是人力、技术或其他资源。狭义的投资概念是指为建造和购置固定资产、购买和储备流动资产而事先垫付的资金及其经济行为。本书讨论的主要是狭义投资。

就一般工程建设项目而言,其总投资主要包括建设投资和生产经营所需要的流动资金。

1. 建设投资

项目的建设投资最终形成相应的固定资产、无形资产和其他资产。

(1) 固定资产是指使用期限较长(一般在一年以上)、单位价值在规定标准以上、在生产过程中为多个生产周期服务、在使用过程中保持原有物质形态的资产,包括房屋及建筑物、机器设备、运输设备、工具器具等。

(2) 无形资产是指企业长期使用,能为企业提供某些特殊权利或较高收益,但不具备实物形态的资产,如专利权、非专利技术、商标权、版权、土地使用权、商誉等。

(3) 其他资产,原称递延资产,是指除流动资产、长期投资、固定资产、无形资产以外的其他资产,如长期待摊费用。按照有关规定,除购置和建造固定资产以外,所有筹建期间发生的费用,先在长期待摊费用中归集,待企业开始生产经营起计入当期的损益。构成其他资产原值的费用主要包括生产准备费、开办费、样品样机购置费和农业开荒费等。

项目建设投资所形成的固定资产原值可用于计算折旧费,形成的无形资产和其他资产原值可用于计算摊销费。

2. 流动资金

流动资金是维持项目正常运行所需的全部周转资金。当建设项目建成投产时,即须筹措流动资金,以便用于购买原材料、燃料、备品备件和支付工资及其他经营费用,进而保证生产经营的正常进行。流动资金是伴随着固定资产投资而发生的永久性流动资产投资,不包括运营中需要的临时性营运资金。所谓流动资产,是指企业可以在一年内或者超过一年的一个营业周期内变现或者运用的资产,是企业资产中必不可少的组成部分。在企业生产过程中,流动资产完全改变其实物形态,并将其价值一次性地转移到新产品中作为产品成本的一部分,待产品销售后,即可收回原先垫付的流动资金。企业流动资产包括:①处在生产准备阶段的原材料、燃料、备品备件、低值易耗品等的库存量;②处于生产加工阶段的在产品、半成品库存量;③已经全部完成生产过程处于销售阶段的产成品库存量;④处于结算阶段的债权和货币资产。

3. 建设期利息

对于采用债务融资的工程建设项目,总投资还应包括建设期利息。所谓建设期利息是指项目筹措资金时在建设期内发生,并按规定允许在投产后计入固定资产原值的利息,即资本化利息。它既是债务融资中资金所有者放弃使用资金应得的补偿,也是资金使用者必须付出的代价。

2.2.2 投资的构成及估算

以上分析表明,一般工程建设项目的总投资由建设投资、流动资金及建设期利息三个部分构成。

2.2.2.1 建设投资

按照费用归集形式,建设投资可按概算法进行分类,也可按资产形成法进行分类。

若按概算法进行分类,建设投资由工程费用、工程建设其他费用和预备费三部分构成。其中工程费用又由建筑工程费、设备购置费(含工器具及生产家具购置费)和安装工程费构成。工程建设其他费用是指建设投资中除建筑工程费、设备购置费,安装工程费以外所必须花费的其他费用,具体内容较多,且随行业及项目的不同而有所区别。预备费是指在建设投资估算中难以预料而在工程建设过程中又可能发生的、在规定范围内的工程费用,以及考虑由于工程建设期内可能发生的价格上涨而引起投资增加的预留费用,前者为基本预备费,后者为涨价预备费。

若按资产形成法进行分类,建设投资则由形成固定资产的费用、形成无形资产的费用、形成其他资产的费用和预备费四部分构成。其中,形成固定资产的费用是指项目投产时将直接形成固定资产的建设投资,包括工程费用和固定资产其他费用,这里的工程费用与上述概算法的工程费用相同,而固定资产其他费用则是指概算法的工程建设其他费用中按规定将形成固定资产的那部分费用。形成无形资产的费用是指将直接形成无形资产的建设投资。形成其他资产的费用是指建设投资中除形成固定资产和无形资产以外的部分。预备费与上述概算法中预备费的内容相同,也包括基本预备费和涨价预备费两部分。

1. 一般建设投资的构成及估算

建设投资一般可按概算法分类逐项进行估算。

(1) 工程费用。

1) 建筑工程费。建筑工程费是指为建造永久性建筑物和构筑物所需的费用。其估算一般可采用单位综合指标法进行,即用工程量乘以相应的单位综合指标来估算建筑工程费,常用的单位综合指标有:单位建筑面积(每平方米)投资、单位土石方(每立方米)投资、单位路面铺设(每平方米)投资等。

2) 设备购置费。设备购置费是指为工程项目购置或自制达到固定资产标准的设备和新建、扩建工程项目配置的首批工器具以及生产家具所需的费用。其估算方法是:对主要设备,其购置费应根据数量、订货合同价或厂家报价,以及相关运杂费资料,直接进行估算;对主要设备以外的零散设备,其购置费可按主要设备费的百分比估算;工器具购置费一般也按占主要设备费的比例估算。

3) 安装工程费。安装工程费是指用于需要安装设备的安置、装配工程的费用。一般可按设备费的某一比例估算安装工程费,该比例须通过经验判定,并结合该装置的具体情况确定。安装工程费也可按设备吨位乘以吨安装费指标,或安装实物量乘以相应的安装费指标估算。

（2）工程建设其他费用。工程建设其他费用是指从工程筹建到工程竣工验收交付使用的整个建设期间，除建筑工程费、设备购置费和安装工程费以外的，为保证工程建设顺利完成和交付使用后能够正常发挥效用而发生的各项费用的总和。这些费用中，有些属于形成固定资产的其他费用，如建设单位管理费、可行性研究费用、研究试验费、勘察设计费、环评费、场地准备及临时设施费、引进技术和引进设备其他费、工程保险费、联合试运转费、特殊设备安全监督检验费、市政公用设施建设及绿化费等；有些属于形成无形资产的费用，如土地使用费、专利费、非专利技术费等；有些则属于形成其他资产的费用，如生产准备费、开办费、样品样机购置费和农业开荒费等。

对于工程建设其他费用的估算，因其包括的分项内容较多，一般应根据国家或行业规定的内容、计算方法以及相关的费率和取费标准，在分项估算的基础上，再进行相加求和。

（3）预备费。如前所述，预备费包括基本预备费和涨价预备费两部分。对于预备费的估算，一般以工程费用和工程建设其他费用之和为基数，乘以适当的基本预备费率估算基本预备费；以分年工程费用为基数，考虑价格上涨指数，分别估算各年的涨价预备费，再逐年相加求得总的涨价预备费。

2. 风电场建设投资的构成及估算

需要指出的是，上述工程项目建设投资的分项类别及所包括的具体内容取决于工程项目的建设内容，一般应根据相关行业概算编制办法及计算标准进行估算。对于风电场工程项目来说，其建设投资可根据 FD 001—2007《风电场工程可行性研究报告设计概算编制办法及计算标准》等相关文件规定的要求进行估算。

（1）设备购置费。风电场的设备主要有：①发电设备，包括风力发电机组和塔架（筒）、机组配套电气设备、机组变压器、集电线路等；②升压变电设备，包括主变压器系统、配电装置、无功补偿系统、所用电系统和电力电缆等；③通信和控制设备，包括监控系统、直流系统、通信系统、远动和计费系统等；④其他设备，包括采暖通风和空调系统、照明系统、消防系统、生产车辆、劳动安全与工业卫生设备、全场接地等。

设备购置费的具体构成包括设备原价、运杂费、运输保险费、特大（重）件运输增加费和采购及保管费等，其中：

1）设备原价对国产设备是指设备出厂价；对进口设备是指设备到岸价加进口征收的税金、手续费、商检费、海关监管费、港口费等之和。

2）运杂费是指设备由厂家（或到岸港口）运至工地安装现场所发生的一切运杂费用，包括设备的运输费、上下站装卸费等。

3）运输保险费是指设备在运输过程中的保险费用。

4）特大（重）件运输增加费是指因运输大型、超重设备而发生的桥梁加固、信号灯改移等铁路、公路改造措施所发生的一些特殊费用。

5）采购及保管费是指建设和施工单位在设备采购、保管过程中发生的各项费用，主要包括采购保管部门工作人员的基本工资、工资性补贴、职工福利费、劳动保护费、教育经费、办公费、差旅交通费、工具用具使用费、仓库及转运站等设施的运行使用维修费、固定资产折旧费、技术安全措施费和设备的检验、试验费等。

2.2 总投资

在具体估算设备购置费时，除各类设备的原价外，运杂费按占设备原价的百分率计算，运杂费率可查阅相关文件；运输保险费可按工程所在省（自治区、直辖市）的规定计算，省（自治区、直辖市）无规定的，可按中国人民保险公司的有关规定计算，如无其他相关资料，费率可按0.4%估列；特大（重）件运输增加费可根据设计方案确定，如无相应设计方案，可按设备原价的0.5%～0.9%估列；采购及保管费按设备原价和运杂费之和的0.5%计算。

（2）建筑安装工程费。风电场的建筑安装工程可划分为设备安装工程和建筑工程两个部分。设备安装工程的内容主要包括发电设备安装工程、升压变电设备安装工程、通信和控制设备安装工程、其他设备安装工程等四项。建筑工程的内容则主要包括：①发电设备基础工程，包括风力发电机组和塔架（筒）、机组变压器、集电线路等设备的基础工程；②变配电工程，主要指主变压器、配电设备基础和配电设备构筑物的土石方、混凝土、钢筋及支（构）架等；③房屋建筑工程，包括中央控制室（楼）、配电装置室、辅助生产建筑、办公及生活文化建筑及其室外工程等；④交通工程，包括新建及改扩建的公路、桥梁及码头等；⑤施工辅助工程，包括施工电源、施工水源、施工道路、风力发电机组安装平台场地平整、施工围堰及大型专用施工设备（如大型吊车）安拆及进出场等；⑥其他，包括环境保护与水土保护工程、消防设施、劳动安全与工业卫生工程、变电所场地平整工程和其他工程等。环境保护与水土保护工程是指为减轻或消除项目施工过程中对环境的不利影响而采取的各种保护工程和措施，主要包括环境保护和水土保持等工程；消防设施是指消防水池等土建设施；劳动安全与工业卫生工程是指劳动安全和工业卫生中的土建工程；变电所场地平整是指风电场变电所场地平整及其土石方工程。

建筑安装工程费由直接费、间接费、利润和税金组成。

1）直接费是指建筑安装产品生产过程中直接消耗在特定产品对象上的有关费用，包括直接工程费和措施费。直接工程费是施工过程中耗费的构成工程实体的各项费用，包括人工费、材料费、施工机械使用费。措施费是为完成工程项目施工，发生于该工程施工前和施工过程中非工程实体项目的费用，如环境保护费、文明施工费、安全施工费等。

2）间接费由规费和企业管理费组成。规费是指政府和有关权力部门规定必须缴纳的费用，包括工程排污费、社会保障费、住房公积金、危险作业意外伤害保险费等。企业管理费是指建筑安装企业组织施工生产和经营管理所需费用。

3）利润是指施工企业完成所承包工程获得的盈利。

4）税金是指国家税法规定的应计入建筑安装工程造价内的营业税、城市维护建设税及教育费附加等。

具体估算时，安装工程费按设计的设备清单工程量乘以安装工程单价计算。建筑工程费估算包括：①主体建筑工程费用，应按照可行性研究报告所确定的设计规模、建设标准和主要工程量乘以相应工程单价进行估算；②房屋建筑工程费用，可根据设计采用的不同类型房建工程面积乘以工程所在地相应的房屋建筑工程单位造价指标进行估算；③室外工程，按设计提供的项目和工程量分别计算；④交通工程，根据设计提供的工程量乘以单价或按单位造价指标两种方式进行估算，单位造价指标应分场外、场内公路，根据调查或类似工程资料经分析后确定；⑤其他建筑工程按设计工程量乘以单价或采用扩大单位指标编制，也可按设计要求分析计算。

(3) 其他费用。其他费用包括建设用地费、建设管理费、生产准备费、勘察设计费、其他等五项内容。

1) 建设用地费。包括土地占用费、旧有设施迁移补偿费和余物拆除清理费。

2) 建设管理费。包括工程前期费、建设单位管理费、建设监理费、项目咨询服务评审费、工程验收费和工程保险费。

3) 生产准备费。包括生产人员培训及提前进厂费、办公及生活家具购置费、工器具及生产家具购置费、备品备件购置费和联合试运转费。

4) 勘察设计费。包括勘察费、设计费、施工图预算编制费及竣工图编制费等。

5) 其他。包括工程质量监督检测费、工程定额测定费、风电技术标准编制费及在工程实施过程中发生的有关税费。

由于风电场建设投资中其他费用包括的分项内容较多,具体估算时,可根据相关文件规定的内容、计算方法以及相关的费率和标准进行逐项估算,再进行相加求其总和。

(4) 预备费。风电场建设投资中的预备费也包括基本预备费和涨价预备费两部分。具体估算时,基本预备费按上述设备购置费、建筑安装工程费、其他费用三部分之和乘以费率计算,其中费率取 1‰~3‰。涨价预备费以分年工程费用为基数再乘以费率进行计算,其中,费率按国家规定的物价指数进行计算。经逐年计算再相加求和,即得总的涨价预备费。

2.2.2.2 流动资金

流动资金是指在工程项目投产前预先垫付,在投产后的生产经营过程中,用于购买原材料、燃料动力、备品备件,支付工资和其他费用,以及被在产品、半成品和其他存货占用的周转资金。在生产经营活动中,流动资金以现金及各种存款、存货、应收及预付款项等流动资产的形态出现。在整个项目寿命期内,流动资金始终被占用并且周而复始地流动,到项目寿命结束时,全部流动资金才能退出生产与流通,以货币资金的形式被回收。

1. 流动资金的构成

(1) 分析流动资金的构成及用途性质,可将其分为储备资金、生产资金、成品资金、货币资金和结算资金,如图 2-1 所示。

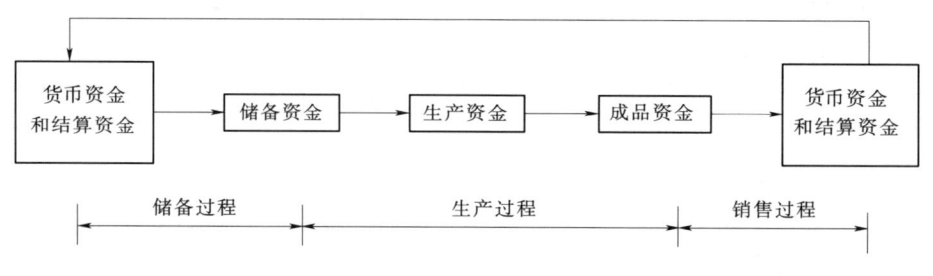

图 2-1 流动资金构成

图 2-1 既表明了流动资金的构成,也表明了在企业的生产经营过程中流动资金周而复始的循环流动特性,即随着企业生产经营活动的进行,流动资金不断地从货币资金形态开始,顺次转化为储备资金、生产资金和成品资金形态,然后又回到货币资金形态,完成资金的循环和周转。流动资金在企业投产前即开始安排,在运行初期按投产规模比例增

加，在正常运行期末，即其经济寿命结束时收回。由于流动资金数量大小会对企业的经济效果产生影响，因此，企业应加强流动资金的管理。

(2) 流动资金按其管理方式的不同，可将流动资金分为定额流动资金和非定额流动资金。

1) 定额流动资金是可以根据生产任务、企业规模、材料消耗定额和供应条件等具体情况，确定其正常生产需要量的那部分流动资金，包括生产储备资金、生产资金和成品资金。为了保证生产经营活动正常进行和合理控制各项材料物资储备，对上述各项流动资金，应拟定定额，实行定额管理。

2) 非定额流动资金是指不确定其定额的流动资金，如应收账款、库存现金、银行存款等结算资金和货币资金。这部分流动资金，通常在流动资金总额中所占的比重不大，数量也不稳定，有的难以确定其经常占用量，有的不需确定其经常占用量，所以不拟定定额，不实行定额管理。

(3) 根据流动资金的用途性质，可将其归纳为流动资产与流动负债两类。在工程建设项目的技术经济分析中，需要估算并预先筹措的是从流动资产中扣除流动负债后的流动资金。流动资产的具体形态包括现金及各种存款、存货、应收及预付款项等。流动负债是指将在一年（含一年）或者超过一年的一个营业周期内偿还的债务，包括短期借款、应付票据、应付账款、预收账款、应付工资、应付福利费、应付股利、应交税金、其他暂收应付款项、预提费用和一年内到期的长期借款等。

2. 流动资金的估算

在具体进行流动资金估算时，可根据项目的实际情况和资料条件，采用扩大指标估算法或分项详细估算法。

(1) 扩大指标估算法。该法是参照同类生产企业流动资金占固定资产价值、经营成本、销售收入、销售利润等的比例，或单位产量资金率（即单位产量占用流动资金额），综合估算拟建工程项目流动资金的需要量。

1) 按固定资产价值资金率估算。

$$流动资金额 = 固定资产总额 \times 固定资产价值资金率 \qquad (2-4)$$

式中　固定资产价值资金率——流动资金占固定资产价值的比例，具体取值与企业性质有关，例如，对化工企业一般取 20%～25%，对一般企业取 15%～22%。

2) 按经营成本资金率估算。

$$流动资金额 = 年经营成本 \times 经营成本资金率 \qquad (2-5)$$

式中　经营成本——项目技术经济分析中使用的特定概念，反映项目运营期的主要现金流出；

经营成本资金率——流动资金占经营成本的比例，具体取值与企业性质有关，例如，对矿山企业一般取 30%～35%。

3) 按产品销售收入资金率估算。

$$流动资金额 = 年产品销售收入 \times 销售收入资金率 \qquad (2-6)$$

式中　销售收入——营业收入，是企业在一定时期内产品销售的货币收入总额；

销售收入资金率——流动资金占销售收入的比例,一般取 15%～25%。

4) 按年销售利润资金率估算。

$$\text{流动资金额} = \text{年销售利润} \times \text{销售利润资金率} \tag{2-7}$$

式中　销售利润——企业在其全部销售业务中实现的利润;

销售利润资金率——流动资金占年销售利润的比例。

5) 按单位产量资金率估算。

$$\text{流动资金额} = \text{年生产能力} \times \text{单位产量资金率} \tag{2-8}$$

上述各种流动资金的扩大指标估算法较为简单,只要具备同类企业相关的资金比率指标即可进行估算。但该法估算的精度不是很高,一般在项目建议书阶段可采用该法进行流动资金的估算,某些行业在可行性研究阶段也可采用该方法。

(2) 分项详细估算法。流动资金的分项详细估算法是将其按流动资产和流动负债的用途性质进行分析,并分别进行估算,具体估算公式为

$$\text{流动资金} = \text{流动资产} - \text{流动负债} \tag{2-9}$$

$$\text{流动资产} = \text{应收账款} + \text{预付账款} + \text{存货} + \text{现金} \tag{2-10}$$

$$\text{流动负债} = \text{应付账款} + \text{预收账款} \tag{2-11}$$

$$\text{流动资金本年增加额} = \text{本年流动资金} - \text{上年流动资金} \tag{2-12}$$

在具体进行建设项目流动资金估算时,一般先确定流动资产和流动负债中各分项的最低周转天数,并计算周转次数为

$$\text{周转次数} = \frac{360 \text{天}}{\text{最低周转天数}} \tag{2-13}$$

计算出周转次数后再逐项进行估算。

需要指出,最低周转天数取值对流动资金估算的准确程度影响较大。各类流动资产和流动负债的最低周转天数,应参照同类企业的平均周转天数,同时结合项目的特点、投入和产出性质、供应来源以及各分项的属性具体分析选取相应的存储天数、在途天数,并考虑适当的保险系数,逐项进行确定,或根据相关部门(行业)规定进行确定。

1) 存货。存货是指企业在日常生产经营过程中持有以备出售,或者仍处在生产过程,或者在生产或提供劳务过程中将消耗的材料或物料等,包括各类材料、商品、在产品、半成品和产成品等。为简化计算,项目评价中可仅考虑外购原材料、燃料、其他材料、在产品和产成品,并分项计算,即

$$\text{存货} = \text{外购原材料、燃料} + \text{其他材料} + \text{在产品} + \text{产成品} \tag{2-14}$$

$$\text{外购原材料、燃料费用} = \frac{\text{年外购原材料、燃料费用}}{\text{分项周转次数}} \tag{2-15}$$

$$\text{其他材料费用} = \frac{\text{年其他材料费用}}{\text{其他材料周转次数}} \tag{2-16}$$

要注意对外购原材料、燃料费用,应按其种类分项确定最低周转天数进行估算,即

$$\text{在产品费用} = \frac{\text{年外购原材料、燃料动力费用} + \text{年工资及福利费} + \text{年修理费} + \text{年其他制造费用}}{\text{在产品周转次数}}$$

$$\tag{2-17}$$

$$产成品费用 = \frac{年经营成本 - 年其他营业费用}{产成品周转次数} \quad (2-18)$$

2) 应收账款。应收账款是指企业对外销售商品、提供劳务尚未收回的资金。估算公式为

$$应收账款 = \frac{年经营成本}{应收账款周转次数} \quad (2-19)$$

3) 预付账款。预付账款是指企业为购买各类材料、半成品或服务所预先支付的款项，估算公式为

$$预付账款 = \frac{外购商品或服务年费用金额}{预付账款周转次数} \quad (2-20)$$

4) 现金。流动资金中的现金是指为维持正常生产经营必须预留的货币资金，其数额可估算为

$$现金 = \frac{年工资及福利费 + 年其他费用}{现金周转次数} \quad (2-21)$$

年其他费用 = 制造费用 + 管理费用 + 营业费用
— (以上三项费用中所含的工资及福利费、折旧费、摊销费、修理费)

$$(2-22)$$

5) 流动负债。在进行工程建设项目技术经济分析时，流动负债的估算可只考虑应付账款和预收账款两项，即

$$应付账款 = \frac{外购原材料、燃料动力及其他材料年费用}{应付账款周转次数} \quad (2-23)$$

$$预收账款 = \frac{预收的营业收入年金额}{预收账款周转次数} \quad (2-24)$$

需要指出，流动资金一般应在项目投产前开始筹措。为简化计算，流动资金可在投产第一年开始安排，并随生产运营计划的不同而有所不同，因此流动资金的估算应根据不同的生产运营计划分年进行。同时，由于在具体进行流动资金估算时，经常要用到企业成本费用的相关数据，因此，实际上流动资金估算一般应在企业成本费用估算之后进行。此外还需注意，进行流动资金估算，当投入物和产出物采用不含税价格时，应将销项税额和进项税额分别包括在相应的年费用金额中。

对风电场工程建设项目来说，其流动资金总额可按风电场装机容量乘以每千瓦所需流动资金定额估算。流动资金随机组投产投入使用，其贷款利息计入发电成本，本金在计算期末一次回收。

2.2.2.3 建设期利息

建设期利息又称本金化利息或资本化利息，是指投资项目筹措资金时在建设期内发生并按规定允许在投产后计入固定资产原值的利息。

建设期利息包括银行借款和其他债务资金的利息，以及其他融资费用。其中，其他投融资费用是指某些债务融资中发生的手续费、承诺费、管理费、信贷保险费等融资费用。

工程建设项目技术经济分析中，对建设期利息应在完成建设投资估算和分年投资计划的基础上，根据筹资方式（银行贷款、企业债券）、金融及筹资费率（银行贷款利率、企

业债券发行手续费率）等进行计算。考虑到银行实行的是"随支随贷"原则，在进行工程建设项目的建设期利息计算时，假设借款自年初至年末陆续支用，平均起来就是当年借款均在当年年中支用，故按半年计息，其后年份按全年计息。于是，建设期各年应计利息为

按单利计算　各年应计利息 $=\dfrac{年初借款本金累计+本年借款额}{2}\times$名义年利率　　　（2-25）

按复利计算　各年应计利息 $=\dfrac{年初借款本息累计+本年借款额}{2}\times$实际年利率　　　（2-26）

对于有多种借款资金来源，每笔借款的年利率各不相同的项目，既可分别计算每笔借款的利息，也可先计算出各笔借款加权平均的年利率，并以加权平均利率计算全部借款的利息。

对于其他融资费用，一般情况下，应将其单独计算并计入建设期利息；在项目前期研究的初期阶段，也可作粗略估算并计入建设投资；对于不涉及国外贷款的项目，在可行性研究阶段，也可作粗略估算并计入建设投资。将按式（2-25）或式（2-26）求得的建设期各年应计利息相加即为建设期利息。

对于分期建成投产的项目，应按各期投产时间分别停止借款费用的资本化，即投产后继续发生的借款费用不作为建设期利息计入固定资产原值，而是作为运营期利息计入总成本费用。对于风电场工程项目来说，应从工程筹建期开始，以分年度投资为基数逐年计算，一般情况下建设期利息按采用银行贷款方式计算，第一台机组投产前发生的工程贷款利息全部计入工程建设投资；第一台机组投产后，应对利息进行分割，部分利息应按投产容量转入生产成本。

2.3　总成本费用

2.3.1　成本与费用的概念及构成

企业在生产经营活动中，都要耗费一定数量的物化劳动和活劳动。在市场经济条件下，各种耗费都表现为以货币形式计算的资金耗费，并把这些耗费称为费用。可见，费用泛指企业在一定时期内的生产经营活动中所发生的各种耗费。将企业的费用归集和分配到其所生产的商品及提供的劳务上，就称为成本，它是指企业在一定时期内为生产商品和提供劳务所发生的各项费用。

费用与成本是两个不同的经济指标。前者以计算时期为基础，后者以企业产品为对象。但是，在经济内容上，费用和产品成本是一致的，都是社会劳动的耗费，它包括：①与物化劳动有关的费用，如固定资产折旧、原材料、燃料等费用；②与活劳动有关的费用，如支付职工工资和计提福利基金等。因此，有时对费用和成本的概念不用严格地加以区别。在工程建设项目的经济分析中常常使用总成本费用的概念，所谓总成本费用，是指企业在一定时期内（一般为一年）为生产和销售产品而花费的全部成本和费用。它是反映企业在生产经营过程中所发生的物质资料和劳动力消耗的综合指标。

1. 总成本费用的构成

按其经济用途和核算层次，总成本费用可分为直接费用、制造费用（间接费用）和期

间费用，或生产成本、管理费用、营业费用和财务费用，其构成如图2-2所示。

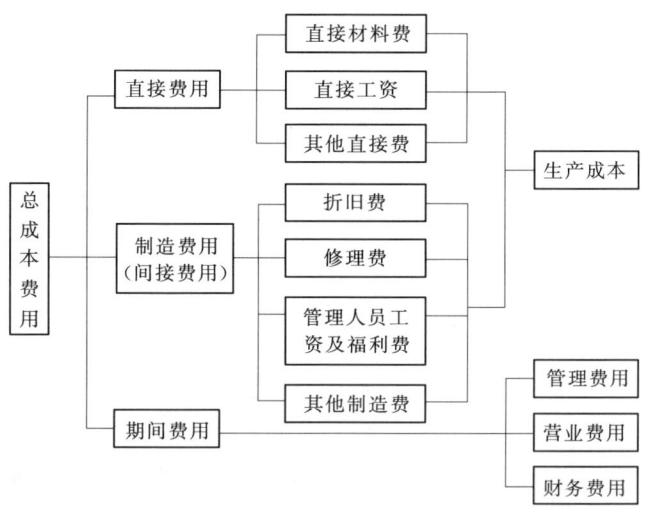

图 2-2 总成本费用构成

（1）直接费用包括直接材料费、直接工资和其他直接费。直接材料费是指在生产中用以形成产品主要部分的材料的费用。直接工资是指在产品生产过程中直接对材料进行加工使之变成产品的人员的工资及福利费。其他直接费是指在产品生产过程中直接耗费的燃料动力费、外部加工费、专用工具费等其他直接费用。

（2）制造费用是指企业为生产产品和提供劳务而发生的各项间接费用，包括生产单位（分厂、车间）管理人员工资和福利费、折旧费、修理费（生产单位和管理用房屋、建筑物、设备）、办公费、水电费、机物料消耗、劳动保护费、季节性和修理期间的停工损失等，但不包括企业行政管理部门为组织和管理生产经营活动而发生的管理费用。为简化计算，常将制造费用归类为管理人员工资及福利费、折旧费、修理费及其他制造费用（制造费用中扣除生产单位管理人员工资及福利费、折旧费、修理费后的其余部分）。

直接费用和相应的制造费用构成产品的生产成本。

（3）期间费用包括管理费用、营业费用和财务费用。

1）管理费用是指企业为管理和组织生产经营活动所发生的各项费用，包括公司经费、工会经费、职工教育经费、劳动保险费、待业保险费、董事会费、咨询费、聘请中介机构费、诉讼费、业务招待费、排污费、房产税、车船使用税、土地使用税、印花税、矿产资源补偿费、技术转让费、研究与开发费、无形资产与其他资产摊销、计提的坏账准备和存货跌价准备等。为简化计算，可将管理费用归类为管理人员工资及福利费、折旧费、修理费、无形资产和其他资产摊销及其他管理费用（由管理费用中扣除工资及福利费、折旧费、摊销费、修理费后的其余部分）。

2）营业费用是指企业在销售商品过程中发生的各项费用以及专设销售机构的各项经费，包括应由企业负担的运输费、装卸费、包装费、保险费、广告费、展览费以及专设销售机构人员工资及福利费、类似工资性质的费用、业务费等经营费用。为简化计算，营业费用可归类为销售人员工资及福利费、折旧费、修理费及其他营业费用（由营业费用中扣除工资及福利费、折旧费、修理费后的其余部分)。

3) 财务费用是指企业为筹集所需资金而发生的费用，称为借款费用，包括利息支出（减利息收入)、汇兑损失（减汇兑收益）以及相关的手续费等。在大多数项目的财务分析中，通常只考虑利息支出。

在工程建设项目的技术经济分析中，为了便于计算，通常按照以上各种费用要素的经济性质和表现形态将其归并，将总成本费用分成：①外购材料（包括主要材料、辅助材料、半成品、包装费、修理用备件和低值易耗品等）；②外购燃料；③外购动力；④工资及福利费；⑤折旧费；⑥摊销费；⑦修理费；⑧利息支出；⑨其他费用（在制造费用、管理费用、财务费用和营业费用中扣除工资及福利费、折旧费、摊销费、修理费、利息支出后的费用）。

此外，在技术经济分析中，为方便进行盈亏平衡分析等目的，还可根据成本费用与产量变化之间的关系，将其分为可变成本、固定成本和半可变（半固定）成本。在总成本费用中，有一部分费用随产量的增减而成比例地增减，称为可变成本，如原材料费用等。另一部分费用与产量的多少无关，称为固定成本，如固定资产折旧费、管理费用等。还有一些费用，虽然也随产量的增减而变化，但非成比例地变化，称为半可变（半固定）成本。通常半可变成本还可进一步分解为可变成本和固定成本。因此，总成本费用最终可划分为可变成本和固定成本。

2. 总成本费用的确定方法

根据以上分析，总成本费用的构成有以下方法：

(1) 生产成本加期间费用法，即

$$总成本费用 = 生产成本 + 期间费用 \qquad (2-27)$$

生产成本 = 直接材料费 + 直接燃料和动力费 + 直接工资 + 其他直接支出 + 制造费用

$$期间费用 = 管理费用 + 营业费用 + 财务费用 \qquad (2-28)$$

(2) 生产要素法，即

$$\begin{aligned}总成本费用 &= 外购原材料、燃料及动力费 + 工资及福利费 + 折旧费 + 摊销费 + 修理费 \\ &\quad + 财务费用（利息支出） + 其他费用\end{aligned} \qquad (2-29)$$

3. 技术经济分析与企业财务会计中费用和成本的区别

应当指出，在工程建设项目的技术经济分析中对费用和成本的理解与企业财务会计中的理解不完全相同。区别如下：

(1) 在财务会计中，费用和成本是对企业经营活动和产品生产过程中实际发生的各种耗费的真实记录，所得到的数据是唯一确定的；而在工程经济分析中所使用的费用和成本数据是在一定的假定前提下对拟实施投资方案的未来情况预测的结果，具有不确定性。

(2) 在财务会计中对费用和成本的计量分别针对特定会计期间的企业生产经营活动和特定产品的生产过程；而工程经济分析中对费用和成本的计量则一般针对某一投资项目或技术方案的实施结果。

(3) 在财务会计中，费用和产品成本是两个不同的指标，前者以时期为基础，后者以产品为对象；而在工程经济分析中，强调对现金流量的考察分析，而就费用和成本的概念而言，都具有"资金耗费"的性质，或者说都属于"现金支出"或"现金流出"，因此，在这

2.3 总成本费用

个意义上费用和成本具有相同的性质,如无特别说明,一般不严格区分费用与成本的概念。

在工程经济分析中考察分析现金流量时,现金"收"、"支"何时发生,就在何时计入"现金流入"或"现金流出",不作分摊,这与财务会计中的处理方式是不一样的。

此外,为分析与计算的方便,在工程建设项目的技术经济分析中,还要引入财务会计中不常使用的一些费用与成本概念,这些费用与成本的经济涵义与会计中的费用与成本是有区别的。

2.3.2 经营成本、沉没成本和机会成本

1. 经营成本

2.3.1中分析的总成本费用概念较为完整地反映了企业在生产经营过程中的物质资料和劳动力的耗费。但是,从实际的现金收支活动过程来看,在总成本费用的构成中,折旧费与原材料费、燃料动力费、工资及福利费等成本费用项目有明显的区别,它并不是企业生产经营过程中实际发生的现金支出,既不属于"现金流出",也不属于"现金流入",而是在企业财务会计中对项目建设期发生的固定资产投资在其投入运营后的经济寿命期(折旧年限)内的"分摊处理"。这种"分摊处理"从价值形态上反映了伴随着固定资产在生产使用过程中的损耗,其价值逐渐转移到产品中去的过程,并以折旧费的形式将逐渐转移的固定资产价值计入产品成本,以便通过产品的销售以货币形式将其收回到投资者手中。类似地,摊销费也具有同样的性质,是对无形资产和其他资产投资在项目投入运营后的相应期限内的"分摊处理"。此类"分摊处理"与技术经济分析中强调对现金流量考察的要求是不一致的。因此,在技术经济分析中,除了使用总成本费用的概念外,还常需用到经营成本的概念。

所谓经营成本,实际上是为技术经济分析方便从总成本费用中分离出来的一部分费用,即

$$\text{经营成本} = \text{总成本费用} - \text{折旧费} - \text{摊销费} - \text{利息支出}$$
$$= \text{外购原材料、燃料和动力费} + \text{工资及福利费} + \text{修理费} + \text{其他费用} \quad (2-30)$$

式中 其他费用——从制造费用、管理费用和营业费用中扣除折旧费、摊销费、修理费、工资及福利费以后的其余部分。

由于经营成本是从总成本费用中将既不属于现金流出也不属于现金流入的折旧费和摊销费剔除后的部分,因此,在项目评估及可行性研究中对工程建设项目或技术方案系统的现金流出与现金流入进行分析时,其数据可直接用作现金流出项。

需要指出,借款利息是使用借款资金所要付出的代价,对于企业来说,这是实际的现金流出,但是在评价项目全部投资的经济效果时,并不考虑资金来源问题,而是将全部资金作为一个整体,都看成是企业(项目)的自有资金,这样就不需考虑利息支出了。因此,技术经济分析中采用不包含利息支出的经营成本作为现金流出项是很方便的。对于在分析中需要考虑借款利息支出的情况,则将利息支出另行列出。

2. 沉没成本和机会成本

在技术经济分析中,有时还用到沉没成本和机会成本的概念。

沉没成本是指以往发生的与当前决策无关的费用。经济活动在时间上是具有连续性的,但从决策的角度来看,以往发生的费用只是造成当前状态的一个因素,当前状态是决

策的出发点，当前决策所要考虑的是未来可能发生的费用及所能带来的收益，而以往发生的费用并不影响当前的决策，并被称为沉没成本。

机会成本是指将一种具有多种用途的有限资源置于特定用途时所放弃的收益。当一种有限的资源具有多种用途时，可能有许多投入这种资源并获取相应收益的机会。如果将这种资源置于某种特定用途，必须要放弃该资源的其他投入机会，同时也放弃了相应的收益。在所放弃的机会中最佳的机会可能带来的收益，就是将这种资源置于特定用途的机会成本。

显然，在技术经济分析中，沉没成本一般不会在现金流量中出现，而机会成本则会以各种方式影响现金流量。

2.3.3 成本费用的估算

在工程建设项目经济评价分析中，总成本费用通常采用生产要素估算法进行估算。

1. 原材料和燃料动力费

按生产要素法估算总成本费用时，原材料和燃料动力费是指外购的部分，外购原材料和燃料动力费的估算需要相关专业所提出的外购原材料和燃料动力的年消耗量，以及在选定价格体系下的预测价格，该价格应按入库价格计算，即到厂价格并考虑途中和入库损耗。采用的价格时点和价格体系应与营业收入的估算一致。

2. 工资及福利费

财务分析中的人工工资及福利费是指企业为获得职工提供的服务而给予各种形式的报酬以及其他相关支出，通常包括职工工资、奖金、津贴和补贴以及职工福利费。医疗保险费、养老保险费、失业保险费、工伤保险费、生育保险费等社会保险费和住房公积金中由企业缴付的部分，应按规定计入其他管理费用。在按生产要素法估算总成本费用时，人工工资及福利费是按项目全部人员数量估算。根据不同项目的需要，财务分析中可视情况选择按项目全部人员年工资的平均数值计算，或者按照人员类型和层次分别设定不同档次的工资进行计算。

3. 折旧费

固定资产在使用过程中要经受有形和无形的两种磨损：有形磨损是指由生产因素或自然因素（外界因素和意外灾害等）引起的磨损；无形磨损是由于技术进步使修建同等工程或生产同种设备的成本降低从而使原工程的固定资产价值降低，或者由于出现新技术、新设备从而引起原来效率低的、技术落后的旧设备贬值甚至报废等。由固定资产的磨损所引起的价值损失，可在经济寿命期内通过提取折旧费的方式予以补偿。

根据我国会计制度，应计提折旧的资产包括：①房屋和建筑物，不论使用与否；②在用的机器设备、仪器仪表、运输车辆、工具器具等；③季节性停用和大修理停用的设备；④以经营租赁方式租出的固定资产；⑤以融资租赁方式租入的固定资产；⑥通过局部轮番大修理实现整体更新的固定资产；⑦生产任务不足，处于半停产企业的设备。

不计提折旧的固定资产包括：①未使用、不需用、封存的机器设备、仪器仪表、运输车辆、工具器具等；②交付改、扩建的房屋，建筑物；③以经营租赁方式租入的固定资产；④基建工厂交付使用前的固定资产；⑤已提足折旧继续使用的固定资产；⑥提前报废的固定资产；⑦按照规定已提取修理费的固定资产；⑧破产、关停企业的固定资产，过去已经估价单独入账的土地。

在进行折旧计算时，常需分析固定资产原值、账面净值、残（余）值。一般将项目投产时（达到预定可使用状态）核定的固定资产价值称为账面原值。固定资产原值扣除折旧以后的价值称为账面净值。在固定资产使用期终了或中途更换时，固定资产的价值称为残（余）值，它是一笔在项目寿命期末可回收的资金。在固定资产的使用过程中，一方面其实物形态上的价值是逐年递减的；另一方面以提取折旧费形式所积存的价值则逐年递增，直到固定资产到达经济寿命，此时利用所提取并积存的全部折旧基金及其在寿命期末所能回收的残值资金，便可用来更新固定资产，进行再生产。

在项目评估和可行性研究中，常用的基本折旧费计算方法有直线折旧法、年数总和法及双倍余额递减法等。一般情况下，折旧年限应按税法规定的分类折旧年限确定，也可取行业规定的综合折旧年限。

（1）直线折旧法。直线折旧法包括年限平均法和工作量法。

1) 年限平均法。将应提折旧的固定资产价值按其使用年限平均分摊，即

$$D = K_0 f \tag{2-31}$$

$$f = \frac{1-S'}{T} \times 100\% \tag{2-32}$$

式中　D——年折旧额；

　　　K_0——固定资产原值；

　　　f——年折旧率；

　　　S'——预计净残值率，一般取原值的3%~5%；

　　　T——折旧年限。

式（2-31）中的固定资产原值 K_0 是指项目投产时核定的固定资产价值，计算式为

$$K_0 = (K' + I')k \tag{2-33}$$

式中　K'——可形成固定资产价值部分之和，它包括固定资产投资中的工程费用、固定资产投资方向调节税、建设期设备、材料涨价价差及按比例摊入的不可预见费等；

　　　I'——建设期利息；

　　　k——固定资产形成率，可根据各行业及其主管部门的规定确定。

【例2-1】　已知风电场某项固定资产原值为500万元，折旧年限15年，预计净残值率为5%，试按年限平均法计算年折旧额及第三年末的账面净值。

解： 年折旧率为

$$f = \frac{1-S'}{T} \times 100\% = \frac{1-5\%}{15} \times 100\% = 6.33\%$$

年折旧额为

$$D = K_0 f = 500 \times 6.33\% = 31.65 \text{（万元）}$$

第三年末的账面净值为

$$K_3 = K_0 - Dt = 500 - 31.65 \times 3 = 405.33 \text{（万元）}$$

2) 工作量法。对于某些专业设备、大型设备以及运输车辆等，可按工作时间、产量或行驶里程计提折旧，该法称为工作量法。它是以平均单位时间（或产量、行驶里程）的折旧额乘以年使用的工作时间（或产量、行驶里程），求得年应提折旧额，这种方法也属于直线折旧法。计算公式为

按工作时间计算折旧为

$$每工作小时折旧额 = \frac{原值 \times (1 - 预计净残值率)}{总工作小时} \quad (2-34)$$

$$年折旧额 = 每工作小时折旧额 \times 年工作小时 \quad (2-35)$$

按行驶里程计算折旧为

$$单位里程折旧额 = \frac{原值 \times (1 - 预计净残值率)}{总行驶里程} \quad (2-36)$$

$$年折旧额 = 单位里程折旧额 \times 年行驶里程 \quad (2-37)$$

以上介绍的直线折旧法计算简单，因此被广泛应用。但该法不能准确反映固定资产的实际损耗状况，不利于投资的尽快回收，在出现新设备而使原设备提前淘汰时，可能由于未及提足折旧而承担经济损失。因此，我国税法也允许对某些机器设备采用快速折旧法，即双倍余额递减法和年数总和法。

(2) 双倍余额递减法。这是一种快速折旧方法，是用直线折旧率（但不考虑残值）的两倍乘以固定资产期初净值来计算折旧费，即双倍余额递减法的折旧率为

$$f = \frac{2}{T} \times 100\% \quad (2-38)$$

年折旧额为

$$D_j = K_{j-1} f \quad (2-39)$$

式中　D_j——第 j 年的年折旧额；

K_{j-1}——第 j 年初固定资产账面净值，计算式为

$$K_{j-1} = K_0 \left(1 - \frac{2}{T}\right)^{j-1} \quad (2-40)$$

显然，虽然该法中折旧率为一定值，但因固定资产账面净值逐年减小，故年折旧额也将逐年减小。此外，由于计算中未考虑固定资产残值，因此在计算到使用期 T 年年末时，固定资产账面净值不一定等于其残值。为保证将固定资产应提折旧的价值分摊完，在用该法计算到某一年度时，若年折旧额 D_j 满足一定条件，则改用直线折旧法。该条件为

$$D_j < \frac{K_{j-1} - L}{T - j + 1} \quad (2-41)$$

式中　L——预计净残值；

其余符号意义同式 (2-40)。

式 (2-41) 表明，若按双倍余额递减法计算第 j 年的年折旧额小于将自第 j 年初算起尚应提取的固定资产折旧价值 ($K_{j-1} - L$) 在剩余年数 ($T - j + 1$) 中按直线折旧法计算的年折旧额（不等式右端表达式的值）时，从第 j 年起要改用直线折旧法计算折旧额。

【例 2-2】　资料同 [例 2-1]。试按双倍余额递减法计算各年折旧额及账面净值。

解： 各年折旧额及账面净值计算见表 2-1。

2.3 总成本费用

表 2-1 双倍余额递减法折旧计算表

折旧年限	年折旧率	年折旧额/万元	年末净值/万元	折旧年限	年折旧率	年折旧额/万元	年末净值/万元
0	0	0	500	8	2/15	24.48	159.14
1	2/15	66.67	433.33	9	2/15	21.22	137.92
2	2/15	57.78	375.56	10	—	18.82	119.10
3	2/15	50.07	325.48	11	—	18.82	100.28
4	2/15	43.40	282.08	12	—	18.82	81.46
5	2/15	37.61	244.47	13	—	18.82	62.64
6	2/15	32.60	211.88	14	—	18.82	43.82
7	2/15	28.25	183.63	15	—	18.82	25

本例中,若第 10 年的折旧额按双倍余额递减法计算,为 18.39 万元,小于相应的按直线折旧法计算的折旧额 18.82 万元,故自第 10 年起改用直线折旧法,从而保证第 15 年末固定资产账面净值正好等于其预计净残值 25 万元(净残值率为 5%)。

(3) 年数总和法。这也是一种快速折旧法,该法是以固定资产剩余使用年数与使用年数总和之比计算折旧率,再乘以应提折旧的固定资产价值来求得各年折旧额,即

$$f_j = \frac{T-(j-1)}{\frac{1}{2}T(T+1)} \times 100\% \qquad (2-42)$$

$$D_j = (K_0 - L)f_j \qquad (2-43)$$

式中　f_j——第 j 年的年折旧率;

　　　D_j——第 j 年的年折旧额;

　　　L——预计净残值;

其余符号意义同式 (2-31) 和式 (2-32)。

由年数总和法计算公式可以看出,该法中年折旧率是逐年减小的,因此,年折旧额也将是逐年递减的。

【例 2-3】 资料同 [例 2-1]。试按年数总和法计算各年折旧率、折旧额及账面净值。

解:直接应用年数总和法的计算公式,即可求得各年折旧率、折旧额及账面净值,计算结果见表 2-2。

表 2-2 年数总和法折旧计算表

使用年限	年折旧率	年折旧额/万元	年末净值/万元	使用年限	年折旧率	年折旧额/万元	年末净值/万元
0	0	0	500	8	8/120	31.67	135.83
1	15/120	59.38	440.63	9	7/120	27.71	108.13
2	14/120	55.42	385.21	10	6/120	23.75	84.38
3	13/120	51.46	333.75	11	5/120	19.79	64.58
4	12/120	47.50	286.25	12	4/120	15.83	48.75
5	11/120	43.54	242.71	13	3/120	11.88	36.88
6	10/120	39.58	203.13	14	2/120	7.92	28.96
7	9/120	35.63	167.50	15	1/120	3.96	25

需要指出,在以上计提折旧费的方法中,无论采用何种方法,在整个固定资产折旧年限内,折旧总额是相同的。但是,采用直线折旧法,每年提取的折旧额是相等的,而采用快速折旧法时,在固定资产使用前期计提折旧较多,使用后期计提折旧较少。企业提取的年折旧额越大,其总成本费用数额也越大,相应地,企业年利润总额就越小,其应纳所得税额也就越小。可见,企业计提折旧的方法是涉及企业利润具体如何分配的问题。我国企业一般采用直线折旧法,在符合国家有关规定的情况下,经批准也可采用快速折旧法。一般来说,加速折旧有利于企业进一步发展。

4. 修理费

修理费是指为保持固定资产的正常运转和使用,充分发挥使用效能,对其进行必要修理所发生的费用。可估算为

$$修理费 = 固定资产原值 \times 占固定资产原值百分比 \tag{2-44}$$

固定资产原值应扣除所含的建设期利息;占固定资产原值百分比(或称修理费率)的选取应考虑行业和项目特点。在生产运营的各年中,修理费率的取值一般采用固定值。根据项目特点也可以间断性地调整修理费率,开始取较低值,以后取较高值。

5. 摊销费

按照有关规定,无形资产从开始使用之日起,在有效使用期限内平均摊入成本。有效使用期按下列原则确定:法律、合同或企业申请书分别规定有法定的有效期限和受益年限,取两者较短者为有效使用年限;法律没有规定有效期限的,按照合同或企业申请书规定的受益年限确定有效使用年限;法律、合同或企业申请书均未规定有效期或者受益年限的,按照不少于10年确定有效使用期。无形资产的摊销一般采用平均年限法,不计残值。其他资产的摊销可以采用平均年限法,不计残值,摊销年限应注意符合税法的要求。

6. 其他费用

其他费用包括其他制造费用、其他管理费用和其他营业费用,是指由制造费用、管理费用和营业费用中分别扣除工资及福利费、折旧费、摊销费、修理费以后的其余部分。产品出口退税和减免税项目等按规定不能抵扣的进项税额也可包括在内。

(1) 其他制造费用。其他制造费用是指由制造费用中扣除生产单位管理人员工资及福利费、折旧费、修理费后的其余部分。可按固定资产原值(扣除所含的建设期利息)的百分数估算,也可按人员定额估算。具体估算可按相关行业规定的方法进行。

(2) 其他管理费用。其他管理费用是指由管理费用中扣除工资及福利费、折旧费、摊销费、修理费后的其余部分。可按人员定额或取工资及福利费的倍数估算。若管理费用中技术转让费、研究与开发费和土地使用税等数额较大,应单独核算后并入其他管理费用,或单独列项。

(3) 其他营业费用。其他营业费用是指营业费用中扣除工资及福利费、折旧费、修理费后的其余部分。常用估算方法是按营业收入的百分数估算。

(4) 不能抵扣的进项税额。对于产品出口项目和产品国内销售的增值税减免税项目,应将不能抵扣的进项税额计入总成本费用的其他费用或单独列项。

7. 利息支出

利息支出的估算包括长期借款利息、流动资金借款利息和短期借款利息三部分。

(1) 长期借款利息。长期借款利息是指对建设期间借款余额（含未支付的建设期利息）应在生产期支付的利息，可采用等额还本付息方式或者等额还本利息照付方式计算。

当采用等额还本付息方式时，每年还本付息额为

$$A = I_c \frac{i(1+i)^n}{(1+i)^n - 1} \tag{2-45}$$

式中 A——每年还本付息额（等额年值）；

I_c——还款起始年年初的借款余额（含未支付的建设期利息）；

i——年利率；

n——预定的还款期。

在这种还本付息方式中

每年支付利息＝年初借款余额×年利率

每年偿还本金＝A－每年支付利息

年初借款余额＝I_c－本年以前各年偿还的借款累计

当采用等额还本利息照付方式时，第 t 年的还本付息额 A_t 为

$$A_t = \frac{I_c}{n} + I_c\left(1 - \frac{t-1}{n}\right)i \tag{2-46}$$

在这种还本付息方式中，每年支付利息＝年初借款余额×年利率，即

第 t 年支付利息 $= I_c\left(1 - \frac{t-1}{n}\right)i$

每年偿还本金 $= \dfrac{I_c}{n}$

(2) 流动资金借款利息。项目评价中估算的流动资金借款从本质上说应归类为长期借款，但目前企业往往有可能与银行达成共识，按期末偿还、期初再借的方式处理，并按一年期利率计息。流动资金借款利息为

年流动资金借款利息＝年初流动资金借款余额×流动资金借款年利率 (2-47)

财务分析中，流动资金借款的偿还可安排在计算期最后一年，也可在还完长期借款后安排。

(3) 短期借款利息。项目评价中的短期借款是指运营期间由于资金的临时需要而发生的短期借款，其数额应在财务计划现金流量表中得到反映，其利息应计入总成本费用表的利息支出中。短期借款利息计算与流动资金借款利息计算相同，短期借款的偿还按"随借随还"的原则处理，即当年借款尽可能于下年偿还。

对于风电场工程建设项目来说，其发电成本主要包括折旧费、修理费、职工工资及福利费、劳保统筹费、住房基金、材料费、保险费、利息支出、摊销费及其他费用。其中，计算折旧费时，固定资产折旧年限可根据项目情况确定，一般为15年，采用直线折旧法，残值率为5%。对于修理费的估算，一般情况下，风机质保期内不计提风机设备维修费，风机质保期后维修费按固定资产投资乘以维修费费率计算，维修费费率取值范围为1.0%~1.5%，可根据不同风力发电机组实际运行情况及运行年限进行调整。风电场职工工资一般可按每人每年工资额计列，职工福利及其他可按人工工资的百分比计列，具体定

员、人均年工资额及相应百分比可参照有关规定执行。劳保统筹费可按工资总额的百分比计算。住房基金也按工资总额的百分比计算。材料费一般按风电场装机容量乘以每千瓦所需材料费定额估算。保险费按固定资产价值的百分比计算。流动资金贷款利息按照投资编制期现行的国家相关部门规定的短期贷款利息执行。对于摊销费的估算，一般情况下，无形资产摊销可按3年计列，其他资产摊销按4年计列。发电成本中的其他费用（包括其他制造费用、其他管理费用和其他营业费用三项），一般按风电场装机容量乘以每千瓦所需其他费用定额估算。以上各项发电成本计算中，有关百分比及费用定额应按有关规定执行。

2.4 营业收入

2.4.1 营业收入的概念与估算

营业收入是指企业销售产品或者提供劳务取得的收入。它是项目建成投产后补偿总成本费用、上缴税金、偿还债务、保证企业再生产正常进行的前提，也是进行利润总额和营业税金估算的基础数据。营业收入是项目财务分析时所编制的现金流量表中现金流入的主体，也是利润表的主体。

营业收入是财务分析的重要数据，其估算的准确性极大地影响项目财务效益的估计。在具体进行营业收入估算时，涉及的基础数据包括产品或服务的数量和价格，都与市场预测密切相关。因此，为保证营业收入估算结果的准确性，应对市场预测的相关结果以及建设规模、产品或服务方案进行概括的描述或确认，特别应对采用价格的合理性进行说明。工业项目营业收入的估算公式为

$$营业收入 = 产品销售价格 \times 产品年销售量 \tag{2-48}$$

式中　产品销售价格——出厂价格，也可根据需要采用送达用户的价格或离岸价格；
　　　产品年销售量——年产量。

值得注意的是，在现实经济生活中，企业的年产值不一定等于营业收入，这主要是因市场波动而存在库存变化引起的产量与销售量的差别。但是，在项目评估阶段，项目评估人员难以准确地估算出由于市场波动引起的库存量变化，因此做了这样的假设，即不考虑项目的库存情况，假设当年生产出来的产品当年全部售出，从而使项目的销售量等于项目的产量，项目的营业收入也就等于项目的产值，这样就可以根据投产后各年的生产负荷确定销售量。如果项目的产品比较单一，用产品销售价格乘以产量即可得到每年的营业收入；如果项目的产品种类比较多，应首先计算每一种产品的年营业收入，然后再汇总在一起，求出项目生产期的各年营业收入。如果产品部分销往国外，应计算外汇收入，并按外汇牌价折算成人民币，然后再计入项目的年营业收入总额中。

在营业收入估算中，产品销售价格是一个很重要的因素。因为项目的经济效益对产品价格的变化非常敏感，所以，要审慎选择产品销售价格。一般可从以下三个方面考虑。

（1）选择口岸价格。如果项目产品是直接出口产品、替代进口产品或间接出口产品，可以口岸价格为基础确定销售价格。对于直接出口产品和间接出口产品，可选择离岸价格（Free On Board，FOB），对于替代进口产品，可选择到岸价格（Cost, Insurance &

Freight，CIF）。可以直接以口岸价格定价，或者以口岸价格为基础，参考其他有关因素确定销售价格。

（2）选择国内市场价格。如果同类产品或类似产品已在国内市场上销售，并且这种产品既与外贸无关，也不是计划控制的范围，可选现行市场价格作为项目产品的销售价格。当然，也可以在现行市场价格的基础上，根据市场供求关系及未来的变化趋势，作适当的上下浮动作为项目产品的销售价格。

（3）根据预计成本、利润和税金确定价格。如果拟建项目的产品属于新产品，可按产品的计划成本、计划利润和税金测算得到出厂价格，作为产品销售价格。计算公式为

$$产品出厂价格 = 产品成本费用 \times (1 + 成本利润率) + 单位产品税金 \quad (2-49)$$

在以上几种情况中，当难以确定采用哪一种价格时，可考虑采用可供选择方案中价格最低的一种作为项目产品的销售价格。

在风电场工程建设项目技术经济分析中，营业收入主要是发电收入。发电收入是上网电量和上网电价的乘积。上网电量是根据测风数据、选用的风力发电机组和机组布置方案设计等进行估算的，一般可按理论年发电量扣除场用电后的数值乘以综合修正系数确定。在标准空气密度下的内陆地区，可考虑理论年发电量综合修正系数不大于78%（其中场用电率为3%～5%），沿海地区需考虑增加盐雾及叶片污染影响折减（一般为3%）；对于特殊地区的理论年发电量综合修正系数，原则上按照场址实际情况经过专家评估后另行确定。上网电价目前按国家发展和改革委员会发布的发改价格〔2009〕1906号《发改委关于完善风力发电上网电价政策的通知》中风电建设项目标杆上网电价执行，见表2－3。

表2－3　　　　　　　　　全国风力发电标杆上网电价表

资源区	标杆上网电价 /[元·(kW·h)$^{-1}$]	各资源区所包括的地区
Ⅰ类	0.51	内蒙古自治区除赤峰市、通辽市、兴安盟、呼伦贝尔市以外其他地区；新疆维吾尔自治区乌鲁木齐市、伊犁哈萨克族自治州、昌吉回族自治州、克拉玛依市、石河子市
Ⅱ类	0.54	河北省张家口市、承德市；内蒙古自治区赤峰市、通辽市、兴安盟、呼伦贝尔市；甘肃省张掖市、嘉峪关市、酒泉市
Ⅲ类	0.58	吉林省白城市、松原市；黑龙江省鸡西市、双鸭山市、七台河市、绥化市、伊春市、大兴安岭地区；甘肃省除张掖市、嘉峪关市、酒泉市以外其他地区；新疆维吾尔自治区除乌鲁木齐市、伊犁哈萨克族自治州、昌吉回族自治州、克拉玛依市、石河子市以外其他地区；宁夏回族自治区
Ⅳ类	0.61	除Ⅰ类、Ⅱ类、Ⅲ类资源区以外的其他地区

2.4.2　补贴收入

某些项目还应按有关规定估算企业可能得到的补贴收入（仅包括与收益相关的政府补助，与资产相关的政府补助不在此处核算，后者是指企业取得的、用于构建或以其他方式形成长期资产的政府补助），包括先征后返的增值税、按销量或工作量等依据国家规定的补助定额计算并按期给予的定额补贴，以及属于财政扶持而给予的其他形式的补贴等。补贴收入同营业收入一样，应列入利润与利润分配表、财务计划现金流量表、项目投资现金

流量表与项目资本金现金流量表。以上几类补贴收入，应根据财政、税务部门的规定，分别计入或不计入应税收入。

2.5 税　　金

2.5.1 税金的概念

税金是国家依法向有纳税义务的单位或个人征收的财政资金。国家采用的这种筹集财政资金的手段称为税收。税收是国家凭借政治权力参与国民收入分配和再分配的一种方式，具有强制性、无偿性和固定性的特点。其主要职能包括：①筹集国家财政收入，这是税收的基本职能；②调节经济；③监督经济活动。

投资项目应按规定计算并交纳税金。在进行项目评估与可行性研究工作中，税金在财务分析中是一种现金流出，在国民经济分析中是一种转移支付。

按照我国目前实行的税制，税收分为：①流转税，即以商品流转额和非商品营业额为对象的税收，包括增值税、消费税、营业税、关税；②所得税，是以法人的生产经营所得和个人收入所得为对象的税收，包括企业所得税、个人所得税；③财产税，是以纳税人拥有及转移的财产的价值或增值额为征税对象的各种税，包括房产税、车船税、土地增值税等；④资源税，是以被开发或占用的资源为征税对象的各种税，包括资源税、土地使用税等；⑤特别目的税，是以国家为达到某种特定目的而设立的各种税，如固定资产投资方向调节税、城市维护建设税等；⑥行为税，是以某种应税行为为对象的税收，如印花税、屠宰税等。

以上税收中，与投资项目技术经济分析有关的主要有：

（1）计入建设投资的引进技术、设备材料的关税、耕地占用税和项目的固定资产投资方向调节税（目前，国家暂停征收固定资产投资方向调节税）。

（2）计入产品成本费用的税金包括房产税、土地使用税、车船使用税、印花税、进口材料及备品备件的关税等。

（3）在财务现金流量表中所列的营业税金及附加，即项目生产期内各年因销售产品（或提供服务）而发生的从营业收入中缴纳的税金，包括营业税、消费税、土地增值税、资源税、城市维护建设税及教育费附加。

（4）增值税属价外税，不含在销售收入中。

（5）从利润总额中扣除的所得税等。

2.5.2 营业税金及附加

1. 营业税

营业税是以纳税人从事经营活动的营业额（销售额）为课税对象的一种流转税，纳税人为我国境内从事交通运输业、建筑业、金融保险业、邮电通信业、文化体育业、娱乐业、服务业、转让无形资产、销售不动产等营业、转让、销售活动的单位和个人。计税公式为

$$应纳税额=营业额×适用税率 \quad (2-50)$$

在一般情况下,营业额为纳税人提供应税劳务、转让无形资产、销售不动产向对方收取的全部价款和价外费用。适用税率分别按3%(交通运输业、建筑业、邮电通信业、文化体育业等)、5%(金融保险业、服务业、转让无形资产、销售不动产等)、5%~20%(娱乐业)确定。

2. 消费税

消费税是对特定消费品和消费行为征收的一种流转税。纳税人为我国境内生产、委托加工和进口应税消费品的单位和个人。我国自1994年1月1日实施工商税制改革方案后,原来征收产品税的产品全部改为征收增值税,不少产品的税负大幅度降低。为了保证国家财政收入,体现基本保持原税负的原则,同时考虑对一些消费品进行特殊调节,选择少数消费品在征收增值税的基础上再征收消费税。征收消费税的消费品大体分为:①一些过度消费会对人类健康、社会秩序、生态环境等造成危害的特殊消费品,如烟、酒等;②奢侈品,非生活必需品;③高能耗及高档消费品;④不可再生稀缺资源消费品;⑤消费普遍、税基宽广、征税不会明显影响人民生活水平但有一定财政意义的产品。

消费税的计税依据是应税消费品的销售额或者销售量,税率或单位销售量税额依不同消费品类别分若干档次,采用从量定额和从价定率两种办法计征。目前,我国的消费税共设11个税目,13个子目。黄酒、啤酒、汽油、柴油采用从量定额;其他消费品均为从价定率,税率从3%~45%不等。采用从价计征办法的,按不含增值税税金但包含消费税税金在内的价格和规定税率计算征收消费税。计税公式为

(1) 从价定率。

$$应纳税额=应税消费品销售额×适用税率 \quad (2-51)$$

(2) 从量定额。

$$应纳税额=应税消费品销售数量×单位税额 \quad (2-52)$$

3. 土地增值税

土地增值税是按转让房地产取得的增值额征收的税种。房地产开发项目应按规定计算土地增值税。

(1) 征税范围。土地增值税的征税范围是有偿转让的房地产,包括国有土地使用权、地上建筑物及其附着物。

(2) 计税依据和税率。土地增值税的计税依据为转让房地产所取得的增值额,计算公式为

$$增值额=转让房地产收入-扣除项目金额 \quad (2-53)$$

扣除项目金额包括:①取得土地使用权所支付的金额;②开发土地的成本、费用;③新建房及配套设施的成本、费用,或者旧房及建筑物的评估价格;④与转让房地产有关的税金;⑤对从事房地产开发的纳税人,按①、②项规定计算的金额之和,加计20%的扣除。

土地增值税税率实行四级超率累进税率,即增值额未超过扣除项目金额50%的部分,税率为30%;超过扣除项目金额50%、未超过扣除项目金额100%的部分,税率为40%;超过扣除项目金额100%、未超过扣除项目金额200%部分,税率为50%;超过扣除项目

金额200%的部分，税率为60%。

（3）税额计算。计算土地增值税税额，可按增值额×适用税率－扣除项目金额×速算扣除系数的简便方法计算，具体公式如下：

1）增值额未超过扣除项目金额50%的

$$土地增值税税额＝增值额×30\%$$

2）增值额超过扣除项目金额50%，未超过100%的

$$土地增值税税额＝增值额×40\%－扣除项目金额×5\%$$

3）增值额超过扣除项目金额100%，未超过200%的

$$土地增值税税额＝增值额×50\%－扣除项目金额×15\%$$

4）增值额超过扣除项目金额200%的

$$土地增值税税额＝增值额×60\%－扣除项目金额×35\%$$

以上公式中的5%、15%、35%为速算扣除系数。

4．资源税

资源税是以某些自然资源产品为课税对象对开发使用自然资源的单位和个人征收的一种级差收入调节税。征税税目主要包括原油、天然气、煤炭、黑色金属矿原矿、其他非金属矿原矿、有色金属矿原矿、盐等。

资源税实行分产品类别从量定额计算征税的办法，设置有上下限的幅度税额。计税公式为

$$应纳税额＝课税数量×单位税额 \qquad (2-54)$$

课税数量是指纳税人开采或者生产应税产品的销售数量或自用数量。纳税人开采或生产应税产品用于销售的，以销售数量为课税数量；纳税人开采或者生产应税产品自用的，以自用数量为课税数量。单位税额根据开采或生产应税产品的资源状况而定，国家依照产品类别和不同的资源条件规定相应的单位税额。对于矿产品，征收资源税后不再征收增值税；对于盐，除征收资源税外还要征收增值税。

5．城市维护建设税

城市维护建设税是随同消费税、增值税、营业税附征并专项用于城市维护建设的一种附加税。它以纳税人实际缴纳的消费税、增值税、营业税额为计税依据，与上述3种税同时缴纳。其应纳税额计算公式为

$$应纳税额＝（增值税＋消费税＋营业税）的实纳税额×适用税率 \qquad (2-55)$$

城市维护建设税按纳税人所在地区实行差别税率。项目所在地为市区的，税率为7%；项目所在地为县城、镇的，税率为5%；项目所在地为乡村或矿区的，税率为1%。

6．教育费附加

教育费附加是为了加快地方教育事业的发展，扩大地方教育经费的资金来源而开征的。教育费附加收入纳入预算管理，作为教育专项基金，主要用于各地改善教学设施和办学条件。

教育费附加是1986年起在全国开征的，1990年又经修改而进一步完善合理。凡缴纳消费税、增值税、营业税的单位和个人，都是教育费附加的缴纳人。教育费附加随消费税、增值税、营业税同时缴纳，由税务机关负责征收。

教育费附加的计征依据是各缴纳人实际缴纳的消费税、增值税、营业税的税额，征收率为3%。其计算公式为

$$应纳教育费附加额＝实际缴纳的（消费税＋增值税＋营业税）税额×3\% \quad (2-56)$$

对从事生产卷烟和烟叶生产的单位，教育费附加减半征收。

对于风电场工程建设项目，其营业税金及附加主要包括城市维护建设税和教育费附加，以增值税税额扣除抵扣的增值税税额为基数计征，城市维护建设税税率取5%，教育费附加费率取5%（含地方教育费附加2%）。

2.5.3 增值税

增值税是以商品生产、流通和劳务的增值额为对象所课征的一种流转税。其纳税人为在我国境内销售货物或提供加工、修理修配劳务以及进口货物的单位和个人。

增值税实行价外计征的办法，即按不包含增值税税金的商品价格和规定的增值税率计征增值税。税率分别按17%的基本税率、13%的低税率（适用于基本食品和农业生产资料等）和零税率（出口商品）确定。

纳税人销售货物或者提供应税劳务，其应纳税额为当期销项税额抵扣当期进项税额后的余额。应纳税额为

$$应纳税额＝当期销项税额－当期进项税额 \quad (2-57)$$

销项税额是指纳税人销售货物或者应税劳务，按照销售额和规定的增值税税率计算并向购买方收取的增值税额，其计算公式为

$$销项税额＝销售额×税率 \quad (2-58)$$

式中 销售额——纳税人销售货物或者应税劳务向购买方收取的全部价款和价外费用，但不包括收取的销项税额。

进项税额为纳税人购进货物或接受应税劳务所支付或负担的增值税额。

当期销项税额小于当期进项税额不足抵扣时，其不足部分可以结转下期继续抵扣。

我国自1994年1月1日实施工商税制改革方案后，长期实行生产型增值税，即在征收增值税时，不允许扣除外购固定资产所含增值税进项税金。而目前国际上普遍实行的是消费型增值税，即在征收增值税时，允许企业将外购固定资产所含增值税进项税金一次性全部扣除。为鼓励企业技术改造，减轻企业负担，2008年11月5日，国务院常务会议确定在全国所有地区、所有行业全面实施增值税转型改革，实行消费型增值税，统一采取按增值税常规抵扣做法，对企业购进机器设备的增值税进项税额，在通过认证、审核后，直接在当期销项税额中抵扣，未抵扣部分留待下期抵扣。此次会议通过了修订的《中华人民共和国增值税暂行条例》。根据该条例规定，准予从销项税额中抵扣的进项税额包括：

（1）从销售方取得的增值税专用发票上注明的增值税额。

（2）从海关取得的海关进口增值税专用缴款书上注明的增值税额。

（3）购进农产品，除取得增值税专用发票或者海关进口增值税专用缴款书外，按照农产品收购发票或者销售发票上注明的农产品买价和13%的扣除率计算的进项税额。进项税额计算公式为

$$\text{进项税额} = \text{买价} \times \text{扣除率} \qquad (2-59)$$

（4）购进或者销售货物以及在生产经营过程中支付运输费用的，按照运输费用结算单据上注明的运输费用金额和7%的扣除率计算的进项税额。进项税额计算公式为

$$\text{进项税额} = \text{运输费用金额} \times \text{扣除率} \qquad (2-60)$$

同时，该条例规定，下列项目的进项税额不得从销项税额中抵扣：①用于非增值税应税项目、免征增值税项目、集体福利或者个人消费的购进货物或者应税劳务；②非正常损失的购进货物及相关的应税劳务；③非正常损失的在产品、产成品所耗用的购进货物或者应税劳务；④国务院财政、税务主管部门规定的纳税人自用消费品；⑤以上各项货物的运输费用和销售免税货物的运输费用。

此外，该条例还规定，符合财政、税务部门规定的小规模纳税人销售货物或者应税劳务，实行按照销售额和3%的征收率计算应纳税额的简易办法，并不得抵扣进项税额。应纳税额计算公式为

$$\text{应纳税额} = \text{销售额} \times \text{征收率} \qquad (2-61)$$

需要指出的是，由于增值税是价外税，既不进入成本费用，也不进入销售收入，从企业角度进行投资项目现金流量分析时可不考虑增值税。但是，在实际进行项目财务分析时，如果采用含（增值）税价格计算销售收入和原材料、燃料动力成本，则财务分析的利润和利润分配表以及现金流量表中应单列增值税科目。

在风电场工程建设项目技术经济分析中，根据财政部和国家税务总局财税〔2008〕156号《关于资源综合利用及其他产品增值税政策问题的通知》，风电场项目增值税实行即征即退50%的政策，增值税税率为17%。另外，根据增值税转型相关政策，允许企业购进机器设备等固定资产的进项税金可以在销项税金中抵扣。

2.5.4 关税

关税是以进出口的应税货物为纳税对象的税种。项目评价中涉及引进设备、技术和进口原材料时，可能需要估算进口关税。项目评价中应按有关税法和国家的税收优惠政策，正确估算进口关税。我国仅对少数货物征收出口关税，对大部分货物免征出口关税。若项目的出口产品属征税货物，应按规定估算出口关税。

进出口关税的税额为

$$\text{应纳税额} = \text{完税价格} \times \text{适用税率}$$

进口关税的完税价格通常按到岸价格确定，出口关税的完税价格为

$$\text{完税价格} = \frac{\text{离岸价格}}{1 + \text{出口关税税率}}$$

2.5.5 所得税

企业所得税是对企业就其生产、经营所得和其他所得征收的一种税。纳税人应纳税额，按应纳税所得额乘以适用税率计算，即

$$\text{应纳企业所得税额} = \text{应纳税所得额} \times \text{适用税率} \qquad (2-62)$$

应纳税所得额为

应纳税所得额＝收入总额－不征税收入－免税收入－各项扣除－以前年度亏损

$$(2-63)$$

式（2-63）中，收入总额是指企业以货币形式和非货币形式从各种来源取得的收入，包括销售货物收入，提供劳务收入，转让财产收入，股息、红利等权益性投资收益，利息收入，租金收入，特许权使用费收入，接受捐赠收入以及其他收入。

收入总额中的不征税收入是指从性质和根源上不属于企业营利性活动带来的经济利益、不负有纳税义务并不作为应纳税所得额组成部分的收入，包括财政拨款，依法收取并纳入财政管理的行政事业性收费、政府性基金以及国务院规定的其他不征税收入。

收入总额中的免税收入是指属于企业的应税所得但按照税法规定免予征收企业所得税的收入，包括国债利息收入，符合条件的居民企业之间的股息、红利等权益性投资收益，在中国境内设立机构、场所的非居民企业从居民企业取得与该机构、场所有实际联系的股息、红利等权益性投资收益，以及符合条件的非营利组织的收入。

各项扣除是指企业实际发生的与取得收入有关的、合理的支出，包括成本、费用、税金、损失和其他支出。其中，成本是指企业在生产经营活动中发生的销售成本、销货成本、业务支出以及其他耗费。费用是指企业在生产经营活动中发生的销售费用、管理费用和财务费用，已经计入成本的有关费用除外。税金是指企业发生的除企业所得税和允许抵扣的增值税以外的各项税金及其附加。损失是指企业在生产经营活动中发生的固定资产和存货的盘亏、毁损、报废损失，转让财产损失，呆账损失，坏账损失，自然灾害等不可抗力因素造成的损失以及其他损失。其他支出是指除成本、费用、税金、损失外，企业在生产经营活动中发生的与生产经营活动有关的、合理的支出。企业发生的公益性捐赠支出，在年度利润总额12%以内的部分，也准予在计算应纳税所得额时扣除。

企业所得税的适用税率目前除国家另有规定外，一般取25%。

对于风电场工程建设项目来说，其应纳税所得额为发电利润扣除免税的补贴收入后的余额。风力发电新建项目属于公共基础设施项目企业所得税优惠的项目，根据国税发〔2009〕80号《国家税务总局关于实施国家重点扶持的公共基础设施项目企业所得税优惠问题的通知》，其投资经营的所得，自该项目取得第一笔生产经营收入所属纳税年度起，第1至第3年免征企业所得税，第4至第6年减半征收企业所得税（12.5%），6年后所得税按照25%征收。

2.6 利　　润

2.6.1 利润的概念

利润是指企业销售产品的收入扣除成本和税金以后的余额。在不同的社会条件下，利润的内涵不同，体现的社会关系不同。社会主义制度下的利润是企业劳动者为社会创造的剩余产品的价值表现形式。如前所述，产品的价值构成是 $C+V+m$，其中，C 表示产品生产过程中消耗掉的生产资料的转移价值，V 表示劳动者为自己创造的必要产品价值（即必要劳动所创造的价值），体现为劳动报酬及劳保福利费等，$C+V$ 即为产品的生产成本，

m 则表示劳动者为社会创造的剩余产品价值，体现为税金和利润。

利润的具体形式有：①实现利润，即企业销售收入减去各项费用支出的余款；②上缴利润，即按规定上缴给国家财政部门的利润；③税后利润，即企业实现利润按国家规定交纳了所得税以后留归企业的部分，也称为净利润。

2.6.2 利润总额与净利润

利润总额是企业在一定时期内生产经营活动的最终财务成果，它是衡量和评价企业生产经营成果和经济效益的综合性指标。企业利润总额计算公式为

$$利润总额＝营业收入－营业税金及附加－总成本费用＋补贴收入 \tag{2-64}$$

根据利润总额可计算所得税及净利润。计算公式为

$$所得税＝(利润总额－以前年度亏损)×所得税率 \tag{2-65}$$

$$净利润＝利润总额－所得税 \tag{2-66}$$

在财务分析中，利润总额是计算投资利润率等静态投资收益率指标的基础数据。

对于风力发电场工程建设项目来说，发电收入扣除总成本费用、实缴增值税和营业税金及附加后即为发电利润，发电利润扣除所得税即为税后利润。

2.6.3 利润的分配

在项目评估中，利润分配内容和顺序如下：

（1）当期实现的净利润加上期初未分配利润（或减去期初未弥补亏损），为可供分配的利润，即

$$可供分配利润＝净利润＋期初未分配利润 \tag{2-67}$$

或

$$可供分配利润＝净利润－期初未弥补亏损 \tag{2-68}$$

（2）内资项目以当年净利润为基数提取法定盈余公积金；外商投资项目按有关法律提取储备基金、职工奖励和福利基金及企业发展基金（外商独资项目可不提企业发展基金）。

（3）可供分配利润减去提取的法定盈余公积金等，即为可供投资者分配的利润。中外合作经营企业按规定在合作期内以利润归还投资者的投资，也从可供分配的利润中扣除。

（4）可供投资者分配的利润，按下列顺序分配：

1）应付优先股股利（如有优先股的话），是指按照利润分配方案分配给优先股股东的现金股利。

2）提取任意盈余公积金，任意盈余公积金的提取比例由董事会决定。

3）应付普通股股利，是指企业按照利润分配方案分配给普通股股东的现金股利。企业分配给投资者的利润，也在此核算。

4）经过上述分配后的剩余部分为未分配利润。

就风电场工程建设项目而言，其税后利润提取10％的法定盈余公积金后，剩余部分为可分配利润；再扣除分配给投资者的应付利润，即为未分配利润。

根据以上各节内容的介绍，可分析得到工程建设项目的营业收入、总成本费用、税金和利润的关系，如图2-3所示。

2.6 利 润

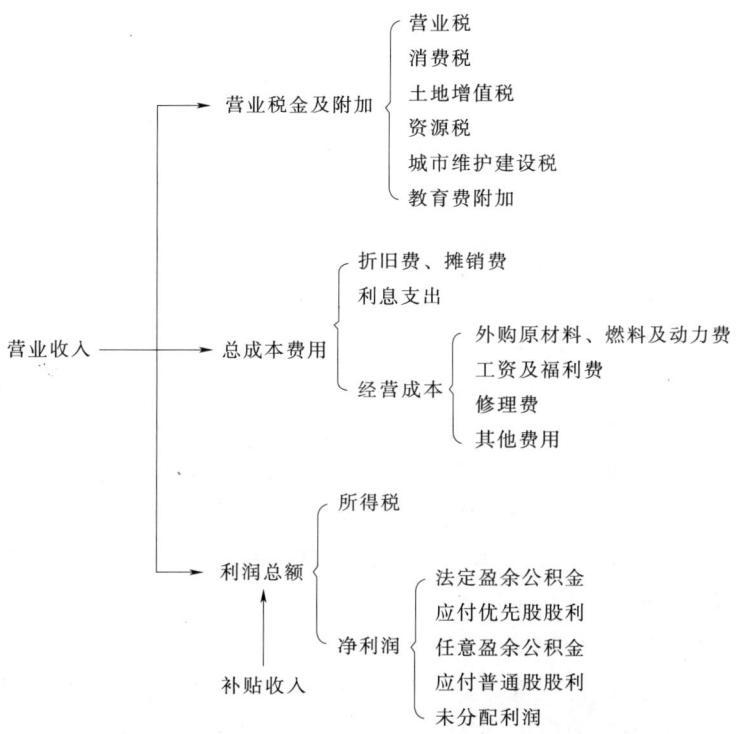

图 2-3 营业收入、总成本费用、税金和利润关系图

第 3 章 资金等值计算

3.1 资金的时间价值

资金是在商品经济中劳动资料、劳动对象和劳动报酬的货币表现，也是国民经济各部门中财产和物资的货币表现。资金的价值与时间因素密切相关。在商品经济条件下，伴随生产与交换的进行，资金是不断运动的。当将资金用作某项投资，由资金的运动（流通—生产—流通）可得到一定的利润，即资金发生了增值。资金的增值使资金具有时间价值。而这种资金的增值，实质上是劳动者在生产过程中创造了剩余价值。因此，资金的时间价值可以定义为：资金在生产或流通领域的运动中随时间的变化而产生的资金价值的变化量，这种资金价值的变化量是在生产经营活动过程中由劳动所创造的新价值。

资金拥有者如果放弃资金的使用权力，相当于失去收益的机会，或牺牲了现期消费，也就相当于付出了一定的代价，或者说产生了一定的损失。从消费者的角度来看，资金的时间价值体现为对放弃现期消费的损失所应做的必要补偿。正因如此，银行都会向将现金存入银行的储户支付一定数额的利息，作为其对储户所付代价的补偿。

影响资金时间价值的因素很多，其中主要有：

(1) 资金的使用时间。在单位时间的资金增值率一定的条件下，资金使用时间越长，则资金的时间价值越大；反之，资金使用时间越短，则资金的时间价值越小。

(2) 资金数量的大小。在其他条件不变的情况下，资金数量越大，资金的时间价值越大；资金数量越小，资金的时间价值就越小。

(3) 资金投入和回收的特点。在总资金一定的情况下，前期投入的资金越多，资金的负效益越大；反之，后期投入的资金越多，资金的负效益越小。而在资金回收额一定的情况下，离现在越近的时间回收的资金越多，资金的时间价值就越大；反之，离现在越远的时间回收的资金越多，资金的时间价值就越小。

(4) 资金周转的速度。资金周转越快，在一定的时间内等量资金的时间价值越大；反之，资金的时间价值越小。

总之，资金的时间价值是客观存在的，投资经营的一项重要基本原则就是充分利用资金的时间价值，并最大限度地获得其时间价值，这就要加速资金周转，早期回收资金，并不断从事利润较高的投资活动。

在技术经济分析中，通常按是否考虑资金的时间价值将具体分析方法分为两大类：一类是不考虑资金的时间价值，这类方法被称为静态分析方法；另一类是考虑资金的时间价值，这类方法被称为动态分析方法。静态分析方法虽然计算简单，但不能充分反映工程项目建设和其他经济活动系统耗费和效果的实际价值，不符合经济活动的客观规律，不利于强化项目建设单位和企业的经济责任并千方百计加强和改善项目和企业的建设管理和运营管理,容易造成资金积压,从而导致经济建设效果较差。因此,在工程规划、设计、施工及运行管理阶段进行经济分析时,都应采用考虑资金时间价值的动态分析方法。

3.2 利息与利率

由上述分析可见,在商品经济条件下,资金的时间价值主要表现为两种形式:①将现有资金用于生产建设,可以取得利润;②将现有资金存入银行,可以取得利息。因此,可以用利润、利息作为衡量资金时间价值的绝对尺度。

对于资金时间价值的衡量,除可用利润、利息作为绝对尺度外,还可用相对尺度衡量。在社会经济生活中,将一定时间内直接投资生产、流通所获得的利润额与投资额的比值称资金利润率或投资收益率,而把银行储蓄或债务资本支付中,一定时间的利息额与本金的比率称为利率。在技术经济分析中,把资金增值的利润、利息统称为收益。因此,利润率、利率也可用收益率来统称,并作为衡量资金时间价值的相对尺度。

在工程建设项目技术经济分析中,对资金时间价值的计算方法与银行利息的计算方法相同。

3.2.1 利息和利率

1. 利息

利息是指占用资金所付的代价或放弃使用资金所得的补偿。如果将一笔资金存入银行,这笔资金就称为本金。经过一段时间之后,储户可在本金之外又得到一笔利息,相当于储户把钱借给银行所获得的报酬。因此,储户在一段时间后应可从银行取回的资金总额包括两部分:一部分是他原来存入的本金,另一部分是银行付给他的利息,即

$$F = P + I \tag{3-1}$$

式中 F——储户在一段时间后从银行取回的资金总额;
P——储户存入银行的本金;
I——银行付给储户的利息。

2. 利率

利息通常根据利率来计算。利率就是在单位时间内所得利息额与本金之比,通常用百分数表示,即

$$i = \frac{I_t}{P} \times 100\% \tag{3-2}$$

式中 i——利率;
I_t——单位时间内所得的利息额。

用于表示计算利息的时间单位称为计息周期。通常,计息周期有年、月、日等,相应地,利率有年利率、月利率、日利率等。在技术经济分析中,一般以年为计息周期。

一般来说,利率的高低主要由以下因素决定:

(1) 利率的高低首先取决于社会平均利润率的高低,并随之变动。如果银行贷款利率

高于社会平均利润率，企业将会因无利可图而不去借款。所以，在通常情况下，平均利润率是利率的最高界限。

（2）在平均利润率不变的情况下，利率高低取决于金融市场上借贷资本的供求情况。借贷资本供过于求，利率便下降；反之，求过于供，利率便上升。

（3）借出资本要承担一定的风险，风险越大，利率也就越高。

（4）通货膨胀对利息的波动有直接影响，资金贬值往往会使利息无形中成为负值。

（5）借出资本的期限长短。贷款期限长，不可预见因素多、风险大，利率就高；反之利率就低。

3. 利息和利率的作用

在现实的社会生活中，利息和利率对经济活动发挥着重要的作用，主要体现在以下方面：

（1）利息和利率是以信用方式动员和筹集资金的动力。在经济活动中，以信用方式动员和筹集资金有一个特点就是自愿性，而自愿性的动力在于利息和利率。

（2）利息促进投资者加强经济核算，节约使用资金。投资者借款需付利息，增加支出负担，这就促使投资者必须精打细算，把借入资金用到刀刃上，减少借入资金的占用以少付利息。同时可以使投资者自觉压缩库存限额，减少多环节占压资金。

（3）利息和利率是宏观经济管理的重要杠杆。国家在不同的时期制定不同的利息政策，对不同地区不同部门规定不同的利率标准，就会对整个国民经济产生影响。例如通过制定和实行"差别利率"政策，即对于限制发展的行业和企业，贷款利率规定得高一些；对于鼓励发展的行业和企业，贷款利率规定得低一些，可在一定程度上引导行业和企业的生产经营服从国民经济发展的总方向。

（4）利息与利率是金融企业经营发展的重要条件。由于金融机构的存、贷款利率不同，其差额成为金融机构的业务收入。此款扣除业务费后就是金融机构的利润，所以利息和利率能刺激金融企业的经营发展。

3.2.2 单利和复利

按是否考虑利息的时间价值，利息的计算有单利法和复利法两类。

1. 单利法

单利计息时，不管计息周期数多少，仅用本金作计息基数，利息不再生利息，利息额与本金及计息周期成正比，比例系数即利率。单利法的利息及本利和为

$$I_n = Pni \tag{3-3}$$

$$F_n = P(1+ni) \tag{3-4}$$

式中　P——本金；

　　　i——利率；

　　　n——计息次数（期数）；

　　　I_n——至 n 期期末的利息额；

　　　F_n——至 n 期期末的本金与利息之和（即本利和）。

单利的经济含义是：一笔投资在全部生产周期内，每期以一定的效果系数为社会提供

一定的收益,这些收益又全部用于消费。因此,当评价一个企业在一段时间内为社会提供多少财富时可用单利计算。单利法是从简单再生产的角度计算经济效果的。

单利法的特点是,各期利息相等,利息不按期支付,也不将上期利息加入本金再计算下期利息,期数满后,一次支付总利息,总利息是一期利息与期数的乘积。事实上,银行上一年贷出的资金到第二年时获得相应利息,在第二年进行资金贷款活动时,它不会把所获得的第一年的利息放在那里不动,而总是作为资金的一部分来进行第二年的借贷活动。由此可见,单利计息法对资金时间价值的考虑是不充分的,不能完全反映资金的时间价值。

2. 复利法

复利计息是除最初的本金计算利息之外,每一计息周期已产生的利息要在下一计息周期中也并入本金再生利息,俗称"利滚利"。因此,复利计算就能比较符合客观地反映资金的活动情况。在技术经济分析中,一般采用更能充分反映资金时间价值的复利计息法。

复利法的本利和及利息为

$$F_n = P(1+i)^n \tag{3-5}$$

$$I_n = F_n - P \tag{3-6}$$

式中 各符号意义同前。

复利的经济含义是:资金在投入生产后,每期得到一定的收益,将这部分收益再投入生产,又可能获得一定的效益,然后又将其再投入生产,如此周而复始。因此,可以说复利法是从扩大再生产的角度计算资金时间价值的。

【例3-1】 某企业向银行贷款100万元,期限5年,年利率10%。试分别按单利法和复利法,计算贷款期限到期时该企业应偿还银行的本利和及利息额。

解:(1)单利法。

由式(3-3)得,应付利息额为

$$I_n = 100 \times 5 \times 10\% = 50 \text{(万元)}$$

由式(3-4)得,应偿还本利和为

$$F_n = 100 \times (1 + 5 \times 10\%) = 150 \text{(万元)}$$

(2)复利法。

由式(3-5)得,应偿还本利和为

$$F_n = 100 \times (1 + 10\%)^5 = 161.051 \text{(万元)}$$

由式(3-6)得,应付利息额为

$$I_n = 161.051 - 100 = 61.051 \text{(万元)}$$

此例表明,同一笔借款,在利率i和计息周期数n相同的情况下,用复利法计算的利息额比用单利法计算的大。本例中两种方法的利息额相差11.051万元。

【例3-2】 若[例3-1]中的贷款额仍为100万元,期限5年,年利率分别为5%、15%、20%,按单利法和按复利法计算本利和及利息额。

解:两种方法的计算过程略去,结果见表3-1。

表 3-1　　　　　　　不同利率情况下单利和复利对照表　　　　　　单位：万元

年利率	单利法		复利法		单利和复利的差额
	I_n	F_n	I_n	F_n	
5%	25	125	27.628	127.628	2.628
15%	75	175	101.136	201.136	26.136
20%	100	200	148.832	248.832	48.832

此例表明，在本金和期限一定的情况下，利率越高，按单利法和按复利法计算得到的利息额差距就越大。

【例 3-3】 若[例 3-1]中的贷款额仍为 100 万元，年利率为 10%，期限分别为 2年、10 年、20 年，按单利法和按复利法计算本利和及利息额。

解：两种方法的计算过程略去，结果见表 3-2。

表 3-2　　　　　　不同贷款期限情况下单利和复利对照表　　　　　　单位：万元

期限/年	单利法		复利法		单利和复利的差额
	I_n	F_n	I_n	F_n	
2	20	120	21.0	121.0	1.0
10	100	200	159.374	259.374	59.374
20	200	300	572.750	672.750	372.750

此例表明，在本金和利率一定的情况下，期限越长，按单利法和按复利法计算得到的利息额差距就越大。

3.2.3　名义利率与有效利率

在技术经济分析中，一般复利计算都以年为计息周期。但在实际经济活动中，计息周期也可能小于年，如半年、季度、月、周、日等。这样就出现了不同计息周期的利率换算问题，因此必须考虑名义利率与有效利率的问题。

名义利率是指计息周期利率乘以一年内的计息周期数所得的年利率。有效利率是指资金在计息中所发生的实际利率，包括计息周期有效利率和年有效利率，前者即计息周期利率，后者则为年实际利率。

例如，考虑这样一种情形：计息周期为月，且月利率为 1%。通常称这种情形为"年利率 12%，每月计息一次"，而这里的"年利率 12%"即为"名义年利率"。若对这种情况按单利计息，即不考虑利息的时间价值时，其有效年利率即年实际利率亦为 12%。可见，在单利计息的前提下，其有效年利率即年实际利率与名义年利率是一致的。

但是，当按复利计算，即须考虑利息的时间价值时，有效年利率与名义年利率是不一样的。

例如，如果某人借款 1 万元，若年利率 12%，每月计息一次，则按复利计算时，一年后本利和为

$$F_n = 1 \times (1 + 12\%/12)^{12} = 1.1268（万元）$$

由于本金为 1 万元，而年实际产生的利息为 1.1268－1＝0.1268（万元），因此，年实际利率即有效年利率为 12.68%。

如果其他条件不变，但计息周期改为每季度计息一次，则按复利计算时，一年后本利和为
$$F_n = 1 \times (1 + 12\%/4)^4 = 1.1255（万元）$$
可见，此时的年实际利率即有效年利率为 12.55%。

从上面的例子可以看出，在复利计息的前提下，计息周期数越多，有效年利率与名义年利率相差越大。因此，在技术经济评价中，如果各方案的计息期不同，不能简单地使用名义利率来评价，而必须换算成有效利率进行评价，否则会得出不正确的结论。

一般地，有效年利率的数值既与名义年利率大小有关，又随计息周期数的变化而变化。下面，对有效年利率与名义年利率及计息周期之间的关系进行分析。

设本金为 P，名义年利率为 r，每年计息期数为 m，则相应的计息期利率为 r/m，按复利计息时，其一年后的本利和为

$$F = P\left(1 + \frac{r}{m}\right)^m \tag{3-7}$$

利息为
$$I = F - P = P\left[\left(1 + \frac{r}{m}\right)^m - 1\right]$$

因此，实际年利率即有效年利率为

$$i = \frac{I}{P} = \left(1 + \frac{r}{m}\right)^m - 1 \tag{3-8}$$

式（3-8）即为复利计息前提下有效年利率与名义年利率及计息周期之间的一般关系式。

3.2.4 连续复利

需要指出，复利法计息有间歇复利和连续复利两种方法。间歇复利是按一定期限（如年、月、日等）复利计息的方法，连续复利则是按瞬时（即计息周期趋于无限短）复利计息的方法。对连续复利的分析可在式（3-7）的基础上进行。

令 $m \to \infty$，可得连续复利的本利和为

$$F = \lim_{m \to \infty}\left\{P\left(1 + \frac{r}{m}\right)^m\right\} = P \lim_{m \to \infty}\left\{\left(1 + \frac{r}{m}\right)^m\right\}$$
$$= P \lim_{m \to \infty}\left\{\left[\left(1 + \frac{1}{\frac{m}{r}}\right)^{m/r}\right]^r\right\} = P e^r$$

相应地，利息为
$$I = F - P = P(e^r - 1)$$

由此，按连续复利计算的实际年利率为

$$i = \frac{I}{P} = e^r - 1 \tag{3-9}$$

据此，按连续复利计算时，n 年后本利和为

$$F = P(1+i)^n = P(1+e^r-1)^n = Pe^{rn}$$

这里，e 为自然对数的底，其数值为 2.71828，其余符号意义同前。

【例 3-4】 有一笔 100 万元的贷款，年利率为 10%，试分别计算在每年一期计息还款和连续计息还款的条件下，5 年后各需还款多少。

解： 间歇复利法　　$F = 100 \times (1+10\%)^5 = 161.051$（万元）

连续复利法　　　$F = 100 \times e^{0.1 \times 5} = 164.872$（万元）

从理论上讲，复利计算应该采用连续复利计息，因为资金实际上是在不停地运动着，每时每刻都在通过生产或流通过程发生增值。但是为了简化计算，在实际工作中是按照一定期限计息的。因此，除有特殊要求外，在技术经济分析中通常采用间歇（普通）复利计息法计算利息。但是，应该注意的是，利率要与计息周期配套使用。

3.3 资金等值计算方法

3.3.1 基本概念

1. 项目计算期

任何工程项目的建设与运行都有一个时间上的延续过程。对于投资者来说，资金的投入与收益的获取往往构成一个时间上有先有后的资金收支序列。前面已多次指出，为了客观地评价工程项目或技术方案的经济效果，在技术经济分析中，必须考虑资金的时间价值，为此，必须分析在整个项目计算期中所发生的资金收支的数量多少和具体时间。

项目计算期是指经济评价中为进行动态分析所设定的期限，包括建设期和运营期。建设期是指项目资金正式投入开始到项目建成投产为止所需要的时间，可按合理工期或预计的建设进度确定。运营期分为投产期和达产期两个阶段：投产期是指项目投入生产，但是生产能力尚未完全达到设计能力时的过渡阶段；达产期是指生产运营达到设计预期水平后的时间。运营期一般应以项目主要设备的经济寿命期确定。

2. 资金流程图

一般说来，在整个工程建设项目计算期内，各年资金的收支情况是比较复杂的。通常，可用资金流程图示意说明。

在技术经济分析中，把投资项目作为一个独立系统，资金流程则反映该项目在其寿命周期内流入或流出系统的资金活动。其中，流入系统的资金收入称为现金流入，流出系统的资金支出称为现金流出，并把某一个时点的现金流入与现金流出的差额称为净现金流量。系统的现金流入、现金流出以及净现金流量统称为现金流量。资金流程图就是一种反映经济系统资金运动状态的图式，即把经济系统的现金流量绘入一个时间坐标图中，表示出各现金流入、流出与相应时间的对应关系。运用资金流程图，就可全面、形象、直观地表达经济系统的资金运动状态。资金流程图一般以横坐标表示时间，时间的进程方向为正，反方向为负，单位通常是年（计息周期），根据实际情况也可以是季、月或日等；以纵坐标表示现金流，箭头向上表示现金流入（资金收入或效益为正），箭头向下表示现金流出（资金支出或费用为负），箭头长度按一定比例表示资金数量的大小。为了计算方便，可假设所有现金流均按年末结算。在资金流程图中，每个坐标点均表示该年的年末，且上一年的年末就是下一年的年初。根据上述规定，即可作出如图 3-1 所示的资金流程图。

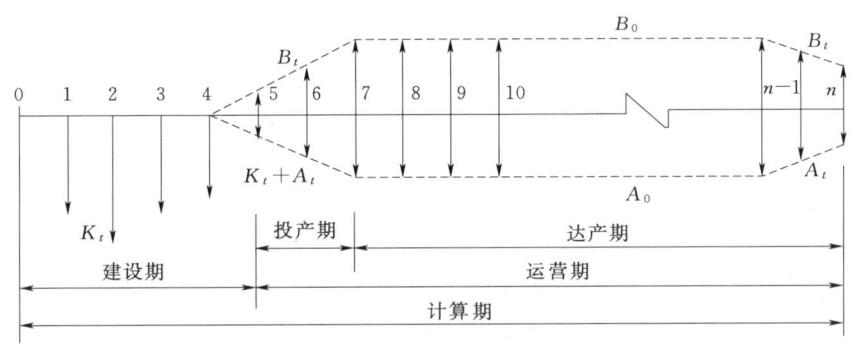

图 3-1　资金流程图

图 3-1 中，在工程建设期内需要逐年投入资金，但各年投入的资金数量 K_t 并不相等，一般规律是建设开始时所需投资较少，后来逐年增多，在建设后期投资又逐渐减少，至基建结束时，由于施工机械及一部分临时建筑物等不再需要，可以按新旧、磨损程度折价售给其他单位，因而尚可回收一部分资金。将总投资减去这部分回收资金，即得到工程净投资或工程造价。

投产期是运营期的初始阶段。在此期间，由于每年不断安装生产设备，并对生产设备进行配套试运行，同时有部分土建工程扫尾竣工，因此每年仍需一定的投资 K_t。同时，每年都有新建成的部分工程或设备陆续投产，因此工程的年运行费用 A_t 及年效益 B_t 均是逐年增加的。

当工程建设内容全部建成，已经达到设计规模时，即进入达产期（或称正常运行期）。由于工程已全部建成，不再投资，因此可认为在正常运行期内，每年的运行费用为常数 A_0，同时由于工程已全部发挥效益，故可认为每年的效益亦为常数 B_0，且一般收入大于支出（年效益大于年运行费用），即 $B_0 > A_0$。在正常运行期的最后几年，由于部分生产设备已在投产期内先行投入生产，而各设备的经济寿命是相同的，这部分先行投入运行的设备，须相应提前退出运行，因此在正常运行期的最后几年（其年数等于投产期的年数）中，年效益 B_t 与年运行费用 A_t 也会相应逐渐减少。

需要注意的是，整个项目计算期的长短主要决定于项目本身的特性，因此无法对项目计算期作出统一的规定，而应根据多种因素综合确定，包括行业特点、主要装置（或设备）的经济寿命等。行业有规定的，应遵从其规定。一般情况下，计算期不宜定得太长，一方面是因为按照现金流量折现的方法，把后期的净效益折为现值的数值较小，很难对财务分析结论产生决定性的影响；另一方面由于时间越长，预测的数据会越不准确。

在风电场技术经济分析中,项目计算期包括建设期和运营期,一般取装机容量规模5万kW的项目建设期为1~1.5年,运营期按照20年计算;特许权(20万kW)或20万kW的项目建设期为2~3年,运营期按照21年计算。

3. 计算基准年

资金流程图较好地反映了工程项目在寿命周期内系统的资金流入及流出情况。由于工程项目的投资一般在施工期投入,年运行费及年效益则在工程投入生产之后才能产生。为了在进行经济分析中能够正确地体现这些在不同时间发生的投资、年运行费用和年效益的资金时间价值,必须使其具备共同的时间基础。为此需引入计算基准年的概念,即为解决费用和效益在时间上不一致的问题,在技术经济分析及计算中,需要把不同时间的投资、年运行费用和年效益都折算到同一个时间水平,这个时间水平年称为计算基准年。通常以其年初作为计算的基准点,相当于资金流程图中的坐标轴原点。

计算基准年一般有三种取法:①工程开工的第一年;②工程投入运行的第一年;③施工结束达到设计水平的年份。从理论上说,计算基准年的取法不同,虽然它们折算后的绝对投资效益值不同,但相对值是一致的,对项目评价的结论并无影响,也不影响最后的方案或参数选择。因此,原则上可以选定任意一年作为计算基准年。但是,为了计算习惯与方便,考虑到技术经济分析所处的阶段,一般以工程开工的第一年作为计算基准年。

应注意:在整个计算过程中,计算基准年一经确定就不能随意改变;此外,当若干方案进行经济比较时,虽然各方案的建设期与生产期可能并不相同,但必须选择共同的计算基准年。

4. 资金等值

在工程建设项目的技术经济分析中,资金流程图反映了资金在该项目寿命周期内流入或流出系统的活动过程。由于资金具有时间价值,因此,在资金流程图中,等量资金所处的时点不同时,其价值一般不同;不同时点的不等量资金,其价值可能相同。在资金时间价值的计算中,资金等值是一个十分重要的概念。

资金等值是指在考虑时间因素的情况下,一笔资金与不同时点绝对值不等的另一笔或一系列资金,按某一利率换算至某一相同时点时,可能具有相等的价值。例如,现在的100元与1年以后的110元,绝对值不等,但如果年利率为10%,则两者是等值的。这是因为现在的100元可看作为本金,其在1年后所产生的利息为$100 \times 10\% = 10$(元),因此,现在的100元与其在1年后的本利和110元是等值的。同样,在年利率10%的条件下,1年后的110元与现在的$110/(1+10\%)=100$(元)是等值的。

影响资金等值的因素有资金额的大小、利率的大小以及资金发生的时间。三个因素中任何一个因素变化都将导致等值的变化。如现在的100元与一年后的110元,只有在利率为10%的条件下才等值,而利率是一个关键因素。一般等值计算中是以同一利率为依据的。

3.3.2 资金等值计算公式

利用资金等值概念,可以把某一时点的资金按一定利率换算为与之等值的另一时点一笔或另一序列的资金，反之亦然。这个换算过程即为资金的等值计算。

在技术经济分析中，为了考察投资项目的经济效果，必须对项目寿命期内不同时间发生的全部费用和全部收益进行计算和分析。在考虑资金时间价值的情况下，不同时间发生的收入或支出，其数值不能直接相加减，只有通过等值计算将它们换算到同一时点（基准年的基准点）后才能相加减或相比较。

在资金等值计算中，把将来某一时点的现金流量换算成现在时点的等值现金流量称为"贴现"或"折现"。而等值计算中采用的利率也因此被称为"贴现率"、"折现率"等。通常把将来时点的现金流量经贴现后的现金流量称为"现值"，而把与现值等价的将来时点的现金流量称为"终值"、"期值"或"将来值"。

根据现金流量序列的特点，等值计算包括三种基本情形：①单个现金流之间的计算；②单个现金流与系列现金流之间的计算；③系列现金流之间的计算。

根据资金收付方式不同，资金等值计算的公式可具体分为一次收付、等额收付系列、等差收付系列以及等比收付系列等基本计算类型。值得注意的是，等值计算中计息周期数 n 和利率 i 必须配套使用，即计息周期为年，利率就应是年利率；计息周期为月，利率则须为月利率。

1. 一次收付类型

一次收付指现金流量无论是支出还是收入，均在某个时点上只发生一次，涉及现值 P 和终值 F 两笔现金流量。这类等值计算属于单个现金流之间的换算问题。其中，P 发生在第一年年初，F 发生在第 n 年年末。其典型现金流量如图 3-2 所示。

一次收付类型对应的计算公式有一次收付终值公式和一次收付现值公式。

图 3-2 一次收付资金流程图

（1）一次收付终值公式。一次收付终值公式与式（3-5）相同，即

$$F=P(1+i)^n \tag{3-10}$$

式（3-10）适用于已知本金现值 P 和折现率 i，求 n 年后的终值 F。这个问题相当于银行的"整存整取"储蓄方式。式中的 $(1+i)^n$ 称为一次收付终值系数，可用符号 $(F/P,i,n)$ 表示，于是，式（3-10）可写成

$$F=P(F/P,i,n) \tag{3-11}$$

式（3-11）中的一次收付终值系数 $(F/P,i,n)$ 可由复利系数表查得，参见相关文献。

由式（3-10）可见，在现值 P 给定的前提下，终值 F 随着折现率 i 和计算期 n 的增减而增减。特别地，当 $i=0$ 时，$F=P$，相当于不考虑资金时间价值的情形，此时，一次收付终值系数 $(F/P,i,n)=1$。

一次收付终值公式是等值计算中最基本的公式，其他公式均可利用该公式推导出来。

（2）一次收付现值公式。这是已知 n 年后的终值 F 和折现率 i，求现值 P 的公式，是一次收付终值公式的逆运算式。由式（3-10）可直接导出，即

$$P=\frac{F}{(1+i)^n}=F(P/F,i,n) \tag{3-12}$$

式中 $\dfrac{1}{(1+i)^n}$ ——一次收付现值系数，或称贴现系数，可用符号 $(P/F,i,n)$ 表示，可由复利系数表查得。它与一次收付终值系数互为倒数。

由式（3-12）可见，在终值 F 给定的前提下，现值 P 随着折现率 i 和计算期 n 的变化而呈反方向变化。特别地，当 $i=0$ 时，$P=F$，相当于不考虑资金的时间价值的情形，此时，一次收付现值系数 $(P/F,i,n)=1$。而当 $i\to\infty$ 及 $n\to\infty$ 时，均有 $P=0$，此时，一次收付现值系数 $(P/F,i,n)=0$。

【例 3-5】 某人为购置住房，需向银行贷款 40 万元，若贷款期限为 10 年，年利率为 6%，10 年后连本带息一次还清。试求其 10 年后应偿还银行的本利和。

解： 本例题资金流程图与图 3-2 相似。

据题意，$P=40$ 万元，$i=0.06$，$n=10$ 年，由式（3-10）有

$$F=P(1+i)^n=40\times(1+0.06)^{10}=71.634\text{（万元）}$$

即年利率为 6% 时，10 年后应偿还银行的本利和为 71.634 万元。

【例 3-6】 某家庭为准备 10 年后子女教育所需资金 40 万元，现要将一笔资金存入银行，若年利率按 6% 计，试求其现在应存入银行的资金数额。

解： 本例题资金流程图也与图 3-2 相似。

据题意，$F=40$ 万元，$i=0.06$，$n=10$ 年，由式（3-12）有

$$P=F/(1+i)^n=40/(1+0.06)^{10}=22.336\text{（万元）}$$

即年利率为 6% 时，该家庭现应存入 22.336 万元，10 年后才能得到 40 万元。

2. 等额收付系列类型

对于工程建设而言，通常由于其规模较大，往往需要在一定时期内每年连续不断地进行资金投入，表现在现金流量上就是一个系列的多次支付，现金流量数额可以不等，也可以相等。一般可按照求各现金流量折现代数和的思路，计算出整个系列的总现值或总终值。但是，当现金流序列连续且数额相等时，采用上述方法就显得相当繁琐。实际上，可以分析其中的规律，推导出更为简捷的计算公式。这种序列连续且数额相等的现金流被称为等额系列现金流，而这种资金收付方式则称为等额收付系列，其典型现金流量如图 3-3 所示。这类等值计算属于单个现金流与系列现金流之间的换算问题。

图 3-3 中，终值 F 发生在第 n 年年末，等额年值 A 发生在每一年的年末，现值 P 发生在第 1 年年初（即 0 点），P 的发生时点与第一个 A 相差一年。

根据已知条件及未知数的不同，等额收付系列类型对应的计算公式有等额收付终值公式、等额收付偿债公式、等额收付现值公式和等额收付资金回收公式等。

（1）等额收付终值公式。等额收付终值公式是为了对应图 3-3（a）所示的资金流程，在利率为 i 的复利计息条件下，求

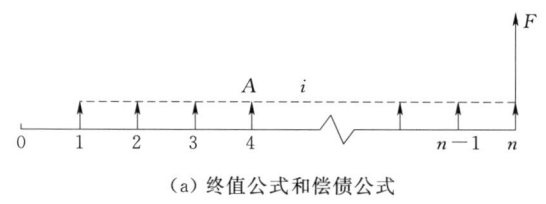

(a) 终值公式和偿债公式

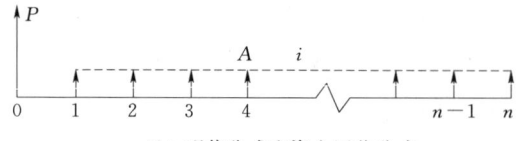

(b) 现值公式和资金回收公式

图 3-3 等额收付系列资金流程图

得 n 年期间每年年末等额收付的现金流量 A 的终值（本利和）F，也就是已知 A、i、n，求 F。这个问题相当于银行的"零存整取"储蓄方式。公式推导如下：

由一次收付终值公式可求得图 3-3（a）中每一年年末的等额收付现金流量 A 对应的第 n 年年末的终值（本利和）F，即

第 1 年 $\qquad F_1 = A(1+i)^{n-1}$

第 2 年 $\qquad F_2 = A(1+i)^{n-2}$

$\qquad \vdots \qquad\qquad\qquad \vdots$

第 $n-1$ 年 $\qquad F_{n-1} = A(1+i)$

第 n 年 $\qquad F_n = A$

对以上各项终值相加求和即得等额收付的终值，即

$$F = A(1+i)^{n-1} + A(1+i)^{n-2} + \cdots + A(1+i) + A$$
$$= A[(1+i)^{n-1} + (1+i)^{n-2} + \cdots + (1+i) + 1]$$

上式两端同时乘以 $(1+i)$，有

$$F(1+i) = A[(1+i)^n + (1+i)^{n-1} + \cdots + (1+i)^2 + (1+i)]$$

再将上式与前式两端分别相减，有

$$Fi = A[(1+i)^n - 1]$$

于是，有

$$F = A \frac{(1+i)^n - 1}{i} \tag{3-13}$$

式中 $\dfrac{(1+i)^n - 1}{i}$——等额收付终值系数，记为 $(F/A, i, n)$，可由复利系数表查得。

则式（3-13）可写成

$$F = A(F/A, i, n) \tag{3-14}$$

由式（3-13）可见，在等额年值 A 给定的前提下，终值 F 随着折现率 i 和计算期 n 的变化而变化。特别地，当 $i \to 0$ 时，等额收付终值系数 $(F/A, i, n) \to n$，此时，$F = nA$，相当于不考虑资金的时间价值的情形。而当 $i \to \infty$ 及 $n \to \infty$ 时，均有 $(F/A, i, n) \to \infty$，此时，$F \to \infty$。

（2）等额收付偿债公式。等额收付偿债公式是为了在未来偿还一笔债务，或为未来积累某笔基金，在利率为 i 的情况下，确定预先每年应存储多少资金，也就是已知 F、i、n，求 A。其典型资金流程仍为图 3-3（a）。

等额收付偿债公式是等额收付终值公式的逆运算，可由式（3-13）直接导出，即

$$A = F \frac{i}{(1+i)^n - 1} \tag{3-15}$$

式中 $\dfrac{i}{(1+i)^n - 1}$——等额收付偿债基金系数，记为 $(A/F, i, n)$，可由复利系数表查得。

则式（3-15）可写成

$$A = F(A/F, i, n) \tag{3-16}$$

由式（3-15）可见，在终值 F 给定的前提下，等额年值 A 随着折现率 i 和计算期 n 的变化而变化。特别地，当 $i \to 0$ 时，等额收付偿债基金系数 $(A/F, i, n) \to 1/n$，此时，

$A=F/n$，相当于不考虑资金的时间价值的情形。而当 $i\to\infty$ 及 $n\to\infty$ 时，均有 $(A/F,i,n)\to 0$，此时，$A\to 0$。

【例 3-7】 某工程项目建成后寿命期为 5 年，每年净收入 5000 万元，若年利率为 8%。试求该项目第 5 年年末寿命期满时净收入。

解： 本例题资金流程图与图 3-3（a）相似。

据题意，$A=5000$ 万元，$i=0.08$，$n=5$ 年，由式（3-13）有

$$F=5000\times\frac{(1+0.08)^5-1}{0.08}=29335\text{（万元）}$$

也可查复利系数表得 $(F/A,i,n)=5.867$，则

$$F=5000\times 5.867=29335\text{（万元）}$$

即该项目第 5 年年末寿命期满时净收入是 29335 万元。

【例 3-8】 某工程项目建设期 4 年，每年年初从银行贷款 4000 万元作为投资，若按年利率 6% 计算复利，试求该工程到第 4 年年末欠银行本利和数额。

图 3-4 [例 3-7] 资金流程图

解： 本例题资金流程如图 3-4 所示，与图 3-3（a）所示的资金流程不同，不能直接套用式（3-13）。为此，只需将每年年初的贷款金额折算成年末值，即可与图 3-3（a）所示的资金流程一致，从而可按式（3-13）计算第 4 年年末的本利和。

$$F=4000\times(1+0.06)\times\frac{(1+0.06)^4-1}{0.06}=18548.37\text{（万元）}$$

即该工程到第 4 年末欠银行的本利和为 18548.37 万元。

【例 3-9】 已知某企业 10 年后需更换机组设备费 1000 万元，若取折现率 10%。试求该企业在机组设备的经济寿命 10 年内，每年年末应提存的机组设备基本折旧基金数额。

解： 本例题资金流程图与图 3-3（a）相似。

由题意，$F=1000$ 万元，$i=0.10$，$n=10$ 年，由式（3-15）有

$$A=1000\times\frac{0.10}{(1+0.10)^{10}-1}=6.27\text{（万元）}$$

也可查复利系数表得 $(A/F,0.10,10)=0.0627$，则

$$A=1000\times 0.0627=6.27\text{（万元）}$$

即该企业每年年末应提存机组设备基本折旧基金 6.27 万元。

（3）等额收付现值公式。等额收付现值公式是为了对应图 3-3（b）所示的资金流程，在折现率为 i 复利计息的条件下，确定 n 年期间每年年末发生的等额收付现金 A 的现值 P，也就是已知 A、i、n，求 P。

将等额收付终值公式 $F=A\dfrac{(1+i)^n-1}{i}$ 和一次收付终值公式 $F=P(1+i)^n$ 联列，消去 F，即可导出等额收付现值公式为

$$P=A\frac{(1+i)^n-1}{i(1+i)^n} \tag{3-17}$$

3.3 资金等值计算方法

式中 $\dfrac{(1+i)^n-1}{i(1+i)^n}$——等额收付现值系数，记为 $(P/A, i, n)$，可由复利系数表查得。

则式（3-17）可写成

$$P = A(P/A, i, n) \qquad (3-18)$$

由式（3-17）可见，在等额年值 A 给定的前提下，现值 P 随着折现率 i 和计算期 n 的变化而变化。特别地，当 $i \to 0$ 时，等额收付现值系数 $(P/A, i, n) \to n$，此时，$P = nA$，相当于不考虑资金的时间价值的情形。而当 $i \to \infty$ 时，$(P/A, i, n) \to 0$，$P \to 0$。当 $n \to \infty$ 时，$(P/A, i, n) \to 1/i$，$P \to A/i$。这里，P 定义为核定资金。

（4）等额收付资金回收公式。等额收付资金回收公式也称本利摊还公式，是为了对应图 3-3 (b) 所示的资金流程，在现在借出一笔现值为 P 的资金，利率为 i 复利计息的条件下，求出今后 n 年内连续每年年末需等额回收多少本息 A，才能保证期满后回收全部本金和利息，也就是已知 P、i、n，求 A。

由其意义可知，等额收付资金回收公式是等额收付现值公式的逆运算，公式为

$$A = P \dfrac{i(1+i)^n}{(1+i)^n - 1} \qquad (3-19)$$

式中 $\dfrac{i(1+i)^n}{(1+i)^n-1}$——等额收付资金回收系数或本利摊还因子，记为 $(A/P, i, n)$，可由复利系数表查得。

则式（3-19）可写成

$$A = P(A/P, i, n) \qquad (3-20)$$

由式（3-19）可见，在现值 P 给定的前提下，等额年值 A 随着折现率 i 和计算期 n 的变化而变化。特别地，当 $i \to 0$ 时，等额收付资本回收系数 $(A/P, i, n) \to 1/n$，此时，$A = P/n$，相当于不考虑资金的时间价值的情形。而当 $i \to \infty$ 时，$(A/P, i, n) \to \infty$，$A \to \infty$。当 $n \to \infty$ 时，$(A/P, i, n) \to i$，$A \to Pi$。

【例 3-10】 已知某工程项目建成投运后，每年可获得效益 1.2 亿元。若项目运行期限取 20 年，折现率取 8%，试求其总效益的现值。

解： 本例题资金流程图与图 3-3 (b) 相似。

由题意，$A = 1.2$ 亿元，$i = 0.08$，$n = 20$ 年，由式（3-17）有

$$P = 1.2 \times \dfrac{(1+0.08)^{20}-1}{0.08 \times (1+0.08)^{20}} = 1.2 \times 9.8181 = 11.7817 \text{（亿元）}$$

也可查复利系数表得 $(P/A, 0.08, 20) = 9.8181$，则

$$P = 1.2 \times 9.8181 = 11.7817 \text{（亿元）}$$

即 20 年总效益的现值为 11.7817 亿元。

若不考虑资金的时间价值，则 20 年的总效益为 $1.2 \times 20 = 24$（亿元）。可见是否考虑资金时间价值，工程项目总效益相差很大。

【例 3-11】 某工程项目 2001 年兴建，2002 年年底竣工开始投入使用，2003 年起连续运行 20 年，每年可获平均净效益 80 万元。若按折现率 8% 计算，试求整个运行期间内全部效益折现到兴建年（2001 年年初）的现值。

解： 本例题资金流程如图 3-5 所示。

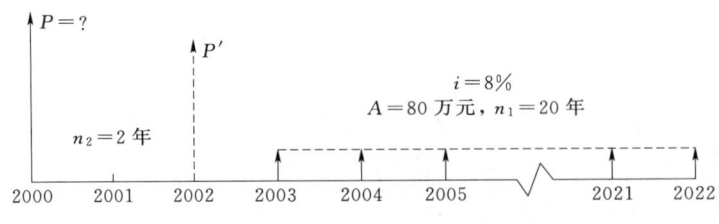

图 3-5　[例 3-11] 资金流程图

由题意，$A=80$ 万元，$i=0.08$，$n_1=20$ 年，由式（3-18）有

$$P'=80\times(P/A,0.08,20)$$

查复利系数表得 $(P/A,0.08,20)=9.818$，则

$$P'=80\times9.818=785.44\text{（万元）}$$

又 $n_2=2$ 年，则由一次支付现值公式有

$$P=\frac{P'}{(1+0.08)^2}=\frac{785.44}{1.1664}=673.39\text{（万元）}$$

即该工程整个运行期间内全部效益折现到兴建年（2001年年初）的现值为 673.39 万元。

【例 3-12】 某企业贷款 4000 万元进行项目开发，银行要求 4 年内等额收回全部贷款，已知贷款年利率为 10%，问该公司平均每年净收益至少应该有多少万元才能按期还清贷款？

解： 本例题资金流程图与图 3-3（b）相似。

由题意，$P=4000$ 万元，$i=0.10$，$n=4$ 年，由式（3-20）有

$$A=4000\times(A/P,0.10,4)$$

查复利系数表得 $(A/P,0.10,4)=0.3155$，则

$$A=4000\times0.3155=1262\text{（万元）}$$

故该企业平均每年净收益至少应该有 1262 万元才能按期还清贷款。

3. 等差收付系列类型

在实际工作中，每期收付的资金额经常是不等的。例如，对于某些建设期较长的项目，其间，随着工程的进展，建设投产的设备逐年增加，其效益和年运行费亦随之逐年递增，直至所有设备全部建成投产。又如，一般工厂企业的生产经营期间，随着机器设备的磨损、陈旧而使维修保养费用逐年增加，同时废次品损失也逐年增加，等等。这种不等额年金系列的等值计算可先对每一年分别进行，然后求其总和，但是这样做计算工作量较大。为简化计算，可根据具体情况和计算条件，对这种逐年递增的不等额年金系列作近似处理，常见的是以逐年递增的等差系列来近似。下面介绍这种等差收付系列类型的资金等值计算的方法。若不考虑第 1 年年末的现金流量值，等差收付系列的资金流程如图 3-6 所示。

设有一等差系列现金流 0，G，$2G$，$\cdots$，$(n-1)G$ 分别于第 1，2，3，$\cdots$，n 年年末发生，要求在年利率为 i 复利计息的条件下，该等差系列在第 n 年年末的终值 F，在第 1

年年初的现值 P，以及相当于等额收付系列类型的发生在每一年年末的等额年值 A。需要注意的是，这个等差系列是从第 1 年年末为零开始的，到第 n 年年末的现金流量为 $(n-1)G$。之所以要做这样一个约定，主要是因为这种类型的等差系列求和公式的表达形式最简单。

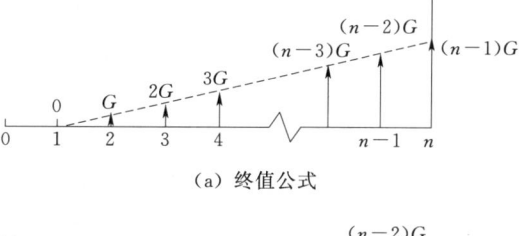

(a) 终值公式

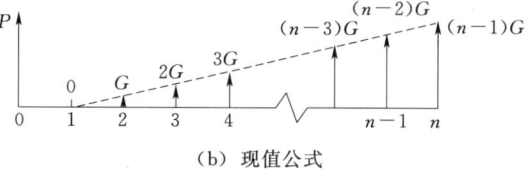

(b) 现值公式

图 3-6 等差收付系列资金流程图

等差收付系列等值计算公式主要有等差收付系列终值公式、等差收付系列现值公式和等差收付系列年值公式等，涉及单个现金流与系列现金流之间的计算和系列现金流之间的计算问题。

(1) 等差收付系列终值公式。由图 3-6 (a) 可知，该等差系列的终值为若干年数不同而同时到期的资金终值之和，则第 n 年年末的终值 F 可以计算为

$$F=G(1+i)^{n-2}+2G(1+i)^{n-3}+\cdots+(n-2)G(1+i)+(n-1)G$$

上式两端同时乘以 $(1+i)$，有

$$F(1+i)=G(1+i)^{n-1}+2G(1+i)^{n-2}+\cdots+(n-2)G(1+i)^2+(n-1)G(1+i)$$

再将上式与前式两端分别相减，有

$$Fi=G(1+i)^{n-1}+G(1+i)^{n-2}+G(1+i)^{n-3}+\cdots+G(1+i)-(n-1)G$$

上式两端同时乘以 $(1+i)$，有

$$Fi(1+i)=G(1+i)^n+G(1+i)^{n-1}+G(1+i)^{n-2}+\cdots+G(1+i)^2-(n-1)G(1+i)$$

再将上式与前式两端分别相减，有

$$Fi^2=G(1+i)^n-(n-1)G(1+i)-G(1+i)+(n-1)G$$
$$=G(1+i)^n-(n-1)Gi-G(1+i)=G(1+i)^n-nGi-G$$

于是，有

$$F=\frac{G}{i}\left[\frac{(1+i)^n-1}{i}-n\right]=\frac{G}{i}[(F/A,i,n)-n]=G(F/G,i,n) \quad (3-21)$$

$$(F/G,i,n)=\frac{1}{i}\left[\frac{(1+i)^n-1}{i}-n\right]=\frac{1}{i}[(F/A,i,n)-n]$$

式中 $(F/G,i,n)$——等差收付系列终值系数，可由等差收付系列复利系数表查得。

由式 (3-21) 可见，在等差值 G 给定的前提下，终值 F 随着折现率 i 和计算期 n 的变化而变化。特别地，当 $i\to 0$ 时，等差收付系列终值系数 $(F/G,i,n)\to(n^2-n)/2$，此时，$F=G(n^2-n)/2$，相当于不考虑资金的时间价值的情形。而当 $i\to\infty$ 及 $n\to\infty$ 时，均有 $(F/G,i,n)\to\infty$，此时，$F\to\infty$。

(2) 等差收付系列现值公式。等差收付系列现值公式的典型资金流程如图 3-6 (b) 所示。联列式 (3-21) 和式 (3-10)，消去 F 即可导出等差收付系列现值公式为

$$P=\frac{G}{i(1+i)^n}\left[\frac{(1+i)^n-1}{i}-n\right]=G(P/G,i,n) \quad (3-22)$$

$$(P/G,i,n)=\frac{1}{i(1+i)^n}\left[\frac{(1+i)^n-1}{i}-n\right]$$

式中 $(P/G,i,n)$——等差收付系列现值系数,可由等差收付系列复利系数表查得。

由式(3-22)可见,在等差值 G 给定的前提下,现值 P 随着折现率 i 和计算期 n 的变化而变化。特别地,当 $i\to 0$ 时,等差收付系列现值系数 $(P/G,i,n)\to(n^2-n)/2$,此时,$P=G(n^2-n)/2$,相当于不考虑资金的时间价值的情形。而当 $i\to\infty$ 时,$(P/G,i,n)\to 0$,$P=0$;当 $n\to\infty$ 时,$(P/G,i,n)\to 1/i^2$,$P=G/i^2$。

(3) 等差收付系列年值公式。联列式(3-21)和式(3-13),消去 F 可得等差收付系列年值公式为

$$A=\frac{G}{(1+i)^n-1}\left[\frac{(1+i)^n-1}{i}-n\right]=G(A/G,i,n) \qquad (3-23)$$

$$(A/G,i,n)=\frac{1}{(1+i)^n-1}\left[\frac{(1+i)^n-1}{i}-n\right]$$

式中 $(A/G,i,n)$——等差收付系列年值系数,可由等差收付系列复利系数表查得。

由式(3-23)可见,在等差值 G 给定的前提下,等额年值 A 随着折现率 i 和计算期 n 的变化而变化。特别地,当 $i\to 0$ 时,等差收付系列年值系数 $(A/G,i,n)\to(n-1)/2$,此时,$A=G(n-1)/2$,相当于不考虑资金的时间价值的情形。而当 $i\to\infty$ 时,$(A/G,i,n)\to 0$,$P=0$;当 $n\to\infty$ 时,$(A/G,i,n)\to 1/i$,$P=G/i$。

应该注意的是,运用等差收付系列等值计算公式进行计算时,各公式所针对的等差系列都是没有考虑第一年年末基础付款额的标准等差现金流,这个等差系列从第一年年末为 0 开始,到第 n 年年末的现金流量为 $(n-1)G$,等差值 G 是从第二年年末开始的,而依式(3-22)计算的现值 P 位于第 0 年年末。因此,等差系列现金流所计算的现值 P 位于等差值 G 开始的前两年。此外,依式(3-23)计算的年值 A 是标准的等额系列现金流,因此,第一个等额年值 A 发生的时间在第一个等差值 G 的前一年。

【例 3-13】 某工程投产期 10 年,随着投运设备生产能力的逐年增加,工程的年销售收入也逐年增加,并呈等差递增序列,设等差值为 100 万元,试按折现率 10% 的复利计息条件计算该工程在投产期内总效益的现值、终值及等额年值。

解: 本例题资金流程如图 3-7(a)所示。显然,该资金流程可视为图 3-7(b)和图 3-7(c)所示两个流程的叠加。

对图 3-7(b)所示等额收付系列,根据等额收付现值公式(3-18),有

$$P_1=100\times(P/A,0.10,10)$$
$$=100\times 6.145=614.5\text{(万元)}$$

对图 3-7(c)所示等差收付系列,根据等差收付系列现值公式(3-22),有

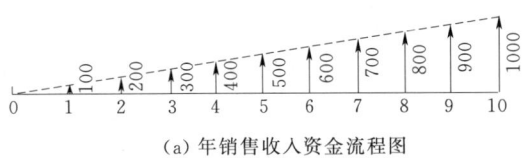
(a) 年销售收入资金流程图

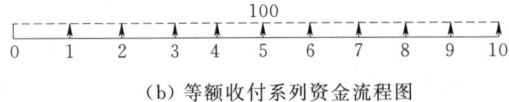
(b) 等额收付系列资金流程图

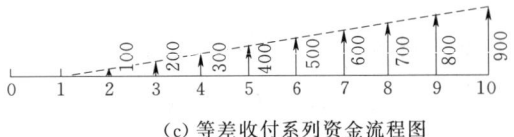
(c) 等差收付系列资金流程图

图 3-7 [例 3-13] 资金流程图(单位:万元)

$$P_2 = 100 \times (P/G, 0.10, 10) = 100 \times 22.891 = 2289.1 \text{（万元）}$$

因此，该工程在投产期内总效益的现值为

$$P = P_1 + P_2 = 614.5 + 2289.1 = 2903.6 \text{（万元）}$$

投产期内总效益的终值为

$$F = P(F/P, 0.10, 10) = 2903.6 \times 2.594 = 7531.9 \text{（万元）}$$

投产期内总效益的等额年值为

$$A = P(A/P, 0.10, 10) = 2903.6 \times 0.1627 = 472.4 \text{（万元）}$$

4. 等比收付系列类型

有些技术经济分析问题中，其资金收支常呈现为以某一固定百分比 r，逐年递增或递减的情形。此时，现金流量就表现为等比系列，也叫几何序列，其资金流程图如图 3-8 所示。

等比收付系列类型的等值计算公式主要有等比收付系列终值公式、等比收付系列现值公式、等比收付系列年值公式，涉及单个现金流与系列现金流之间的计算和系列现金流之间的计算问题。

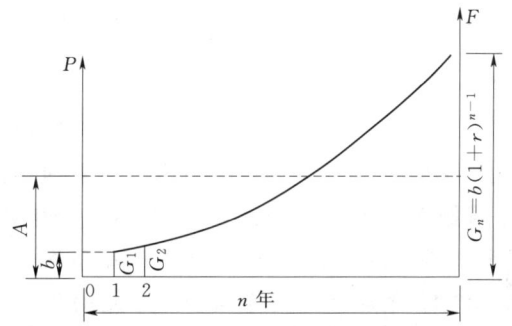

图 3-8 等比收付系列资金流程图

（1）等比收付系列终值公式。设第 1 年年末现金流量为 G_1，每年递增的百分比为 r，等比系列现金流为 $G_1 = 1$，$G_2 = (1+r)$，$G_3 = (1+r)^2$，…，$G_{n-1} = (1+r)^{n-2}$，$G_n = (1+r)^{n-1}$。则折现率为 i 的复利计息条件下的终值为

$$\begin{aligned} F &= (1+i)^{n-1} + (1+r)(1+i)^{n-2} + (1+r)^2(1+i)^{n-2} + (1+r)^3(1+i)^{n-3} \\ &\quad + \cdots + (1+r)^{n-2}(1+i) + (1+r)^{n-1} \\ &= (1+r)^{n-1}\left[1 + \frac{1+i}{1+r} + \frac{(1+i)^2}{(1+r)^2} + \cdots + \frac{(1+i)^{n-2}}{(1+r)^{n-2}} + \frac{(1+i)^{n-1}}{(1+r)^{n-1}}\right] \end{aligned}$$

上式两端同时乘以 $(1+i)/(1+r)$，有

$$F\frac{1+i}{1+r} = (1+r)^{n-1}\left[\frac{1+i}{1+r} + \frac{(1+i)^2}{(1+r)^2} + \cdots + \frac{(1+i)^{n-1}}{(1+r)^{n-1}} + \frac{(1+i)^n}{(1+r)^n}\right]$$

将上式与前式相减，得

$$\left(\frac{1+i}{1+r} - 1\right)F = (1+r)^{n-1}\left[\frac{(1+i)^n}{(1+r)^n} - 1\right]$$

于是，有

$$F = \frac{(1+i)^n - (1+r)^n}{i - r}$$

一般地，对于 $G_1 \neq 1$，等比收付系列终值公式为

$$F = G_1 \frac{(1+i)^n - (1+r)^n}{i - r} = G_1(F/G_1, i, r, n) \tag{3-24}$$

$$(F/G_1, i, r, n) = \frac{(1+i)^n - (1+r)^n}{i - r}$$

式中 $(F/G, i, r, n)$——等比收付系列终值系数，其值可由复利计算系数表查得。

(2) 等比收付系列现值公式。联列等比收付系列终值公式 $F=G_1\dfrac{(1+i)^n-(1+r)^n}{i-r}$ 和一次收付终值公式 $F=P(1+i)^n$，消去 F，即可导出等比收付系列现值公式为

$$P=G_1\dfrac{(1+i)^n-(1+r)^n}{(i-r)(1+i)^n}=G_1(P/G_1,i,r,n) \qquad (3-25)$$

式中 $(P/G_1,i,r,n)$ ——等比收付系列现值系数，其值可由复利计算系数表查得。

(3) 等比收付系列年值公式。联列等比收付系列终值公式 $F=G_1\dfrac{(1+i)^n-(1+r)^n}{i-r}$ 和等额收付终值公式 $F=A\dfrac{(1+i)^n-1}{i}$，消去 F，即可导出等比收付系列年值公式为

$$A=G_1\dfrac{i[(1+i)^n-(1+r)^n]}{(i-r)(1+i)^n[(1+i)^n-1]}=G_1(A/G_1,i,r,n) \qquad (3-26)$$

式中 $(A/G_1,i,r,n)$ ——等比收付系列年值系数，其值可由复利计算系数表查得。

【例 3-14】 某企业在 A 产品生产中要用到 B 设备，若租用 B 设备，目前年租金 46 万元，预计租金水平今后 10 年内每年将上涨 5%；若将 B 设备买下来，需一次支付 400 万元，但 10 年后估计仍可以 400 万元的价格售出。若折现率按 15% 计算，试计算租用及购买 B 设备的费用现值，并问是租用合算还是购买 B 设备合算？

解：由题意，$G_1=46$ 万元，$r=5\%$，$i=15\%$，$n=10$ 年，则 10 年内 B 设备全部租金的现值为

$$P_1=46\times\dfrac{(1+0.15)^{10}-(1+0.05)^{10}}{(0.15-0.05)\times(1+0.15)^{10}}=46\times 5.9736=274.7866\text{（万元）}$$

若购买 B 设备，全部费用的现值为

$$P_2=400-400\times(1+15\%)^{-10}=306.1261\text{（万元）}>P_1$$

由于 B 设备的租用费用较少，因此，租用 B 设备更合算。

5. 资金等值计算公式汇总

本章共介绍了 4 种类型的资金等值计算公式，即一次支付类型、等额收付系列类型、等差收付系列类型和等比收付系列类型。为便于比较、分析和查阅，现将公式汇总列于表 3-3。

表 3-3　　　　　　　　资金等值计算公式汇总

类型	公式名称	求解问题	计算公式	系数名称及符号
一次收付	一次支付终值公式	已知 P 求 F	$F=P(1+i)^n$	一次收付终值系数 $(F/P,i,n)=(1+i)^n$
	一次支付现值公式	已知 F 求 P	$P=\dfrac{F}{(1+i)^n}$	一次收付现值系数或贴现系数 $(P/F,i,n)=1/(1+i)^n$
等额收付系列	等额收付终值公式	已知 A 求 F	$F=A\dfrac{(1+i)^n-1}{i}$	等额收付终值系数 $(F/A,i,n)=\dfrac{(1+i)^n-1}{i}$

续表

类型	公式名称	求解问题	计算公式	系数名称及符号
等额收付系列	等额收付偿债公式	已知 F 求 A	$A=F\dfrac{i}{(1+i)^n-1}$	等额收付偿债基金系数 $(A/F,i,n)=\dfrac{i}{(1+i)^n-1}$
	等额收付现值公式	已知 A 求 P	$P=A\dfrac{(1+i)^n-1}{i(1+i)^n}$	等额收付现值系数 $(P/A,i,n)=\dfrac{(1+i)^n-1}{i(1+i)^n}$
	等额收付资金回收公式	已知 P 求 A	$A=P\dfrac{i(1+i)^n}{(1+i)^n-1}$	等额收付资金回收系数或本利摊还因子 $(A/P,i,n)=\dfrac{i(1+i)^n}{(1+i)^n-1}$
等差收付系列	等差收付系列终值公式	已知 G 求 F	$F=\dfrac{G}{i}\left[\dfrac{(1+i)^n-1}{i}-n\right]$	等差收付系列终值系数 $(F/G,i,n)=\dfrac{1}{i}\left[\dfrac{(1+i)^n-1}{i}-n\right]$
	等差收付系列现值公式	已知 G 求 P	$P=\dfrac{G}{i(1+i)^n}\left[\dfrac{(1+i)^n-1}{i}-n\right]$	等差收付系列现值系数 $(P/G,i,n)=\dfrac{1}{i(1+i)^n}\left[\dfrac{(1+i)^n-1}{i}-n\right]$
	等差收付系列年值公式	已知 G 求 A	$A=\dfrac{G}{(1+i)^n-1}\left[\dfrac{(1+i)^n-1}{i}-n\right]$	等差收付系列年值系数 $(A/G,i,n)=\dfrac{1}{(1+i)^n-1}\left[\dfrac{(1+i)^n-1}{i}-n\right]$
等比收付系列	等比收付系列终值公式	已知 G_1 求 F	$F=G_1\dfrac{(1+i)^n-(1+r)^n}{i-r}$	等比收付系列终值系数 $(F/G_1,i,r,n)=\dfrac{(1+i)^n-(1+r)^n}{i-r}$
	等比收付系列现值公式	已知 G_1 求 P	$P=G_1\dfrac{(1+i)^n-(1+r)^n}{(i-r)(1+i)^n}$	等比收付系列现值系数 $(P/G_1,i,r,n)=\dfrac{(1+i)^n-(1+r)^n}{(i-r)(1+i)^n}$
	等比收付系列年值公式	已知 G_1 求 A	$A=G_1\dfrac{i\left[(1+i)^n-(1+r)^n\right]}{(i-r)(1+i)^n\left[(1+i)^n-1\right]}$	等比收付系列年值系数 $(A/G_1,i,r,n)=\dfrac{i\left[(1+i)^n-(1+r)^n\right]}{(i-r)(1+i)^n\left[(1+i)^n-1\right]}$

在表 3-3 所列资金等值计算公式中,一次收付终值公式是最基本的,其他所有公式均可由它推导而来。从理论上讲,资金等值计算只需要这一个公式就可以了。但是,当现金流系列呈现某种规律,如等额、等差、等比时,直接使用前面推导出来的公式会比较方便。

另外,等额收付终值公式也比较重要,等额收付系列类型的其他公式以及等差收付系列、等比收付系列的一些公式均可通过等额收付终值公式进行推导。

第4章 技术经济分析的基本方法

4.1 概 述

为确保工程建设及其他技术活动经济决策的正确性和科学性，必须对工程技术方案进行经济性分析，对方案的技术经济效果作出科学的评价。经济效果评价的指标是多种多样的，它们从不同角度反映工程技术方案的经济性。这些指标分为很多种类和层次。如何根据工程建设及其他技术活动的特点选用合适有效的评价指标，辅助进行科学决策，是经济评价的核心内容。

从反映工程技术方案经济效果的角度来看，可将经济评价指标分为时间型指标、价值型指标和效率型指标三类。时间型指标是从时间角度评价项目方案经济效果的指标，例如投资回收期、贷款偿还期等。价值型指标是从货币量的角度评价项目方案经济效果的指标，如净现值、净年值、费用现值、费用年值等。效率型指标是从资源利用效率的角度评价项目方案经济效果的指标，如投资收益率、内部收益率、效益费用比等。

经济效果评价指标还可按其是否考虑资金的时间价值分为静态评价指标和动态评价指标：不考虑资金时间价值的评价指标称为静态评价指标；考虑资金时间价值的评价指标称为动态评价指标。每一类中又都包含若干常用的指标。通常，静态评价指标主要用于技术经济数据不完备和不精确的项目初选阶段；而在项目最后决策的可行性研究阶段，则以动态评价指标为主，静态指标可作为辅助性评价指标。

应当指出，工程建设项目的技术经济分析中，项目方案的决策类型有多种，既要回答项目方案是否可行的问题，又要回答项目方案是否最优的问题。换言之，经济效果评价通常应从两方面对项目方案进行考察：①绝对经济效果检验，即通过项目方案本身的效益与费用的比较来评价方案是否可行；②相对经济效果检验，即通过对多个可行方案经济效果的比较来选择最优方案。因此，需要根据项目方案决策类型的具体情况，选择适当的经济效果评价指标，采用相应的评价方法进行工程建设项目的技术经济分析。

4.2 经济效果评价指标与方法

4.2.1 静态评价指标与方法

静态评价指标是指在技术经济分析中，以计算期内项目方案的效益和费用为依据，以不考虑资金的时间价值为前提计算得到的，能够在一定程度上反映项目方案经济效果的评价指标，利用这些指标进行项目技术经济评价的方法即为静态评价方法。

4.2 经济效果评价指标与方法

1. 静态投资回收期

投资回收期是指投资回收的期限，也就是用投资方案所产生的净现金收入回收初始全部投资所需的时间。静态投资回收期，是以不考虑资金的时间价值为前提计算得到的投资回收期，利用该指标对项目方案进行经济评价的方法称为静态投资回收期法。

投资回收期一般从工程项目开始投入之日算起，即包括建设期，单位通常为年。

设 I 为项目（或方案）的投资总额，B_t 为每年的净现金收入，则 I 为

$$I = \sum_{t=0}^{n} B_t \tag{4-1}$$

式中 n——静态投资回收期。

若各年的净现金收入相等（设为常数 B_0），则静态投资回收期 n 为

$$n = \frac{I}{B_0}$$

通常情况下，项目投资是在建设期 m 年内分期投入的，项目运行期内各年的净收益不一定相等，因此，项目的静态投资回收期往往需要通过逐年分析才能确定，并可采用列表法计算。具体可根据项目财务分析中使用的现金流量表计算投资回收期，实用的计算公式为

$$n = n_0 - 1 + \frac{|NCF'|}{NCF_{n_0}} \tag{4-2}$$

式中 n_0——累计净现金流量 NCF 第一次为正值或 0 的年数；

NCF'——第 $n_0 - 1$ 年的累计净现金流量；

NCF_{n_0}——第 n_0 年当年的净现金流量。

采用静态投资回收期法进行决策时，其决策规则是：若 $n \leq n_b$，项目方案可行。其中 n_b 为基准投资回收期，是根据同类项目的历史数据确定的或投资者认可的基准投资回收期，其确定的主要依据是全社会或全行业投资回收期的平均水平，或者是企业期望的投资回收期水平。

【例 4-1】 某项目方案需投资 1500 万元，第 1 年可获净利 100 万元，以后各年净利将以 10% 的比率递增，若基准投资回收期为 8 年，该项目经济上是否可行？

解： 根据式（4-1）有

$$100 + 100 \times (1+10\%) + 100 \times (1+10\%)^2 + \cdots + 100 \times (1+10)^{n-1} = 1500 \text{（万元）}$$

$$100 \times \frac{1.1^n - 1}{1.1 - 1} = 1500 \text{（万元）}$$

$$1.1^n = 2.5$$

$$n = \frac{\ln 2.5}{\ln 1.1} \approx 9.6 \text{（年）}$$

由于该项目方案投资回收期 $n \approx 9.6$ 年 > 8 年（基准投资回收期），故该项目方案不可行。

【例 4-2】 已知某项目方案的现金流量见表 4-1，据此计算项目方案的投资回收期。若基准投资回收期为 5 年，判断方案是否可行。

第4章 技术经济分析的基本方法

表 4-1　　　　　　　　　　　现 金 流 量 表

年　　末	现金流量/万元	累计净现金流量/万元
0	−300	
1	50	−250
2	50	−200
3	80	−120
4	80	−40
5	80	40

解：逐年计算累计净现金流量，见表 4-1。可见，累计净现金流第一次为正值的年数为 5，因此由式（4-2）的计算可测算出该方案的投资回收期为

$$n = 5 - 1 + \frac{|-40|}{80} = 4.5 \text{（年）}$$

由 $n=4.5$ 年 $< n_b = 5$ 年，判断该方案可行。

静态投资回收期指标简单、直观地表明了项目方案投资需要多少年才能回收，便于为投资者衡量风险。因为一般来说，时间越长，项目的现金流量越难以正确估计，其收益也更难以保证。可见，投资回收期越长，意味着项目的投资风险越大；而投资回收期越短，则表明初始投资回收越快，项目的风险将越小。因此，投资者总是希望用较短的时间回收全部投资，从而减少投资风险。

但是，作为衡量项目方案经济效果的指标，投资回收期不能反映投资回收期以后项目方案所发生的现金流量的情况，因而不能全面反映项目在整个计算期内真实的经济效果。因此，采用该指标进行经济评价，往往对短期收益大的方案有利，当该指标用于多方案评价时必须注意这一问题。同时，由于静态投资回收期未考虑资金的时间价值，因此，该指标一般用于粗略评价，并需要和其他指标结合起来使用。

总之，静态投资回收期计算简单，使用方便，特别适用于技术经济数据不完备和不精确的项目初选阶段的项目评价工作中。由于该指标兼顾了方案的经济性和风险性，在某一类型的方案评价中具有特别的用处。例如，对于投资者由于资金紧张、产品周期短、市场变化快等各种原因，希望早日收回投资的项目，静态投资回收期就是常被用到的方案评价指标。但必须注意的是，由于该指标存在的缺陷，该指标仅适用于项目可行性的初步判断，多作为反映项目风险状况的辅助性指标使用，不能用来对多方案进行择优评价。

2. 投资收益率

投资收益率是指项目在达到设计生产能力后，达产年的净收益与投资总额的比率。利用该指标对项目方案进行经济评价的方法称为投资收益率法。由于分析目的的不同，投资收益率在具体应用中有许多不同的表达方式，其中在项目评价中最为常用的是投资利润率（也称为投资效果系数）。投资利润率的含义是单位投资所能获得的年净利，其计算公式为

$$E = \frac{P}{I} \tag{4-3}$$

式中 E——项目（或方案）的投资利润率；

P——其在正常生产年份的年利润或年均利润；

I——总投资额。

采用投资利润率指标进行决策的决策规则是：若 $E \geqslant E_b$，项目方案可行。其中，E_b 为基准投资利润率，其确定的主要依据是全社会或全行业投资利润率的平均水平，或者是企业期望的投资利润率水平。

【例 4-3】 已知某项目总投资 500 万元，预计正常生产年份的产品销售收入 150 万元，年总成本费用 50 万元，年营业税金及附加 10 万元。若基准投资利润率 $E_b = 15\%$，该项目是否可行？

解：该项目在正常生产年份，有

年利润＝年销售收入－年总成本费用－年营业税金及附加＝150－50－10＝90（万元）

$$E = \frac{90}{500} \times 100\% = 18\%$$

由 $E = 18\% > E_b = 15\%$，判断该项目可行。

在实际应用中，可根据需要采用不同的口径计算投资收益率指标，以用于不同的目的。例如，投资收益率还可以采用的表达形式有

$$投资利税率(E_T) = \frac{年利润＋税金}{全部投资额} \quad (4-4)$$

$$资本金利润率(E_C) = \frac{年利润}{资本金} \quad (4-5)$$

$$全部投资收益率(E_A) = \frac{年利润＋折旧与摊销＋利息支出}{全部投资额} \quad (4-6)$$

$$权益投资收益率(E_R) = \frac{年利润＋折旧与摊销}{权益投资额} \quad (4-7)$$

式（4-7）中，权益投资是指将资金投资于能够带来收益的各类权益项目品种，这些权益项目包括基础设施收费权、公共交通营运权等。

在具体进行项目方案经济评价时，这些收益率指标值应与各自相应的基准收益率值相比较，以判断项目是否可行。

需要指出，与静态投资回收期指标一样，投资收益率指标也没有反映资金的时间价值，不能体现早期收益比后期收益的优越性。但是，由于该指标与国家统计资料和企业有关财务资料较为对口，计算简单方便，如投资利润率就可以根据损益表的有关数据计算求得，同时，由于该指标的基准值较易确定，可以选取银行利率、企业利税率等作为基准投资收益率，因此，该指标用于经济评价的实际可操作性较强，其使用范围也较广。例如在财务评价中，将投资利润率与行业平均利润率相比，可以衡量出项目单位投资赢利能力是否达到本行业的平均水平。

4.2.2 动态评价指标与方法

动态评价指标是指在技术经济分析中，以项目方案在计算期内各年的效益和费用为依据，考虑资金的时间价值，按照一定的折算方法计算得到的，能够反映项目方案

经济效果的评价指标。利用动态评价指标进行项目技术经济评价的方法即为动态评价方法。

4.2.2.1 现值法

现值法是在考虑资金时间价值的前提下,将项目方案计算期内各年的效益和费用(或现金流量)按照一定的折现率折算到同一时点(通常取为期初)的现值,并根据现值之和来评价、选择方案的方法。

1. 净现值与净现值率

净现值(Net Present Value,NPV)是指项目方案在计算期内各年的净现金流量 $CI_t - CO_t$,按照一定的折现率 i_0 折现到期初时的现值之和,其表达式为

$$NPV = \sum_{t=0}^{n}(CI_t - CO_t)(1+i_0)^{-t} \qquad (4-8)$$

式中 NPV——净现值;

       CI_t——第 t 年的现金流入(项目的效益);

       CO_t——第 t 年的现金流出(项目的费用);

       n——项目计算期,年;

       i_0——基准折现率,%。

实际上,净现值表示在给定基准折现率 i_0 的情况下,方案在不同时点发生的净现金流量折现到期初时计算期内所能得到的净收益。如果方案的净现值等于零,表示方案正好达到了规定的基准收益率水平;如果方案的净现值大于零,表示方案除能达到规定的基准收益率之外,还能得到超额收益;如果净现值小于零,则表示方案达不到规定的基准收益率水平。

因此,采用净现值指标评价单个方案的准则是:若 $NPV \geq 0$,则方案是经济合理的;若 $NPV < 0$,则方案应予以否定。

对于多方案比选情况,则应先判断各方案是否可行;若有多个方案可行,则在各方案计算期相同的条件下,净现值越大的方案相对越优。

【例 4-4】 某项目初始投资为 40 万元,每年的运行收入为 15 万元,年运行费用为 3.5 万元,4 年后该项目可回收固定资产残值 5 万元,试分别针对以下情况,根据净现值指标判定项目是否可行:

(1) 取基准折现率 $i_0 = 12\%$。
(2) 取基准折现率 $i_0 = 8\%$。

解:(1) 当 $i_0 = 12\%$ 时,有

$NPV(12\%) = -40 + (15-3.5) \times (P/A, 12\%, 4) + 5 \times (P/F, 12\%, 4) = -1.8970$(万元)

由于 $NPV(12\%) < 0$,此项目不可行,应予以否定。

(2) 当 $i_0 = 8\%$ 时,有

$NPV(8\%) = -40 + (15-3.5) \times (P/A, 8\%, 4) + 5 \times (P/F, 8\%, 4) = 1.7630$(万元)

由于 $NPV(8\%) > 0$,表明在基准收益率为 8% 的情况下,此项目在经济效果上是可行的。同时还说明,该项目在计算期内除保证 8% 的收益率外,还能多收益 1.7630 万元(期初现值)。

本例表明，在用净现值指标进行项目方案评价时，方案的可行性与基准折现率有很大关系，这是因为在项目现金流量一定的前提下，净现值 NPV 的大小主要取决于基准折现率 i_0 的取值。一般地，可将净现值看作是基准折现率的函数，通常称之为净现值函数，如图 4-1 所示。

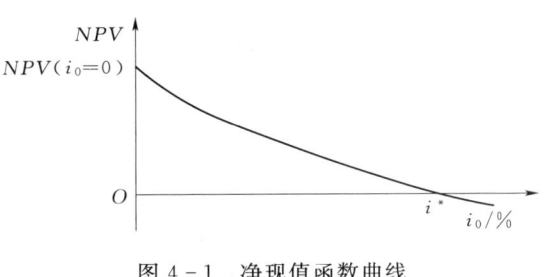

图 4-1 净现值函数曲线

分析净现值函数，可以看出：

(1) 对某一特定项目的现金流量而言，净现值 NPV 随着折现率 i_0 的增大而减小。基准折现率越高，可以接受的方案越少。

(2) 存在一个折现率 i^*，使在 $i_0=i^*$ 处，有 $NPV=0$，此时，净现值函数曲线与横坐标轴相交。当 $i_0<i^*$ 时，$NPV(i_0)>0$；当 $i_0>i^*$ 时，$NPV(i_0)<0$。i^* 是一个具有重要经济意义的折现率临界值，称为内部收益率，后面将作详细分析。

NPV 之所以随着 i_0 的增大而减小，是因为一般投资项目的现金流入（如收益）总是发生在现金流出（如投资）之后，因此，对于一定的现金流程而言，随着折现率的增加，现金流入量折现到期初的时间长，其现值减小得多，而现金流出量折现到期初的时间短，相应现值减小得少，于是，现值的代数和（即总的净现值）就减小。

由此也可以看出，规定的折现率 i_0，即基准收益率，对方案的评价起重要的作用。i_0 定得较高，计算的 NPV 比较小，容易小于零，方案不易通过评价标准，投资方案易被否定；反之，i_0 定得较低，计算的 NPV 比较大，不容易小于零，方案易通过评价标准，投资方案易被接受。正因为如此，国家可以通过制定并颁布各行业的基准收益率作为投资调控的手段。

(3) 项目方案不同，其净现值 NPV 对折现率 i_0 的敏感性不同。NPV 对 i_0 的敏感性分析如图 4-2 所示，当 $i_0=i_{01}$ 时，$NPV_B>NPV_A$，按净现值最大原则优选方案时，方案 B 优于方案 A；但当 $i_0=i_{02}$ 时，$NPV_A>NPV_B$，按净现值最大原则优选方案时，方案 A 优于方案 B。可见，随着基准折现率的增大，按净现值最大原则优选方案时可能出现最优方案前后不一的情形。当项目方案较多时，按净现值大小对项目排序，其结果也与 i_0 有关，随 i_0 增大，原净现值小的方案，其净现值可能大于原净现值大的方案。这说明各方案的净现值 NPV 对基准折现率 i_0 的敏感性是不一样的。

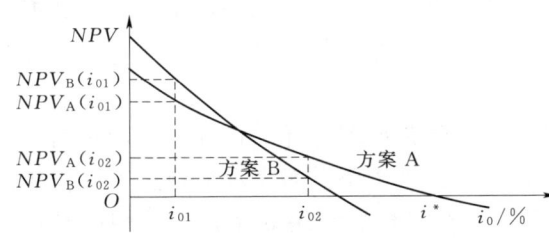

图 4-2 NPV 对 i_0 的敏感性分析

【例 4-5】 已知项目方案 A、B 的净现金流量见表 4-2。

表 4-2 现 金 流 量 表

年末	0	1	2	3	4	5
方案 A 净现金流量/万元	-100	30	30	60	60	60
方案 B 净现金流量/万元	-230	100	100	100	50	50

试按基准收益率分别取 $i_0=10\%$、20%，采用净现值法进行方案选择。

解：（1）取 $i_0=10\%$ 时，方案 A 的净现值为

$$NPV_A=-100+30\times(1+10\%)^{-1}+30\times(1+10\%)^{-2}+60\times(1+10\%)^{-3}$$
$$+60\times(1+10\%)^{-4}+60\times(1+10\%)^{-5}=75.38\text{（万元）}$$

方案 B 的净现值为

$$NPV_B=-230+100\times(1+10\%)^{-1}+100\times(1+10\%)^{-2}+100\times(1+10\%)^{-3}$$
$$+50\times(1+10\%)^{-4}+50\times(1+10\%)^{-5}=83.88\text{（万元）}$$

由于方案 A、B 的净现值均大于零，故均可行。

又因 $NPV_B>NPV_A$，故方案 B 优于方案 A。

（2）取 $i_0=20\%$ 时，方案 A 的净现值为

$$NPV_A=-100+30\times(1+20\%)^{-1}+30\times(1+20\%)^{-2}+60\times(1+20\%)^{-3}$$
$$+60\times(1+20\%)^{-4}+60\times(1+20\%)^{-5}=33.60\text{（万元）}$$

方案 B 的净现值为

$$NPV_B=-230+100\times(1+20\%)^{-1}+100\times(1+20\%)^{-2}+100\times(1+20\%)^{-3}$$
$$+50\times(1+20\%)^{-4}+50\times(1+20\%)^{-5}=24.85\text{（万元）}$$

由于方案 A、B 的净现值均大于零，故均可行。

又因 $NPV_A>NPV_B$，故方案 A 优于方案 B。

可见，本例中方案 A、B 的净现值对基准折现率的敏感性是不一样的。

认识各方案的净现值 NPV 对折现率 i_0 的敏感性不同这一现象对投资决策具有重要意义。实际工作中，有时会出现由于某些原因导致投资总额必须压缩的情况。随着投资总额的压缩，基准折现率应当提高，以减少被选取的项目方案数（准确地说，是减少被选取项目的投资总额），而按照提高后的折现率根据净现值准则优选项目的排列顺序，不一定遵循原有折现率下的项目排列顺序。

需要指出的是，在对多个项目方案进行选优时，经常出现这样的情况，即净现值大的项目方案，其投资额也较大，净现值小的方案，投资额也较小。而净现值指标实际上未能直接反映方案在资金利用效率方面的特性。为了考察资金的利用效率，可采用净现值率（$NPVR$，或称净现值指数）作为净现值的辅助指标。净现值率是项目净现值 NPV 与项目投资总额现值 I_P 之比，其计算公式为

$$NPVR=\frac{NPV}{I_P} \tag{4-9}$$

$NPVR$ 是一种效率型指标，其经济涵义是单位投资现值所能带来的净现值。采用净现值率进行单一方案评价时，规则为：若 $NPVR\geqslant 0$，则项目方案经济上是合理的；若 $NPVR<0$，则项目方案应予以否定。

实际上，对于单一方案评价而言，由于 $I_P>0$，若 $NPV\geqslant 0$，则 $NPVR\geqslant 0$；若 $NPV<0$，则 $NPVR<0$，可见，净现值率与净现值是等效评价指标。

但是，若按照净现值率最大准则对投资额不等的备选方案进行比选，可能会导致不正确的结论。因为用净现值率指标择优可能有利于投资规模小的方案，这样的方案可能并未达到最佳的投资规模，而最佳投资规模是使企业获得最大利润的投资规模，该最佳

规模是与最大净现值对应的。所以，净现值率指标择优仅适用于各方案投资额相近的情况。

2. 费用现值

在对两个以上方案比较选优时，如果各方案的产出价值相同，或者各方案能够满足同样的需要，但其产出效果难以用价值形态（货币）计量时，比如环保效果、教育效果等，可以通过对各方案费用现值的比较进行选择。

费用现值的计算公式为

$$PC = \sum_{t=0}^{n} CO_t (1+i_0)^{-t} \tag{4-10}$$

式中　PC——费用现值；

其余符号意义同前。

需要指出的是，费用现值不能用于单一方案的评价，只能用于多个方案的比选，其判别准则是：费用现值最小的方案为优。

【例 4-6】 某工程项目有甲、乙两个备选方案，其费用情况见表 4-3。两方案可同等程度地满足用户需求。若取基准折现率 $i_0 = 10\%$，试用费用现值进行方案比选。

表 4-3　　　　　　　　备选方案费用情况表　　　　　　　　单位：万元

方　案	0 年年末总投资	年运营费用(1～20 年年末)
甲	52000	1000
乙	60000	500

解：甲、乙两方案的费用现值分别为

$PC_甲 = 52000 + 1000 \times (P/A, 10\%, 20) = 52000 + 1000 \times 8.5136 = 60513.6$（万元）

$PC_乙 = 60000 + 500 \times (P/A, 10\%, 20) = 60000 + 500 \times 8.5136 = 64256.8$（万元）

可见，$PC_甲 < PC_乙$，按费用现值的判别准则，甲方案更优。

4.2.2.2　年值法

年值法是在考虑资金时间价值的前提下，将项目方案计算期内各年的效益和费用（或现金流量）按一定折现率折算成等额年值，并根据等额年值来评价选择方案的方法。

1. 净年值

净年值（Net Annual Value，NAV）是指项目方案在计算期内各年的净现金流量 $CI_t - CO_t$ 按照一定的折现率 i_0 等值分摊到各年的等额年值，其表达式为

$$NAV = \sum_{t=0}^{n} \frac{CI_t - CO_t}{(1+i_0)^t} \frac{i_0(1+i_0)^n}{(1+i_0)^n - 1} = NPV(A/P, i_0, n) \tag{4-11}$$

式中　NAV——净年值；

其余符号意义同前。

采用净年值指标进行项目方案决策时，决策规则是：若 $NAV \geq 0$，则方案是经济合理的；若 $NAV < 0$，则方案应予以否定。

对于多方案比选情况，则应先淘汰净年值小于零的方案，余下的方案中，净年值越大方案越优。

由净年值的计算公式可知,由于 $(A/P, i_0, n) > 0$,故采用净年值进行项目评价与采用净现值评价的结论是一致的,表明就项目的评价结论而言,净年值与净现值是等效评价指标。但是,净现值给出的信息是项目在计算期内获取的超过最低期望盈利的超额收益的现值,净年值给出的信息则是项目计算期内每年的等额超额收益。由于给出的信息含义不同,而且由于在某些决策结构形式下,采用净年值比采用净现值更为简便,因此净年值指标在经济评价指标体系中占有相当重要的地位。

【例 4-7】 某项目有 A、B、C 三个备选方案。经分析,各方案费用和效益情况见表 4-4。试用净年值法进行方案选择(各方案的使用期均按 20 年计算,基准折现率取 10%)。

表 4-4　　　　　　　　　备选方案费用和效益情况表　　　　　　　　单位:万元

方　案	建　设　投　资	年　运　行　费	年　效　益
A	15000	8000	14000
B	25000	6000	9000
C	33000	6000	14000

解: 各方案的净年值分别为

$NAV_A = 14000 - 15000 \times (A/P, 10\%, 20) - 8000 = 4237.50$(万元)

$NAV_B = 9000 - 25000 \times (A/P, 10\%, 20) - 6000 = 62.50$(万元)

$NAV_C = 14000 - 33000 \times (A/P, 10\%, 20) - 6000 = 4122.50$(万元)

可见,A、B、C 三个方案净年值均大于零,故均可行。但因 A 方案净年值最大,故经济上最有利的方案为 A 方案。

2. 费用年值

与现值法类似,在采用年值法时,如果各方案的产出价值相同,或者各方案能够满足同样的需要,但其产出效果难以用价值形态(货币)计量时,也可以通过对各方案费用年值的比较进行选择。

费用年值的计算公式为

$$AC = \sum_{t=0}^{n} CO_t (1+i_0)^{-t} (A/P, i_0, n) = PC(A/P, i_0, n) \qquad (4-12)$$

费用年值也不能用于单一方案的评价,只能用于多个方案的比选,其判别准则是费用年值最小的方案为优。

【例 4-8】 基本资料同[例 4-6]。试按费用年值法选择方案。

解: 甲、乙两方案的费用年值分别为

$AC_甲 = PC_甲 (A/P, 10\%, 20) = 60513.6 \times 0.1175 = 7110.35$(万元)

$AC_乙 = PC_乙 (A/P, 10\%, 20) = 64256.8 \times 0.1175 = 7550.17$(万元)

可见,$AC_甲 < AC_乙$,按费用年值的判别准则,甲方案更优。

4.2.2.3　内部收益率法

1. 内部收益率的定义及其应用

4.2.2.1 介绍的净现值法虽然简单易行,但必须事先给定一个折现率,而且采用该法时只知其结论是否达到或超过基本要求的效率,并没有求得项目实际达到的效率。这里要

4.2 经济效果评价指标与方法

介绍的内部收益率法则不需要事先给定折现率,它所求出的是项目实际能达到的投资效率(即内部收益率)。因此,在所有的经济评价指标中,内部收益率是最重要的评价指标之一。

内部收益率(Internal Rate of Return,IRR)简单地说就是净现值为零时的折现率。在图 4-1 中,净现值函数曲线与横坐标轴交点对应的折现率 i^*,即为内部收益率。

内部收益率求解方程为

$$NPV(IRR) = \sum_{t=0}^{n}(CI-CO)_t(1+IRR)^{-t} = 0 \qquad (4-13)$$

式中 IRR——内部收益率;

其他符号意义同前。

设基准收益率为 i_0,则用内部收益率法进行单个方案评价的判别准则是:若 $IRR \geq i_0$,则项目在经济效果上可行;若 $IRR < i_0$,则项目在经济效果上应予以否定。

由于式(4-13)是一个高次方程,不容易直接求解,因此,通常采用试算的方法求得 IRR 的近似解,参见[例 4-9]。

一般情况下,当 $IRR > i_0$ 时,$NPV(i_0) > 0$;当 $IRR < i_0$ 时,$NPV(i_0) < 0$。因此,对于单个方案的评价,内部收益率准则与净现值准则的评价结论是一致的。但是,在进行多方案比选时,并非内部收益率越大越优,而应根据增量内部收益率指标择优。

【例 4-9】 已知某项目现金流量见表 4-5,现设定基准收益率 $i_0 = 12\%$,试按内部收益率法判断该项目在经济上是否可行。

表 4-5 现 金 流 量 表

年 末	0	1	2	3	4	5
净现金流量/万元	-1000	200	300	200	400	400

解:(1) 用试算法求该项目的内部收益率 IRR。设 $i_{01} = 10\%$,则其净现值为

$$NPV(10\%) = -1000 + 200 \times (P/F,10\%,1) + 300 \times (P/F,10\%,2) + 200 \times (P/F,10\%,3)$$
$$+ 400 \times (P/F,10\%,4) + 400 \times (P/F,10\%,5) = 101.6 \text{(万元)} > 0$$

再设 $i_{02} = 15\%$,则其净现值为

$$NPV(15\%) = -1000 + 200 \times (P/F,15\%,1) + 300 \times (P/F,15\%,2) + 200 \times (P/F,15\%,3)$$
$$+ 400 \times (P/F,15\%,4) + 400 \times (P/F,15\%,5) = -40.2 \text{(万元)} < 0$$

根据净现值函数的特性及内部收益率的定义,应有 $i_{01} < IRR < i_{02}$,且内部收益率 IRR 的近似解可由内插法求得

$$IRR \approx 10\% + (15\% - 10\%) \times 101.6/(101.6 + 40.2) = 13.5\%$$

(2) 判断项目在经济上的可行性。因基准折现率 $i_0 = 12\%$,而 $IRR > i_0$,故判断该项目在经济上是可行的。

2. 内部收益率的经济涵义

内部收益率实际上是项目投资的盈利率,它反映了项目投资的使用效率,由项目现金流量决定,即内生决定的。但是,内部收益率反映的是项目寿命期内没有回收的投资的盈利率,而不是初始投资在整个寿命期内的盈利率。因为在项目的整个寿命期内按利

率 $i=IRR$ 进行折现计算，始终存在未被回收的投资，而在寿命结束时，投资恰好被全部收回。也就是说，在该利率下，项目在整个寿命期内始终处于"偿付"未被收回投资的状况。该利率正是反映了项目"偿付"未被收回投资的能力，它完全取决于项目内部，故称之为内部收益率。它既受初始投资规模的影响，又与各年净收益的大小有关。

【**例 4 – 10**】 基本资料同 [例 4 – 9]。试根据内部收益率的经济涵义说明 $IRR=13.5\%$ 为该项目的内部收益率。

解：按 $i=13.5\%$ 的利率，逐年计算项目寿命期内各年未被收回的投资，见表 4 – 6。由表 4 – 6 可见，在整个项目寿命期内，第 1～第 4 年的年末未收回投资均大于零；在项目寿命结束的第 5 年年末，投资恰好全部收回。根据内部收益率的经济涵义，该项目内部收益率为 $IRR=13.5\%$。

表 4 – 6 　　　　　　　　　　　**各年年末未收回投资情况表**　　　　　　　　　　　单位：万元

年末	净现金流量	年初未收回投资	年初未收回投资折算到年末的值	年末未收回投资
0	-1000	—	—	—
1	200	1000	1135	935
2	300	935	1061	761
3	200	761	863	663
4	400	663	753	353
5	400	353	400	0

3．内部收益率的两种特殊情况

（1）先收入后支出项目的内部收益率。先以项目取得收入，然后支付项目的有关费用，这是一种较为特殊的情况。

【**例 4 – 11**】 某企业用租赁设备进行生产，预计每年获利 10 万元，租金于第 5 年年末一次偿付 58.67 万元。若项目的基准收益率 $i_0=10\%$，用内部收益率法判断该项目在经济上的可行性。

解：根据题意，内部收益率应满足下式

$$58.67=10\times(F/A,IRR,5)$$

查复利表，可得当 $i=8\%$ 时，$(F/A,8\%,5)=5.867$，代入上式，等式成立，故内部收益率 $IRR=8\%$。

由于基准收益率为 $i_0=10\%$，而 $IRR\leqslant i_0$，故该项目经济上是可行的。

必须注意的是，本例分析的是一个先收入后支出的项目，其判断结论与通常的项目是相反的。这是因为对于通常的先支出后收入的项目来说，必须以未来的收入补偿现在的支出，其收入是一个贬值过程，则贴现率（内部收益率）越高，表示项目盈利能力越强，即使以很高的贴现率贴现也能满足补偿现在投资的要求。因此，只有当 $IRR\geqslant i_0$ 时，项目才是可行的。而对于先收入后支出的项目，由于投资者是先获得收入，并用项目每年的收入冲销未来的开支，收入是一个增值过程，因此贴现率（内部收益率）越低，表示项目的盈

利能力越强,很低的贴现率就能满足未来支出的要求。所以只要项目的 $IRR \leqslant i_0$ 时,项目就是可行的。

(2) 非常规项目的内部收益率。所谓非常规项目,是指在计算期内,支出不仅发生在建设期或投产期初,而且在投产期后某些年度也发生净现金流量为负的项目。相应地,一般将在计算期内,建设期或投资初期的净现金流量为负,其后年份的净现金流量均为正值的项目称为常规项目。

常规项目的特点是,在计算期内现金流量仅有一次变号,且所有负现金流量都出现在正现金流量之前,所以只要项目累积净现金流大于零,内部收益率方程[即式(4-8)]就会有且仅有一个 IRR 解。而对于非常规项目来说,其特点是在计算期内发生了现金流量多次变号的现象,具体计算时,内部收益率方程往往会出现多个解。这就产生了项目内部收益率是否唯一存在的问题。为了回答这一问题,现作如下分析。

由式(4-8)可知,内部收益率方程是一个高次方程。令 $(1+IRR)^{-1}=x$,$(CI-CO)_t=a_t$ $(t=0,1,2,\cdots,n)$,则有

$$a_0+a_1x+a_2x^2+\cdots+a_nx^n=0$$

这是一个以 x 为未知数的 n 次方程,一般来说,该方程有 n 个根(含复根和重根),且其正根可能不止一个。根据笛卡尔符号法则,若方程的系数序列 $\{a_0,a_1,a_2,\cdots,a_n\}$ 的正负号变化次数为 p,则方程的正根个数(1 个 m 重根按 m 个根计算)等于 p 或比 p 少一个正偶数。当 $p=0$ 时,方程无正根,即项目无内部收益率;当 $p=1$ 时,方程有且仅有一个单正根。即在 $-1<IRR<\infty$ 的域内,若项目净现金流序列 $(CI-CO)_t$ $(t=0,1,2,\cdots,n)$ 的正负号仅变化一次,内部收益率方程肯定有唯一解(此为常规项目);若正负号变化多次,内部收益率方程可能有多个解(此为非常规项目)及多个正实数根。

可以证明,对于非常规项目,只要内部收益率方程有多个正根,则所有根都不是真正的内部收益率;但若内部收益率方程只有一个正根,则它就是内部收益率。

实际工作中,对非常规项目可用通常的方法(如试算法)先求出一个 IRR 方程的解 i^*,再按内部收益率的经济涵义进行检验。若满足经济涵义的要求,则此解就是内部收益率;否则,无内部收益率,不能用内部收益率法进行项目评价。检验方法如下:

将 i^* 代入

$$F_0=(CI-CO)_0, F_1=(CI-CO)_1+F_0(1+i^*), F_2=(CI-CO)_2+F_1(1+i^*),\cdots,$$

$$F_t=(CI-CO)_t+F_{t-1}(1+i^*)=\sum_{j=0}^{t}(CI-CO)_j(1+i^*)^{t-j} \quad (t=0,1,2,\cdots,n)$$

若 F_t 序列满足

$$\begin{cases} F_t<0 & (t=0,1,2,\cdots,n-1) \\ F_t=0 & (t=n) \end{cases}$$

则 i^* 是唯一的内部收益率;否则,i^* 不是内部收益率,且项目没有经济意义上的内部收益率。

对于没有内部收益率的项目,应采用其他方法评价其经济效果。

【例 4-12】 某项目现金流量见表 4-7。试判断该项目是否存在内部收益率。

表 4-7　　　　　　　　　　　现 金 流 量 表

年　末	0	1	2	3
净现金流量/万元	−500	2350	−3600	1800

解：该项目净现金流量序列的正负号变化 3 次，为非常规项目。其内部收益率方程为三次方程，经计算，方程的 3 个根分别为：$i_1^*=20\%$，$i_2^*=50\%$，$i_3^*=100\%$。

由于上述 3 个根均为正根，故它们都不是真正的内部收益率，该项目不存在内部收益率。

【例 4-13】 某项目现金流量见表 4-8。试判断该项目是否存在内部收益率。

表 4-8　　　　　　　　　　　现 金 流 量 表

年　末	0	1	2	3	4	5
净现金流量/万元	−100	60	50	−200	150	100

解：该项目净现金流量序列的正负号变化 3 次，为非常规项目。经计算，其内部收益率方程的 1 个根 $i_1^*=12.97\%$，现检验其是否符合内部收益率的经济涵义。

将 $i_1^*=12.97\%$ 代入递推公式 $F_t=(CI-CO)_t+F_{t-1}(1+i^*)$ 计算 F_t 序列见表 4-9。

表 4-9　　　　　　　　　各年年末未收回投资表

年　末	0	1	2	3	4	5
F_t/万元	−100	−52.97	−9.85	−211.12	−88.52	0

可见，该 $i^*=12.97\%$ 满足内部收益率的经济涵义，故为项目的内部收益率。

4. 外部收益率

对投资方案内部收益率的计算隐含着一个基本假定，即项目寿命期内所获得的净收益全部可用于再投资，再投资的收益率等于项目的内部收益率。但是，实际上由于投资机会的限制，这种假定往往难以与实际相符。同时，这种假定也是造成非常规投资项目 IRR 方程可能出现多个解的原因。为此可引进外部收益率概念，对内部收益率法进行修正。计算外部收益率时，也假定项目每年净收益可全部用于再投资，但假定再投资的收益率等于基准收益率。外部收益率计算式为

$$\sum_{t=0}^{n} NB_t(1+i_0)^{n-t} = \sum_{t=0}^{n} I_t(1+ERR)^{n-t} \tag{4-14}$$

式中　I_t——第 t 年的净投资；

　　　NB_t——第 t 年的净收益；

　　　i_0——基准折现率；

　　　ERR——外部收益率。

该方程通常可用代数方法直接求解，且不会出现多个正实数解。

用外部收益率 ERR 评价项目方案的经济效果时，其判别准则是：$ERR \geq i_0$，接受项目方案；$ERR < i_0$，拒绝项目方案。

【例 4-14】 某项目基本资料同 [例 4-12]。若项目的基准收益率为 $i_0=10\%$，该项目是否可行？

解：[例 4-12] 已确定该项目不存在内部收益率，故可按下式计算项目的外部收益率
$$2350\times(1+10\%)^2+1800=500\times(1+ERR)^3+3600\times(1+ERR)$$
解得 $ERR\approx10.3\%$。

因 $ERR>i_0$，故该项目在经济上是可行的。

4.2.2.4 其他动态评价指标

1. 动态投资回收期

动态投资回收期是在考虑资金时间价值的前提下计算得到的投资回收期。

设 CO_t 为项目（或方案）第 t 年的现金流出，CI_t 为第 t 年的现金流入，则能使式 (4-15) 成立的 n' 即为动态投资回收期。

$$\sum_{t=0}^{n'}(CI-CO)_t(1+i_0)^{-t}=0 \qquad (4-15)$$

采用动态投资回收期法进行决策时，其决策规则是：$n'\leqslant n'_b$，项目方案可行，n'_b 为基准动态投资回收期。

式 (4-15) 表明，动态投资回收期是将各年净现金流量按基准折现率进行折现计算所得的累积折现值等于零的年限。该指标一般应通过列表逐年计算才能确定，参见 [例4-15]。又因通常"累积折现值为零"不一定恰好在某一年年末出现，因此，实际工作中，动态投资回收期的计算公式为

$$n'=n'_0-1+\frac{|SPV'|}{PV_{n'_0}} \qquad (4-16)$$

式中　n'_0——累积净现金流折现值第一次为正值或零的年数；

SPV'——第 n'_0-1 年的累积折现值；

$PV_{n'_0}$——第 n'_0 年当年的净现金流的折现值。

【例 4-15】 某项目方案现金流量见表 4-10。若项目基准收益率 $i_0=10\%$，试计算项目的动态投资回收期，并判断项目是否可行（基准动态投资回收期 $n'_b=12$ 年）。

表 4-10　　　　　　　　　现 金 流 量 表　　　　　　　　　单位：万元

年　末	0	1	2	3	4~23
投资支出	100	1000	400		
其他支出				300	480
收入				500	800

解：逐年计算直至累积折现值首次出现等于（大于）零为止，详见表 4-11。

表 4-11　　　　　　　　　投 资 回 收 期 计 算 表　　　　　　　　　单位：万元

年　末	0	1	2	3	4	5
投资支出	100	1000	400			
其他支出				300	480	480
收入				500	800	800
净现金流量	-100	-1000	-400	200	320	320
折现值	-100	-909.09	-330.58	150.26	218.56	198.69
累积折现值	-100	-1009.09	-1339.67	-1189.41	-970.85	-772.16

续表

年　　末	6	7	8	9	10	11
投资支出						
其他支出	480	480	480	480	480	480
收入	800	800	800	800	800	800
净现金流量	320	320	320	320	320	320
折现值	180.63	164.21	149.28	135.71	123.37	112.16
累积折现值	−591.53	−427.32	−278.04	−142.33	−18.96	93.2

根据表中累积折现值计算结果，该项目动态投资回收期为

$$n' = 11 - 1 + \frac{18.69}{112.16} \approx 10.2 \text{（年）}$$

由于动态投资回收期 $n' \approx 10.2$ 年 $< n'_b = 12$ 年（基准动态投资回收期），故该项目方案可行。

作为衡量项目方案经济效果的指标，动态投资回收期与静态投资回收期相比，除考虑了资金时间价值外，其余特征相同，它也只是表明了项目方案投资需要多少年才能回收，但不能反映投资回收期以后项目方案所发生的现金流量的情况，从而不能全面反映项目方案在整个计算期内真实的经济效果。因此，它也只适用作项目辅助性评价指标。

2. 效益费用比

效益费用比是指项目方案在计算期中的各年效益的折算现值之和（或年值）与各年费用的折算现值之和（或年值）的比值。其计算公式为

$$R = \frac{PB}{PC} = \frac{\sum_{t=0}^{n} B_t (1+i_0)^{-t}}{\sum_{t=0}^{n} C_t (1+i_0)^{-t}} \tag{4-17}$$

或

$$R = \frac{AB}{AC} \tag{4-18}$$

式中　R——效益费用比；

B_t、C_t——项目计算期内第 t（$t=1, 2, \cdots, n$）年的效益、费用；

PB、PC——总效益现值、总费用现值，即项目计算期内每年效益、费用折算到基准年的现值之和；

AB、AC——年效益、年费用，即项目总效益、总费用折算到每年的等额年值。

应用效益费用比 R 对单个项目方案进行评价时，评价准则是：

（1）当 $R>1$，即 $PB>PC$（或 $AB>AC$），方案在经济上可行。

（2）当 $R<1$，即 $PB<PC$（或 $AB<AC$），方案在经济上不可行。

（3）当 $R=1$，即 $PB=PC$（或 $AB=AC$），这时应对方案进行全面分析，并衡量间接效益的大小。

【例 4-16】　某项目有甲、乙、丙 3 个方案，其现金流量见表 4-12。试用效益费用比指标对各方案的经济效果进行评价（基准收益率 $i_0 = 7\%$）。

4.2 经济效果评价指标与方法

表 4-12   备选方案现金流量表   单位：万元

	年末	1	2	3	4	5	6	7~56
方案甲	投资	100	150	250	150	100	50	
	年运行费					4	8	10
	年效益					100	150	200
方案乙	投资	120	200	300	200	120	70	
	年运行费					5	9	12
	年效益					120	180	230
方案丙	投资	150	250	350	250	150	100	
	年运行费					6	10	15
	年效益					130	200	250

解： 方案甲：投资现值为

$$PC_{甲1}=100\times(1+7\%)^{-1}+150\times(1+7\%)^{-2}+250\times(1+7\%)^{-3}$$
$$+150\times(1+7\%)^{-4}+100\times(1+7\%)^{-5}+50\times(1+7\%)^{-6}$$
$$=647.60（万元）$$

年运行费现值为

$$PC_{甲2}=4\times(1+7\%)^{-5}+8\times(1+7\%)^{-6}+10\times(P/A,7\%,50)\times(1+7\%)^{-6}$$
$$=100.14（万元）$$

总费用现值为

$$PC_{甲}=PC_{甲1}+PC_{甲2}=647.60+100.14=747.74（万元）$$

总效益现值为

$$PB_{甲}=100\times(1+7\%)^{-5}+150\times(1+7\%)^{-6}+200\times(P/A,7\%,50)\times(1+7\%)^{-6}$$
$$=2010.45（万元）$$

据此，可求得甲方案的效益费用比为

$$R_{甲}=\frac{PB_{甲}}{PC_{甲}}=\frac{2010.45}{747.74}=2.69>1$$，故甲方案经济上可行。

类似地，可求得其余 2 个方案的投资现值、年运行费现值、总费用现值和总效益现值以及效益费用比，并判别其是否可行。

方案乙：

$PC_{乙1}=816.50$ 万元，$PC_{乙2}=119.91$ 万元，$PC_{乙}=936.41$ 万元，$PB_{乙}=2320.58$ 万元

$$R_{乙}=\frac{2320.58}{936.41}=2.48>1$$，乙方案经济上可行。

方案丙：

$PC_{丙1}=1008.56$ 万元，$PC_{丙2}=148.88$ 万元，$PC_{丙}=1157.44$ 万元，$PB_{丙}=2524.96$ 万元

$$R_{丙}=\frac{2524.96}{1157.44}=2.18>1$$，丙方案经济上可行。

需要指出，进行多方案比选时，并非效益费用比越大越优，而应根据增量效益费用比

指标择优。

4.3 决策结构及其分析方法

一般来说，合理的投资项目决策过程分为两个步骤：①应用4.2节介绍的经济效果分析方法及相应的经济效果评价指标分析备选项目方案经济上的可行性，此过程称为"绝对经济效果检验"；②在多个可行的备选项目方案中通过经济效果的比较选择经济上最有利的方案，这一步称为"相对经济效果检验"。必须注意的是，备选方案之间的关系不同，决策结构的类型也不同。本节将在分析决策类型的基础上，讨论如何正确运用各种评价指标进行项目评价与选择。

4.3.1 备选方案的关系及决策类型

备选项目方案是工程技术人员在对项目目标和技术、经济等方面实际情况进行初步分析研究的基础上制订的。根据备选项目方案所涉及的经济上的关系，可将决策类型分为以下两大类。

1. 独立型

若各个方案的现金流量相互独立，经济上互不相关，且任一方案的采用与否都不影响其他方案是否采用，则称这些方案是互相独立的。例如个人投资，可以购买国库券，也可以购买股票，还可以购房增值等。可以选择其中一个方案，也可选择其中两个或三个方案，方案之间的效果与选择不受影响，互相独立。

2. 相关型

当各个方案之间存在一定经济或技术联系，如果接受（或拒绝）某一方案，会显著改变其他方案的现金流量，或者接受（或拒绝）某一项目会影响对其他项目的接受（或拒绝）时，称这些方案为相关型的。相关方案的常见类型主要有以下几种：

（1）互斥型。如果由于经济或技术上的原因，各方案当中至多只能选择一个，即各方案之间是互相排斥的，采用其中一种方案，就不能采用其他方案，这样的相关方案被称为互斥型方案。例如，某一地块可能的开发方案有建居民住宅、建写字楼或建宾馆等，这时只能选择其中之一来建设。此外，同一项目不同建设规模的各方案之间也是互斥的关系。如某风电场装机规模方案有400MW、450MW、500MW等3个，决策时必须从中选择其一，其他两个方案则要放弃。

（2）相互依存型或完全互补型。在两个方案或一组方案中，一个（或一些）方案的实施必须以另一个（或另一些）方案的实施为条件，这样的方案被称为相互依存型或完全互补型方案。如购买汽车和雇佣汽车司机这两个方案，后者的采纳必须以前者的采纳为前提，这就是一种相互依存或完全互补关系。

（3）现金流相关型。待决策的经济方案既不完全互斥，也不完全互补，但是各方案之间的现金流有一定的相关性，即某一方案的取舍会导致其他方案的现金流发生变化，则称这些方案之间的关系为现金流相关型。例如，在两个城市之间修建高速公路和修建铁路两个方案，即使两方案之间不存在互斥关系，但采纳其中任一方案，势必会影响另一方案的收益，两者的现金流有相关性。

（4）资金约束导致的相关型。如果没有资金总额的限制，各个方案之间本来是互相独立的关系，但是在资金有限的条件下，接受某些方案，就不得不放弃另外一些方案，称这些方案之间的关系为资金约束导致的相关型。

（5）混合相关型。在某些情况下，待决策的各方案中出现以上各种关系的组合，这种情形被称为混合相关型。例如，某公司有两个投资领域，一是现有工厂的技术改造，另一是新建一企业，这两个投资领域是互相独立的；但是现有工厂技术改造有两个互斥的工艺方案，新建一企业也有三个厂址可供选择，因此组合起来的方案就是混合相关型方案。

4.3.2 独立方案的经济效果评价

独立方案的经济评价比较简单。各方案的采用与否只取决于方案自身的经济性，故只需对各方案进行"绝对经济效果检验"，即只需检验各方案的净现值（NPV）、净年值（NAV）或内部收益率（IRR）等指标是否满足评价标准。若方案满足 $NPV \geqslant 0$，$NAV \geqslant 0$ 或 $IRR \geqslant i_0$（i_0 为基准收益率）的要求，则视其为"绝对经济效果检验"通过，应予接受；否则，予以拒绝。因此，多个独立方案的经济评价与单一方案的经济评价方法是相同的，而单一方案的评价可以视为独立方案的特例。

【**例 4-17**】 现有 A、B 两个独立方案，其现金流量见表 4-13，试判断其经济可行性（$i_0 = 10\%$）。

表 4-13　　　　　　　　　　备选方案现金流量表

方　案	现金流量/万元		T（计算期）/年
	0	$1 \sim T$	
A	−2500	450	10
B	−2500	300	20

解：因 A、B 为独立方案，可先计算各方案的 NPV、NAV 或 IRR，进行绝对经济效果检验，再根据相应的判断准则判断其是否可以接受。

（1）用净现值评价。

$NPV_A = -2500 + 450 \times (P/A, 10\%, 10) = 265.25$（万元）

$NPV_B = -2500 + 300 \times (P/A, 10\%, 20) = 54.2$（万元）

因 $NPV_A > 0$，$NPV_B > 0$，故 A、B 两方案经济效果均可行，均可接受。

（2）用净年值评价。

$NAV_A = -2500 \times (A/P, 10\%, 10) + 450 = 43.16$（万元）

$NAV_B = -2500 \times (A/P, 10\%, 20) + 300 = 6.37$（万元）

因 $NAV_A > 0$，$NAV_B > 0$，故 A、B 两方案经济效果均可行，均可接受。

（3）用内部收益率评价。

由 $NPV_A = -2500 + 450 \times (P/A, IRR_A, 10) = 0$，求得 $IRR_A \approx 12.45\%$。

由 $NPV_B = -2500 + 300 \times (P/A, IRR_B, 20) = 0$，求得 $IRR_B \approx 10.34\%$。

因 $IRR_A > i_0$，$IRR_B > i_0$，故 A、B 两方案经济效果均可行，均可接受。

对于独立方案而言，不论采用净现值、净年值及内部收益率中的哪一个指标进行绝对经济效果检验，其评价结论是一致的。

4.3.3 互斥方案的经济效果评价

互斥方案（项目）的经济效果评价分为绝对经济效果检验和相对经济效果检验两步进行。前者是解决方案可行性的问题，即回答各方案在经济上是否可以接受的问题；后者是解决方案最优性问题，即通过对方案进行比选，回答可行方案中哪一个在经济上最为有利的问题。为此，应注意参加比选的方案须满足可比性要求，主要包括：考察时间段及计算期的可比性，收益与费用的计算范围、口径和采用价格的可比性，方案风险水平的可比性，以及评价所使用假定的合理性。

对于投资额不等的互斥方案，方案比选的实质是，要判断投资额大的方案相比投资额小的方案所增加的投资（即增量投资，或称差额投资）是否会带来满意的增量收益，也就是要判断增量投资的经济合理性。若增量投资能带来满意的增量收益，则这笔增量投资在经济上是有利的，投资额大的方案更优；若增量投资不能带来满意的增量收益，则显然投资额小的方案更优。因此，对互斥方案，可在计算增量净现金流量的基础上评价增量投资的经济效果，进而作出方案比选的决策，这就是增量分析法。

净现值、净年值、内部收益率、效益费用比、投资回收期等评价指标均可用于增量分析。下面仅就几个代表性指标（净现值、净年值、内部收益率、效益费用比）在增量分析中的应用进行分析。

4.3.3.1 增量净现值法

所谓增量净现值是指增量现金流（即由两方案各年净现金流量的差额组成的现金流）的净现值。设方案 A、B 是两个投资额不等的互斥方案，且方案 A 的投资比方案 B 的大，其增量净现值为

$$\begin{aligned}\Delta NPV &= \sum_{t=0}^{n}\left[(CI_A - CO_A)_t - (CI_B - CO_B)_t\right](1+i_0)^{-t} \\ &= \sum_{t=0}^{n}(CI_A - CO_A)_t(1+i_0)^{-t} - \sum_{t=0}^{n}(CI_B - CO_B)_t(1+i_0)^{-t} \\ &= NPV_A - NPV_B \end{aligned} \tag{4-19}$$

式中 $(CI_A - CO_A)_t$——方案 A 第 t 年的净现金流；

$(CI_B - CO_B)_t$——方案 B 第 t 年的净现金流；

NPV_A、NPV_B——方案 A、B 的净现值；

ΔNPV——增量净现值。

采用增量净现值进行互斥方案比选时，决策准则是：

(1) 若 $\Delta NPV \geqslant 0$，表明增量投资可以接受，投资（现值）大的方案经济效果好。

(2) 若 $\Delta NPV < 0$，表明增量投资不可接受，投资（现值）小的方案经济效果好。

需要指出，增量净现值只能用于确定增量投资的经济效果是否满意的问题，它并不反映互斥方案本身的经济效果如何，而要回答互斥方案本身在经济上是否可以接受的问题，仍应根据方案本身的净现值指标进行判断。

式 (4-19) 表明，增量净现值等于两个互斥方案的净现值的增量。由此可见，用增量分析法计算两个方案的增量净现值进行互斥方案比选，与分别计算两个方案的净现值并根据净现值最大准则进行互斥方案比选的现值法的结论是一致的。对于多个方案比选的情况，现值法比增量分析法更为简便。采用现值法可以将方案的绝对经济效果检验和相对经济效果检验结合起来，其判断准则可表述为净现值最大且非负的方案为最优方案。

对于经济效益相同或者满足相同需求，仅需计算费用现金流的互斥方案，可直接使用费用现值指标进行相对经济效果检验，一般情况下不需要进行增量分析，方案比选的判别准则为费用现值最小的方案为最优方案。

【例 4-18】 现有 A、B 两个互斥方案，现金流量见表 4-14，试进行方案比选（$i_0=12\%$）。

表 4-14 备选方案现金流量表

方案	现金流量/万元		T（寿命期）/年
	0	1~T	
A	-300	78	10
B	-200	58	10

解： 首先分别计算方案 A、B 的 NPV。
$NPV_A = -300 + 78 \times (P/A, 12\%, 10) = 141$（万元）
$NPV_B = -200 + 58 \times (P/A, 12\%, 10) = 128$（万元）
由于 NPV_A、NPV_B 均大于零，故两方案均可行。

然后，计算方案 A、B 之间的增量净现值为
$\Delta NPV = -(300-200) + (78-58) \times (P/A, 12\%, 10) = -100 + 20 \times 5.650 = 13$（万元）
由于 $\Delta NPV > 0$，故投资现值大的方案 A 更有利。

若根据最大净现值准则比选，则可直接由 $NPV_A > NPV_B$ 判断方案 A 经济上更优。

上例表明，对于寿命期相等的互斥方案的情形，采用增量分析法或根据净现值最大准则进行比选都是比较方便的。

当互斥方案的寿命期不相等时，虽然仍可对各方案分别计算在以各自寿命期为计算期内的净现值，并据以进行绝对经济效果检验，但是，在对互斥方案进行相对经济效果检验和方案比选时，通常要根据客观情况作出假设，为各方案设定一个共同的计算期，以符合参与比选方案的计算期必须具有可比性的原则。

常用的设定共同计算期的方法包括最小公倍数法、合理分析期法以及年值折现法等，应根据实际情况进行选用。

(1) 最小公倍数法。设定各备选方案寿命期的最小公倍数为共同计算期。此法假定各方案寿命期结束后按原方案重复实施若干次。

(2) 合理分析期法。根据对实际情况的分析和未来经济技术发展的预测，设定一个合理的共同计算期，在备选方案寿命期较为接近时，一般取寿命期较短的方案的寿命期作为共同计算期，但对寿命期长的项目，令其在共同计算期末保留一定的残值，并对该残值进行估算，在共同计算期结束时回收该残值；若设定的共同计算期较长，则令寿命期短的方

案重复实施若干次，同样应估算其在期末的残值。

（3）年值折现法。这种方法是先求得各备选方案在以各自寿命期为计算期内的等额年值，再按某一共同计算期将各方案的年值进行折现计算，得到用于方案比选的现值。设方案 j（$j=1,2,\cdots,m$）的寿命期为 n_j，共同分析期为 N，按年值折现法，方案 j 的净现值计算公式为

$$NPV_j = \sum_{t=0}^{n_j}(CI_j-CO_j)_t(1+i_0)^{-t}(A/P,i_0,n_j)(P/A,i_0,N) \quad (4-20)$$

【例 4-19】 现有互斥方案 A、B 的现金流量见表 4-15，试进行方案比选（$i_0=12\%$）。

表 4-15　　　　　　　　　备选方案现金流量表　　　　　　　　　单位：万元

年　　末	0	1	2	3	4	5
方案 A	-300	96	96	96	96	96
方案 B	-100	42	42	42		

解： 若按最小公倍数法取共同计算期，共同计算期为 15 年。则方案 A 重复实施 2 次，方案 B 重复实施 4 次。若按合理分析期法，则取共同计算期为 3 年（即方案 B 的寿命期），而对寿命期较长的方案 A，需估算其在共同计算期末的残值，并考虑期末的残值回收。显然，用这两种方法确定共同计算期，方案比选的具体分析计算工作都比较麻烦。本例用年值折现法解题。

现取最短的寿命期作为共同计算期，即 $N=3$ 年，则方案 A、B 的净现值分别为
$NPV_A=[-300+96\times(P/A,12\%,5)](A/P,12\%,5)(P/A,12\%,3)=30.70$（万元）
$NPV_B=-100+42\times(P/A,12\%,3)=0.88$（万元）

因 NPV_A 及 NPV_B 均大于零，故方案 A、B 均可行；按现值法判断准则，因 $NPV_A>NPV_B$，故方案 A 更优。

若采用增量分析法，则因已有 $NPV_A>0$ 及 $NPV_B>0$，故可直接计算增量净现值为
$\Delta NPV=NPV_A-NPV_B=30.70-0.88=29.82$（万元）

按增量分析法准则，因 $\Delta NPV>0$，故投资现值大的方案 A 有利。

可见两种方法的结论完全一致。

4.3.3.2　增量净年值法

增量净年值是指增量现金流（即由两方案各年现金流量的差额组成的现金流）的净年值。设方案 A、B 是两个投资额不等的互斥方案，且方案 A 的投资比方案 B 的大，其增量净年值为

$$\begin{aligned}
\Delta NAV &= \sum_{t=0}^{n}[(CI_A-CO_A)_t-(CI_B-CO_B)_t](1+i_0)^{-t}(A/P,i_0,n) \\
&= \sum_{t=0}^{n}(CI_A-CO_A)_t(1+i_0)^{-t}(A/P,i_0,n) \\
&\quad -\sum_{t=0}^{n}(CI_B-CO_B)_t(1+i_0)^{-t}(A/P,i_0,n) \\
&= NAV_A - NAV_B
\end{aligned} \quad (4-21)$$

式中　NAV_A、NAV_B——方案 A、B 的净年值；

ΔNAV——增量净年值；

其余符号意义同前。

采用增量净年值进行互斥方案比选时，决策准则是：

(1) 若 $\Delta NAV \geqslant 0$，表明增量投资可以接受，投资（现值）大的方案经济效果好。

(2) 若 $\Delta NAV < 0$，表明增量投资不可接受，投资（现值）小的方案经济效果好。

实际上，用增量净年值进行互斥方案比选，与分别计算两个方案的净年值并根据净年值最大准则进行方案比选的年值法的结论是一致的。而采用年值法可以将方案的绝对经济效果检验和相对经济效果检验结合起来，判断准则可表述为净年值最大且非负的方案为最优方案。

对于寿命期不等的互斥方案的比选，年值法是最为简便的方法。需要指出的是，年值法隐含着这样的假定：各备选方案在其寿命结束时均可按原方案重复实施，或以与原方案经济效果水平相同的方案接续。因为一个方案不论重复实施多少次，其年值是不变的，所以实际上年值法假定了各方案可以无限多次重复实施，在这一假定前提下，年值法以"年"为时间单位比较各个方案的经济效果，从而使寿命不等的互斥方案之间具有可比性。

类似地，对于经济效益相同或者满足相同需求，仅需计算费用现金流的互斥方案，可直接使用费用年值指标进行相对经济效果检验，一般情况下不需要进行增量分析，方案比选的判别准则为费用年值最小的方案为最优方案。

【例 4-20】 已知互斥方案 A、B 的经济效益相同，其费用现金流见表 4-16。试用费用年值法进行方案比选（$i_0 = 10\%$）。

表 4-16　　　　　　　　　　备选方案费用现金流量表

项　目	投资/万元		年运行费/万元	
年末	0	1	2~10	11~15
方案 A	200	200	120	
方案 B	200	280	80	80

解： 方案 A 的费用年值为

$AC_A = [200 + 200/(1+10\%) + 120 \times (P/A, 10\%, 9)/(1+10\%)](A/P, 10\%, 10)$

$= (200 + 200/1.1 + 120 \times 5.759/1.1) \times 0.1627 = 164.34$（万元）

方案 B 的费用年值为

$AC_B = [200 + 280/(1+10\%) + 80 \times (P/A, 10\%, 14)/(1+10\%)](A/P, 10\%, 15)$

$= (200 + 280/1.1 + 80 \times 7.367/1.1) \times 0.1315 = 130.23$（万元）

因 $AC_B < AC_A$，故方案 B 有利。

4.3.3.3　增量内部收益率法

增量内部收益率是指根据两个互斥方案的增量现金流量计算的增量净现值等于零时的折现率。设两个投资额不等的互斥方案 A、B 中，方案 A 比方案 B 的投资大，则增量内部收益率 ΔIRR 与增量净现值 ΔNPV 的关系为

$$\Delta NPV = \sum_{t=0}^{n}(\Delta CI - \Delta CO)_t(1+\Delta IRR)^{-t} = 0 \qquad (4-22)$$

式中 ΔNPV——增量净现值;

ΔIRR——增量内部收益率;

ΔCI——方案 A 与方案 B 的增量现金流入,即 $\Delta CI = CI_A - CI_B$;

ΔCO——方案 A 与方案 B 的增量现金流出,即 $\Delta CO = CO_A - CO_B$。

将式 (4-22) 变换,可得

$$NPV_A(\Delta IRR) = NPV_B(\Delta IRR) \qquad (4-23)$$

或

$$NAV_A(\Delta IRR) = NAV_B(\Delta IRR) \qquad (4-24)$$

式 (4-23) 和式 (4-24) 中,$NPV_A(\Delta IRR)$ 和 $NPV_B(\Delta IRR)$ 分别表示方案 A、B 的净现值函数 (以增量内部收益率 ΔIRR 为折现率)。这就表明,增量内部收益率是两个互斥方案的净现值 (或净年值) 相等时的折现率。求解式 (4-23) 或式 (4-24) 与求解 (4-22) 所得 ΔIRR 的结果是一样的。

1. 用增量内部收益率对两个互斥方案进行比选的准则

(1) 若 $\Delta IRR \geqslant i_0$,则增量投资可以接受,投资 (现值) 大的方案为优。

(2) 若 $\Delta IRR < i_0$,则增量投资可以接受,投资 (现值) 小的方案为优。

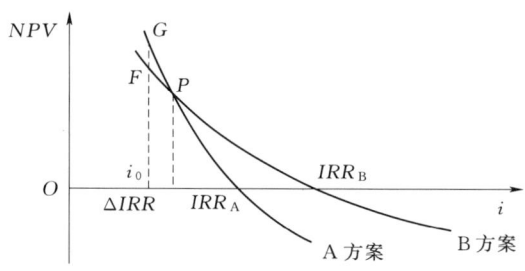

图 4-3 用于方案比较的增量内部收益率

用增量内部收益率进行互斥方案比选的情形如图 4-3 所示。图中,方案 A、B 的净现值函数曲线相交于 P 点,在该点处,两互斥方案 A、B 的净现值相等,所对应的折现率即为两方案的增量内部收益率 ΔIRR。由图可知,当 $\Delta IRR > i_0$ 时,与基准收益率 i_0 对应的方案 A 的净现值大于方案 B 的净现值,即 $NPV_A > NPV_B$,因此,方案 A 更优;当 $\Delta IRR < i_0$ 时,与基准收益率 i_0 对应的方案 A 的净现值小于方案 B 的净现值,即 $NPV_A < NPV_B$,因此,方案 B 更优。可见,用增量内部收益率与用净现值进行方案比选的结论是一致的。

由此可知,在对互斥方案进行比选时,净现值最大准则 (以及净年值最大准则、费用现值和费用年值最小准则) 是正确的。但是,内部收益率最大准则不能保证比选结论的正确性。实际上,只有在基准收益率大于被比较的两方案的增量内部收益率的情况下,内部收益率最大准则才是正确的。

需要指出,增量内部收益率只能用于相对效果检验,它只反映增量方案的经济性,而不能反映原有方案自身的经济性。若原有方案本身不能通过绝对效果检验,则相对效果检验时不必考虑该方案。

【例 4-21】 已知互斥方案 A、B、C、D、E 的寿命期均为 20 年,各方案的投资及等额年收益情况见表 4-17。试应用增量内部收益率法进行方案比较,选择最有利方案 (基准收益率 $i_0 = 6\%$)。

4.3 决策结构及其分析方法

表 4-17　　　　　　　　　　互斥方案投资及年收益情况表　　　　　　　　单位：万元

方　案	A	B	C	D	E
投资	4000	2000	6000	1000	9000
等额年收益	639	410	761	117	785

解：（1）用内部收益率进行绝对经济效果检验。互斥方案 A、B、C、D、E 的内部收益率由下列各式求得

$$-4000+639\times(P/A,IRR_A,20)=0$$
$$-2000+410\times(P/A,IRR_B,20)=0$$
$$-6000+761\times(P/A,IRR_C,20)=0$$
$$-1000+117\times(P/A,IRR_D,20)=0$$
$$-9000+785\times(P/A,IRR_E,20)=0$$

经计算，得 $IRR_A=15\%$，$IRR_B=20\%$，$IRR_C=11\%$，$IRR_D=10\%$，$IRR_E=6\%$。因各方案内部收益率均大于（等于）基准收益率，故均通过绝对经济效果检验。

（2）用增量内部收益率进行相对经济效果检验。将互斥方案按投资现值从小到大顺序重新排列，见表 4-18。

表 4-18　　　　　　　　互斥方案按投资现值从小到大排列表　　　　　　　单位：万元

方　案	D	B	A	C	E
投资	1000	2000	4000	6000	9000
等额年收益	117	410	639	761	785

1）考察方案 D、B 之间的增量内部收益率。

$$2000-1000=(410-117)\times(P/A,\Delta IRR_{B-D},20)$$

解得　　　　　　　　$\Delta IRR_{B-D}=29\%>i_0=6\%$

故方案 B 有利，保留方案 B，舍弃方案 D。

2）考察方案 B、A 之间的增量内部收益率。

$$4000-2000=(639-410)\times(P/A,\Delta IRR_{A-B},20)$$

解得　　　　　　　　$\Delta IRR_{A-B}=10\%>i_0=6\%$

故方案 A 有利，保留方案 A，舍弃方案 B。

3）考察方案 A、C 之间的增量内部收益率。

$$6000-4000=(761-639)\times(P/A,\Delta IRR_{C-A},20)$$

解得　　　　　　　　$\Delta IRR_{C-A}=2\%<i_0=6\%$

故方案 A 有利，保留方案 A，舍弃方案 C。

4）考察方案 E、A 之间的增量内部收益率。

$$9000-4000=(785-639)\times(P/A,\Delta IRR_{E-A},20)$$

即　　　　　　　$5000=146\times\dfrac{(1+\Delta IRR_{E-A})^{20}-1}{\Delta IRR_{E-A}(1+\Delta IRR_{E-A})^{20}}$

分析可知，在 $\Delta IRR_{E-A} \geqslant 0$ 的前提下，当 $\Delta IRR_{E-A} \to 0$，上式右端项 $\dfrac{(1+\Delta IRR_{E-A})^{20}-1}{\Delta IRR_{E-A}(1+\Delta IRR_{E-A})^{20}} \to 20$，且为最大值，此时，右端 $=146 \times 20 = 2920 < 5000$，可见，增量内部收益率 ΔIRR_{E-A} 必小于零。因此，方案 A 有利，保留方案 A，舍弃方案 E。

综上，在本例的 5 个互斥方案中，方案 A 为最有利方案，故选择方案 A。

2. 增量内部收益率用于互斥方案比选的步骤

［例 4-21］表明，采用增量内部收益率 ΔIRR 进行互斥方案比选时，可按以下步骤进行：

（1）根据每个方案自身的净现金流计算每个方案的内部收益率（或净现值，净年值），淘汰内部收益率小于基准折现率（或净现值小于 0，净年值小于 0）的方案，即淘汰绝对效果检验通不过的方案。

（2）按投资从小到大的顺序排列经绝对效果检验保留下来的方案，首先计算前两个方案的增量内部收益率 ΔIRR，若 $\Delta IRR > i_0$，则保留投资大的方案；若 $\Delta IRR < i_0$，则保留投资小的方案。

（3）将第（2）步得到的保留方案与下一个方案比较，计算两方案的增量内部收益率，取舍判据同上，直至检验过所有可行方案，找出最优方案为止。

3. 增量内部收益率用于方案间比较的局限性

前已述及，增量内部收益率只反映增量方案的经济性，而不能反映原有方案自身的经济性。因此，增量内部收益率只能用于方案间的比较，不能仅根据增量内部收益率的大小判定方案的取舍。比选方案示意图如图 4-4 所示。

图 4-4（a）、图 4-4（b）中，方案 A、B 的内部收益率 IRR_A、IRR_B 均大于 i_0，两方案均通过绝对经济效果检验，均可行，进而可根据增量内部收益率 ΔIRR 与 i_0 的比较判定方案的取舍：在图 4-4（a）所示情况下，两方案间的增量内部收益率 $\Delta IRR > i_0$，故投资大的方案 A 优于投资小的方案 B；而在图 4-4（b）所示情况下，$\Delta IRR < i_0$，故方案 B 优于 A。此外，在图 4-4（a）、图 4-4（b）两种情况下，均有 $IRR_A > IRR_B$，但最优方案却不同，可见不能仅根据内部收益率判定方案的优劣。

图 4-4（c）所示情况下，增量内部收益率 $\Delta IRR < i_0$，虽然据此可认为方案 B 优于方案 A，但两方案均不应选取。因为此时方案 A、B 的内部收益率 IRR_A、IRR_B 均小于 i_0，两方案均不能通过绝对经济效果检验。

图 4-4（d）所示情况下，由于方案 A 的内部收益率 $IRR_A > i_0$，故方案 A 通过绝对经济效果检验；而增量内部收益率 $\Delta IRR > i_0$，故方案 A 优于方案 B，应选取 A。实际上，图 4-4（d）中，由于方案 B 的内部收益率 $IRR_B < i_0$，不能通过绝对经济效果检验，为不可行方案，由此，已通过绝对经济效果检验的方案 A 自然就成为最优可行方案。

综上所述，在对互斥方案进行比选时，内部收益率指标只能用于方案的绝对经济效果检验，据此可淘汰经济上不可行的方案；增量内部收益率指标只能用于方案间的相对经济效果检验，而不能据此判断各方案本身的可行与否。

4. 内部增量收益率用于仅有费用现金流互斥方案的比选

增量内部收益率 ΔIRR 也可用于仅有费用现金流的互斥方案的比选（效果相同），比选结论与费用现值法和费用年值法一致。此时，实际上是将增量投资所导致的对其他费用

4.3 决策结构及其分析方法

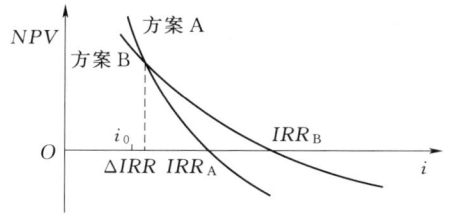

(a) $IRR_A > i_0$,$IRR_B > i_0$,A、B均可行
 $\Delta IRR > i_0$,A优于B

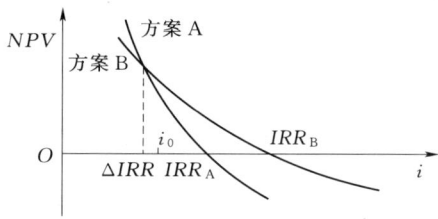

(b) $IRR_A > i_0$,$IRR_B > i_0$,A、B均可行
 $\Delta IRR < i_0$,B优于A

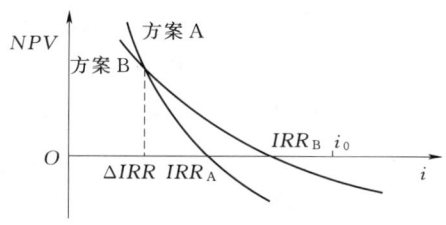

(c) $\Delta IRR < i_0$,B优于A $IRR_A < i_0$,$IRR_B < i_0$,
  A、B均不可行

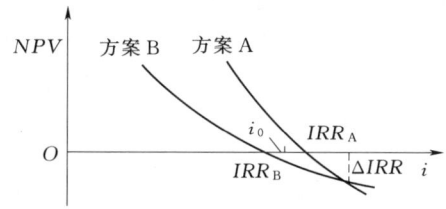

(d) $\Delta IRR > i_0$,A优于B $IRR_A > i_0$,$IRR_B < i_0$,
  A可行,B不可行

图 4-4 用内部收益率法比选方案示意图

的节约看成是增量收益。增量内部收益率的方程可通过令两方案费用现值相等或增量费用现金流现值之和等于零的方式建立。即

$$\sum_{t=0}^{n} CO_{At}(1+\Delta IRR)^{-t} = \sum_{t=0}^{n} CO_{Bt}(1+\Delta IRR)^{-t} \quad (4-25)$$

或

$$\sum_{t=0}^{n}(CO_A - CO_B)_t(1+\Delta IRR)^{-t} = 0 \quad (4-26)$$

【**例 4-22**】 已知两个能满足同样需要的互斥方案 A、B 的费用现金流见表 4-19,试进行方案比选($i_0 = 10\%$)。

表 4-19　　　　　　　　互斥方案费用现金流量表　　　　　　　　单位:万元

费用现金流量	投　资	年　运　行　费
年末	0	1~15
方案 A	1000	116.8
方案 B	1500	65.5

解:因互斥方案只有费用现金流,故可用费用现值法及增量内部收益率法求解本题。
(1) 费用现值法。
$PC_A = 1000 + 116.8 \times (P/A, 10\%, 15) = 1000 + 116.8 \times 7.606 = 1888.4$(万元)
$PC_B = 1500 + 65.5 \times (P/A, 10\%, 15) = 1500 + 65.5 \times 7.606 = 1998.2$(万元)
因 $PC_A < PC_B$,故按费用现值最小准则,方案 A 优于方案 B,应选方案 A。

(2) 增量内部收益率法。按下式求增量内部收益率

$$1000+116.8(P/A,\Delta IRR,15)=1500+65.5(P/A,\Delta IRR,15)$$

解得 $\Delta IRR=6\%$

因 $\Delta IRR<i_0$，故投资现值小的方案 A 较优，应选方案 A。

可见，两种方法的结论一致。

应当指出，采用增量内部收益率进行互斥方案的比选时，如果参与比选的两互斥方案的投资额相等，将会出现 ΔIRR 判别准则失效的情况。此时，可改用如下判别准则：在两个互斥方案的增量内部收益率存在的前提下，若 $\Delta IRR>i_0$，或 $-1<\Delta IRR<0$，则方案寿命期内年均净现金流大的方案优于年均净现金流小的方案；若 $0<\Delta IRR<i_0$，则年均净现金流小的方案优于年均净现金流大的方案。对于仅有费用现金流的互斥方案比选，若 $\Delta IRR>i_0$，或 $-1<\Delta IRR<0$，则方案寿命期内年均费用现金流小的方案优于年均费用现金流大的方案；若 $0<\Delta IRR<i_0$，则年均费用现金流大的方案优于年均费用现金流小的方案。

年均净现金流公式为

$$ANCF_j=\sum_{t=0}^{n_j}\frac{(CI_j-CO_j)_t}{n_j} \quad (4-27)$$

式中 $ANCF_j$——第 j 方案的年均净现金流；

$(CI_j-CO_j)_t$——第 j 方案第 t 年的净现金流；其中，CI_j、CO_j 分别是第 j 方案的现金流入量和现金流出量；

n_j——第 j 方案的寿命期；

其他符号意义同前。

对于只有费用现金流的方案，年均费用现金流公式为

$$ACO_j=\sum_{t=0}^{n_j}\frac{CO_{jt}}{n_j} \quad (4-28)$$

式中 ACO_j——第 j 方案的年均费用现金流。

应当指出，以上关于增量内部收益率指标用于互斥方案比选的内容，主要是针对各方案寿命期相同的情况。对于各方案寿命期不等的情况，也必须先进行绝对经济效果检验，再对通过绝对经济效果检验的方案采用增量内部收益率进行比选。而对寿命期不等的互斥方案，其增量内部收益率方程可通过令"两个互斥方案的净年值相等"的方式建立，其中隐含了方案可重复实施的假定。设互斥方案 A、B 的寿命期分别为 n_A、n_B，则求解增量内部收益率的方程为

$$\sum_{t=0}^{n_A}(CI_A-CO_A)_t(1+\Delta IRR)^{-t}(A/P,\Delta IRR,n_A)$$
$$=\sum_{t=0}^{n_B}(CI_B-CO_B)_t(1+\Delta IRR)^{-t}(A/P,\Delta IRR,n_B) \quad (4-29)$$

一般情况下，用增量内部收益率对寿命不等的互斥方案进行比选，应满足下列条件之一：①初始投资额大的方案年均净现金流大，且寿命期长；②初始投资额大的方案年均净现金流小，且寿命期短。

年均净现金流仍按式（4-27）确定。方案比选的判别准则为：在两个互斥方案的增量内部收益率存在的前提下，若 $\Delta IRR>i_0$，则方案寿命期内年均净现金流大的方案为优；

若 $0<\Delta IRR<i_0$，则年均净现金流小的方案为优。

【例 4-23】 现有两互斥方案 A、B，基本情况见表 4-20，试进行方案比选（$i_0=8\%$）。

表 4-20　　　　　　　　　　互斥方案现金流量表　　　　　　　　　　单位：万元

年　　末	0	1～T	寿命期/年
方案 A	-7600	2000	5
方案 B	-13600	2400	10

解：(1) 分别对方案 A、B 计算其内部收益率，进行绝对经济效果检验。

求解方程　　　　　　$7600=2000\times(P/A,IRR_A,5)$

得　　　　　　　　　　　　$IRR_A\approx10\%$

求解方程　　　　　　$13600=2400\times(P/A,IRR_B,10)$

得　　　　　　　　　　　　$IRR_B\approx12\%$

因 $IRR_A>IRR_B>i_0$，故方案 A、B 均可行。

(2) 用增量内部收益率指标进行相对经济效果检验。

方案 A 的年均净现金流为

$$ANCF_A=-7600/5+2000=480\text{（万元）}$$

方案 B 的年均净现金流为

$$ANCF_B=-13600/10+2400=1040\text{（万元）}$$

可见，两方案寿命期不等，但初始投资额大的方案 B 年均净现金流大，且寿命期长，满足增量内部收益率用于方案比选的条件。其增量内部收益率可求解下式得到

$$-7600\times(A/P,\Delta IRR,5)+2000=-13600\times(A/P,\Delta IRR,5)+2400$$

解得　　　　　　　　　　　　$\Delta IRR\approx15\%$

可见，$\Delta IRR>i_0$，故年均净现金流大的方案 B 更优，应选方案 B。

对于仅有或仅需计算费用现金流的寿命不等的互斥方案，增量内部收益率的方程也可通过令两方案费用年值相等的方式建立，即

$$\sum_{t=0}^{n_A}CO_{At}(1+\Delta IRR)^{-t}(A/P,\Delta IRR,n_A)$$
$$=\sum_{t=0}^{n_B}CO_{Bt}(1+\Delta IRR)^{-t}(A/P,\Delta IRR,n_B)\tag{4-30}$$

此时，参与比选的方案应满足以下条件：①初始投资额大的方案年均费用现金流大，且寿命期短；②初始投资额大的方案年均费用现金流小，且寿命期长。

年均费用现金流仍按式（4-28）确定。方案比选的准则是：在 ΔIRR 存在的情况下，若 $\Delta IRR>i_0$，则年均费用现金流小的方案为优；若 $0<\Delta IRR<i_0$，则年均费用现金流大的方案为优。

【例 4-24】 基本资料同［例 4-20］。试用增量内部收益率法对互斥方案 A、B 进行比选（$i_0=10\%$）。

解： 方案 A 的年均费用现金流为 $ACO_A=(200+200+120\times 9)/10=148$（万元）

方案 B 的年均费用现金流为 $ACO_B=(200+280+80\times 14)/15=106.7$（万元）

可见，初始投资额大的方案 B，年均费用现金流小，寿命期长，满足按增量内部收益率进行方案比选的条件。增量内部收益率方程为

$$[200+200(P/F,\Delta IRR,1)+120(P/A,\Delta IRR,9)(P/F,\Delta IRR,1)](A/P,\Delta IRR,10)$$
$$=[200+280(P/F,\Delta IRR,1)+80(P/A,\Delta IRR,14)(P/F,\Delta IRR,1)](A/P,\Delta IRR,15)$$

解得 $\Delta IRR\approx 53.7\%$

因 $\Delta IRR>i_0$，故年均费用现金流小的方案 B 为优。

可见，用增量内部收益率法进行方案比选的结论与 [例 4-20] 中用费用年值法比选的结论是一致的。

4.3.3.4 增量效益费用比法

增量效益费用比是指根据两个互斥方案的增量现金流量计算的增量效益现值与增量费用现值之比。即

$$\Delta R=\frac{\sum_{t=0}^{n}(B_{At}-B_{Bt})(1+i_0)^{-t}}{\sum_{t=0}^{n}(C_{At}-C_{Bt})(1+i_0)^{-t}} \tag{4-31}$$

式中 ΔR——增量效益费用比；

B_{At}、B_{Bt}——方案 A、B 在第 t 年的效益；

C_{At}、C_{Bt}——方案 A、B 在第 t 年的费用；

i_0——基准折现率；

n——方案 A、B 的寿命期。

对式 (4-31) 稍作变形，得

$$\Delta R=\frac{\Delta PB}{\Delta PC}=\frac{PB_A-PB_B}{PC_A-PC_B} \tag{4-32}$$

式中 ΔPB、ΔPC——增量效益现值（或效益现值增量）和增量费用现值（或费用现值增量）；

PB_A、PB_B——方案 A、B 的效益现值；

PC_A、PC_B——方案 A、B 的费用现值。

式 (4-31) 和式 (4-32) 主要用于互斥方案寿命期相等情形的比选。对于寿命期不等的互斥方案比选，一般用效益年值增量与费用年值增量之比确定增量效益费用比，即

$$\Delta R=\frac{\sum_{t=0}^{n_A}B_{At}(1+i_0)^{-t}(A/P,i_0,n_A)-\sum_{t=0}^{n_B}B_{Bt}(1+i_0)^{-t}(A/P,i_0,n_B)}{\sum_{t=0}^{n_A}C_{At}(1+i_0)^{-t}(A/P,i_0,n_A)-\sum_{t=0}^{n_B}C_{Bt}(1+i_0)^{-t}(A/P,i_0,n_B)} \tag{4-33}$$

即

$$\Delta R=\frac{\Delta AB}{\Delta AC}=\frac{AB_A-AB_B}{AC_A-AC_B} \tag{4-34}$$

式中 n_A、n_B——方案 A、B 的寿命期；

ΔAB、ΔAC——效益年值增量和费用年值增量;

AB_A、AB_B——方案 A、B 的效益年值;

AC_A、AC_B——方案 A、B 的费用年值;

其余符号意义同前。

采用增量效益费用比指标进行互斥方案比选的判断准则是:当 $\Delta R > 1$,费用现值(年值)大的方案为优;当 $\Delta R < 1$,费用现值(年值)小的方案为优。

【例 4-25】 某项目有两种设备可供选择,其效益、费用及寿命期等情况见表 4-21。试用增量效益费用比指标进行设备选择($i_0 = 7\%$)。

表 4-21　　　　　　　　　　设备效益费用及寿命期情况表

设　备	购置费用/万元	均匀年收益/万元	残值/万元	寿命期/年
A	700	160	150	12
B	500	120	100	6

解:因两种设备的寿命期不同,故按式(4-29)计算效益费用比和增量效益费用比。

$$AB_A = 160 \text{ 万元}$$
$$AB_B = 120 \text{ 万元}$$
$$AC_A = 700 \times (A/P, 7\%, 12) - 150 \times (A/F, 7\%, 12) = 79.7 \text{ (万元)}$$
$$AC_B = 500 \times (A/P, 7\%, 6) - 100 \times (A/F, 7\%, 6) = 90.9 \text{ (万元)}$$

则,先进行绝对经济效果检验

$$R_A = \frac{AB_A}{AC_A} = \frac{160}{79.7} = 2.01 > 1$$

设备 A 经济上可行。

$$R_B = \frac{AB_B}{AC_B} = \frac{120}{90.9} = 1.32 > 1$$

设备 B 经济上可行。

再进行相对经济效果检验

$$\Delta R = \frac{\Delta AB}{\Delta AC} = \frac{160 - 120}{79.7 - 90.9} = -3.57$$

因 $\Delta R < 1$,根据判定准则,费用年值小的方案(设备 A)为优,应选设备 A。

【例 4-26】 某项目基本资料同[例 4-16],试按增量效益费用比法进行方案选择。

解:先进行绝对经济效果检验:

根据[例 4-16]的分析结果,甲、乙、丙 3 个方案的效益费用比均大于 1,故 3 个方案均通过绝对经济效果检验。

再进行相对经济效果检验:

由[例 4-16]知,3 个方案的费用现值分别为

$$PC_{甲} = 747.74 \text{ 万元}$$
$$PC_{乙} = 936.41 \text{ 万元}$$
$$PC_{丙} = 1157.44 \text{ 万元}$$

3个方案的效益现值分别为

$$PB_甲 = 2010.45 \text{ 万元}$$
$$PB_乙 = 2320.58 \text{ 万元}$$
$$PB_丙 = 2524.96 \text{ 万元}$$

因此,可计算增量方案乙—甲的效益费用比为

$$\Delta R_{乙-甲} = \frac{\Delta PB_{乙-甲}}{\Delta PC_{乙-甲}} = \frac{2320.58 - 2010.45}{936.41 - 747.74} = \frac{310.13}{188.67} = 1.64 > 1.0$$

方案乙优于方案甲。

计算增量方案丙—乙的效益费用比为

$$\Delta R_{丙-乙} = \frac{\Delta PB_{丙-乙}}{\Delta PC_{丙-乙}} = \frac{2524.96 - 2320.58}{1157.44 - 936.41} = \frac{204.38}{221.03} = 0.92 < 1.0$$

方案乙优于方案丙。

综上,方案乙既优于方案甲,也优于方案丙,故应选择方案乙。

4.3.4 相关方案的经济效果评价

前已述及,相关方案之间的相关关系有多种类型,因而其经济效果评价的方法也会有所不同。实际上,4.3.3介绍的互斥方案可视为相关方案的一种特例。下面主要就现金流相关型和资金约束导致的相关型方案的评价和比选,对常用的互斥方案组合法及效率指标排序法进行介绍。

4.3.4.1 互斥方案组合法

互斥方案组合法的基本思想是:先对各相关方案进行分析,构建若干互斥的组合方案,再对这些互斥的组合方案按照互斥方案的评价方法进行评价和方案比选。

【例4-27】 为解决两地之间的运输问题,有关部门提出修建铁路和高速公路两个项目。若只建一个项目,其净现金流量见表4-22。若两项目都上时,由于运输分流影响,两项目的净收益都将有所减少,此时,其净现金流量见表4-23。若给定基准折现率为10%,两项目的寿命期均按40年计算,试进行项目决策。

表4-22　　　　　　　　　只建一个项目时的净现金流量表　　　　　　　　　单位:亿元

年　　末	0	1~40
铁　　路	−50	10
高速公路	−30	6

表4-23　　　　　　　　　两项目均建时的净现金流量表　　　　　　　　　单位:亿元

年　　末	0	1~40
铁　　路	−50	8.5
高速公路	−30	5
铁路+高速公路	−80	13.5

解：这是一个现金流相关型的决策问题。经分析，可构建 3 个互斥方案：方案 A 为只建铁路；方案 B 为只建高速公路；方案 A+B 为铁路、高速公路都建，其现金流量见表 4-24。

表 4-24　　　　　　　　　　互斥组合方案的净现金流量表　　　　　　　　　　单位：亿元

年　　　末	0	1～40
方案 A	−50	10
方案 B	−30	6
方案 A+B	−80	13.5

按净现值法，分别计算方案 A、B、A+B=X 的净现值为

$NPV_A = -50 + 10 \times (P/A, 10\%, 40) = -50 + 10 \times 9.779 = 47.79$（亿元）$> 0$

$NPV_B = -30 + 6 \times (P/A, 10\%, 40) = -30 + 6 \times 9.779 = 28.67$（亿元）$> 0$

$NPV_{A+B} = -80 + 13.5 \times (P/A, 10\%, 40) = -80 + 13.5 \times 9.779 = 52.02$（亿元）$> 0$

根据判断准则，3 个方案均可行，而以方案 A+B 为优，应选择铁路和高速公路都建的方案。

【**例 4-28**】　现有 3 个具有独立性质的方案 A、B、C，各方案的现金流见表 4-25。已知总投资限额为 2000 万元，基准投资收益率为 10%，试选择最佳投资方案组合。

表 4-25　　　　　　　　　　3 个独立方案的净现金流量表　　　　　　　　　　单位：万元

方　　案	年　　末	
	0	1～15
A	−1000	150
B	−600	100
C	−700	120

解：由于 A、B、C 3 个独立方案所需的总投资为 2300 万元，大于 2000 万元的总投资限额，故 3 个方案不能同时入选，这 3 个方案属于资金约束条件下的相关方案，仍可用互斥方案组合法方案比选。

本例中独立方案数 $m=3$，互斥组合方案数为 $N = 2^m - 1 = 2^3 - 1 = 7$。各互斥组合方案的投资额及年净现金流、净现值见表 4-26。

表 4-26　　　　　互斥组合方案的投资额及年净现金流、净现值表　　　　　单位：万元

序　号	互斥组合方案	投　资　额	年净现金流	净　现　值	决　　策
1	B	600	100	160.61	
2	C	700	120	212.73	
3	A	1000	150	140.92	
4	B+C	1300	220	385.42	最佳投资组合方案
5	A+B	1600	250	301.53	
6	A+C	1700	270	353.65	
7	A+B+C	2300			超出投资限额，不可行

由表 4-26 可见，在所有互斥组合方案中，除投资额超出投资限额的方案 7 不可行外，净现值最大的方案为方案 4，故最佳投资组合方案为 B+C。

4.3.4.2 效率指标排序法

效率指标排序法的步骤是：①计算各方案或其组合的投资效率指标；②将各种方案及其组合按投资效率的高低顺序排列，并从中选择最优的方案或组合。特别地，对于资金约束相关型方案，运用效率指标排序法进行评价择优可以使投资效益最大。常用的效率指标有内部收益率、净现值指数等。

1. 内部收益率排序法

内部收益率排序法是将方案按内部收益率的高低依次排序，按由高到低的次序选择方案，直到达到资金约束限额为止（即所选方案的投资总额不超过资金限额），其目的是使所选方案的总投资效益率最大。

【例 4-29】 现有 6 个具有独立性质的投资方案见表 4-27。这些方案的寿命均为 10 年。若取基准内部收益率为 10%，试分别就总投资限额为 280 万元和 350 万元两种情况选择最有利投资方案。

表 4-27　　　　　　各方案的投资额及年净现金流、内部收益率表

方　案	投资/万元	年净现金流/万元	内部收益率/%	按内部收益率排序
A	50	7.79	9	不可行
B	70	13.95	15	4
C	90	20	18	3
D	100	23.85	20	2
E	120	21.24	12	5
F	110	30.8	25	1

解：先计算各方案的内部收益率，结果见表 4-27。再将各方案按内部收益率由高到低排序，结果列于表 4-27 中最后一列，内部收益率排序如图 4-5 所示。其中方案 A 不可行。

在图 4-5 中标出 350 万元和 280 万元两条总投资限额线，可见，当总投资限额为 350 万元时，可接受的方案为 F、D、C，此时实际总投资 300 万元，与投资限额相比，尚余 50 万元。当总投资限额为 280 万元时，可接受的方案为 F、D，此时实际投资 210 万元，与总投资限额比尚余 70 万元。因方案 C 不可分，不能入选；而方案 B 投资额恰为 70 万元，且其内部收益率 15% 大于基准内部收益率 10%，可以入选。故最终可选择的方案为 F、D、B。

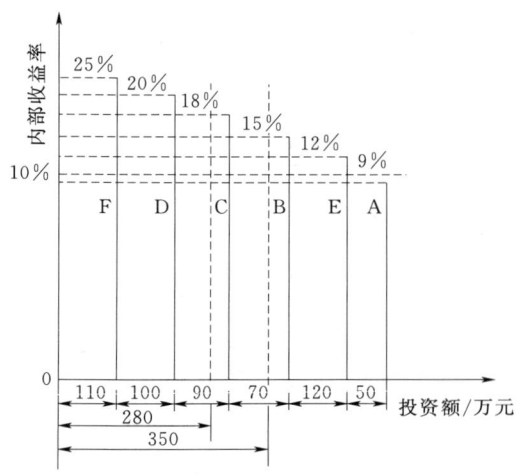

图 4-5　内部收益率排序图

4.3 决策结构及其分析方法

2. 净现值指数排序法

应用净现值指数（即净现值率）排序法时，必须将各方案的净现值指数按大小顺序排序，并依次择优选择方案，直至不超过资金约束限额为止。这样，就能使资金约束条件下总投资的净现值最大。

【例 4-30】 基本资料同［例 4-29］。试按净现值指数排序法进行方案选择。

解： 先计算各方案的净现值及净现值指数，结果见表 4-28。

表 4-28　　各方案的投资额及年净现金流、净现值、净现值指数表

方案	投资/万元	年净现金流/万元	净现值/万元	净现值指数	按净现值指数排序
A	50	7.79	-2.13	-0.040	不可行
B	70	13.95	15.72	0.220	4
C	90	20.00	32.89	0.365	3
D	100	23.85	46.60	0.466	2
E	120	21.24	10.51	0.087	5
F	110	30.80	79.25	0.720	1

再将各方案按净现值指数由高到低排序，结果见表 4-28 中最后一列，可见与按内部收益率排序结果相同。故对于投资限额 350 万元的情况，可选方案 F、D、C；对于投资限额 280 万元情况，可选方案 F、D、B。

应当指出，效率指标排序法计算简便，应用方便，但是由于项目的不可分性，效率指标只有在下述 3 种情况下才能达到或近似达到使投资效益最大的目标。

（1）各方案投资占投资总预算的比例很小。

（2）各方案投资额差别不大。

（3）入选方案几乎可以分配完预算总投资。

在大多数情况下，对于资金约束相关型方案来说使用互斥方案组合方法所得结论更可靠。

第5章 不确定性分析

5.1 概 述

5.1.1 不确定性与风险

一般来说，工程建设项目的实际经济效果受工程、技术、经济、社会、环境等各方面因素的影响，而这些因素的未来变化并不是完全确知的，相应地，工程建设项目技术经济分析中经过预测和估算得到的、用于经济评价指标计算的有关数据也就具有一定程度的不确定性。为了分析不确定性因素对经济评价指标的影响，估计项目可能承担的风险，就应当进行不确定性分析和经济风险分析，提出项目风险的预警、预报和相应的对策，为投资决策服务。

风险是指未来发生不利事件的可能性或概率。工程建设项目经济风险是指由于不确定性的存在而导致的项目实施后偏离预期财务和经济效益目标的可能性。建设项目经济风险主要来源于法律法规及政策、市场供需、资源开发与利用、技术的可靠性、工程方案、融资方案、组织管理、环境与社会、外部配套条件等一个方面或几个方面的共同影响。

（1）政策方面。政策方面是指由于政府政策调整使项目原定目标难以实现所造成的损失，例如税收、金融、环保、产业政策等的调整变化和税率、利率、汇率、通货膨胀率的变化都会对项目经济效益产生影响。

（2）市场方面。市场方面是指由于市场需求的变化、竞争对手竞争策略的调整、项目产品销路不畅、产品价格低迷等使项目产量和销售收入达不到预期目标，给项目预期收益带来的损失。

（3）资源方面。对于一般的资源开发与利用的项目，由于矿产资源的储量、品位、可采储量、开拓工程量及采选方式等与原预测结果相比发生较大偏离，导致项目开采成本增加、产量降低或经济寿命期缩短，造成巨大的经济损失。

（4）技术方面。技术方面是指项目采用的技术，特别是引进技术的先进性、可靠性、适用性及经济性与原方案相比发生重大变化，导致项目不能按期进入正常生产状态；或生产能力利用率降低，达不到设计要求；或生产成本提高，产品质量达不到预期要求等。

（5）工程方面。对于一般的建设项目而言，有时可能因工程地质和水文地质等条件发生出乎预料的变化导致工程设计发生重大变化，引起工程量增加、投资造价提高、工期延长，从而造成经济损失；有时可能由于前期准备工作不足、导致项目实施阶段建设方案的变化进而引发经济损失；有时可能由于工程设计方案不合理，给项目的生产经营带来影响，造成经济损失。

（6）融资方面。融资方面是指项目资金来源的可靠性、充足性和及时性不能保证；由于工程量预计不足或材料设备价格上升导致投资增加；由于计划不周或外部条件等因素导致工程建设工期拖延；利率、汇率变化导致融资成本升高所造成的损失。

（7）组织管理方面。组织管理方面是指由于项目组织结构不当、管理机制不完善或者主要管理者能力不足等，导致项目不能按计划建成投产，投资超出预算；或在项目投产后未能制定有效的企业竞争策略，在市场竞争中失败。

（8）环境与社会方面。对于很多项目，外部环境因素影响包括自然环境和社会环境因素的影响。如果项目选址不当，项目对社区的影响、生态环境影响估计不足，或者项目环保措施不当，在项目建成后可能对社区和生态带来严重影响，导致社区居民和社会的反对，造成直接经济损失。

（9）配套条件方面。建设项目需要的外部配套设施，如供水、供电、供气、公路、铁路、港口码头及上下游配套设施等，在可行性研究中虽然都作了考虑，但是实际上仍然可能存在外部配套设施没有如期落实的问题，致使项目不能发挥应有效益。

（10）其他方面。对于某些项目应考虑特有的风险因素。对于合资项目，要考虑合资对象的法人资格和资信问题；对于农业建设项目，要考虑因气候、土壤、水利等条件的变化对收成的不利影响问题。很多无形成本和效益的度量是分析专家个人的主观价值判断，不能量化的外部或间接效果的定量判断完全是主观的，等等。

在工程建设项目经济评价中，应当重视由于不确定性的存在而导致项目经济风险的问题，并做好项目的不确定性分析与经济风险分析，为项目的投资决策和风险应对提供依据。一般认为，风险大的项目，必须具有较大的潜在获利能力，即风险越大，则项目的内部收益率也应越大。据统计资料表明，国外对老厂的改造项目，一般风险较小，内部收益率控制在15%以下即可接受。对采用新材料、新工艺、新技术的新建项目，一般来说风险较大，内部收益率控制在30%才可取；而对那些开辟新领域和新产品的项目，由于风险更大，内部收益率甚至须达到50%以上才能接受。

5.1.2 不确定性分析及其一般步骤

1. 不确定性分析的作用

不确定性分析是以计算和分析各种不确定性因素（如产品价格、产量、经营成本、投资费用等）的变化对投资项目财务（经济）效益的影响程度为目的的一种经济分析方法。其在工程建设项目经济评价中的作用主要有以下方面：

（1）明确不确定性因素对投资效益指标的影响范围，从而了解项目投资效益变动的大小。不确定性因素多种多样，其对投资效益指标的影响也不一样。通过不确定性分析可以确定各种因素对投资效益指标影响的程度，从而了解项目总体效益变动的情况。

（2）确定项目评估结论的有效范围。在明确不确定性因素的变动及其作用力度的大小对投资效益指标的影响及项目总体效益变动的大小以后，就可以确定按典型情况测定的项目评估结论的有效范围，以便项目决策者和执行人员充分了解不确定性因素变动的作用界限，尽量避免不利因素的出现。

（3）提高项目评估结论的可靠性。经过不确定性分析，依据不确定性因素变动对项目投资效益影响的大小和指标变动范围，可以进一步调整项目的评估结论，以提高评估结论的可靠性。

（4）寻找在项目效益指标达到临界点时，变量因素允许变化的极限值。由于不确定性因素的影响导致项目经济效益指标在某一范围内变动，当这些效益指标的变动达到了临界点，与这一临界点相应的不确定性因素的变化值就是这一变量因素允许变化的极限值。寻找这一极限值有利于投资者在项目执行和经营过程中尽量把握住这种因素的变动幅度，避免项目经济效益的下降。

2. 不确定性分析的一般步骤

不确定性分析主要包括盈亏平衡分析和敏感性分析。实际工作中，不确定性分析一般按以下步骤进行：

（1）鉴别主要不确定性因素。虽然影响投资项目的不确定性因素有很多，但不同的因素在不同的投资项目中不确定性程度及其对投资项目的影响程度是不相同的。因此，在对投资项目进行不确定性分析时，首先要从各个变量及其相关各因素中找出不确定程度较大及对投资项目影响较大的主要因素，这些变量和因素是不确定性分析的重点。在投资项目的不确定性分析中，其主要的不确定性因素有销售收入（产品价格和产品产量等）、生产成本、投资支出和建设工期等。引起这些因素变化的原因一般为物品价格上涨、技术工艺变化、市场变化、未能达到设计生产能力、投资变化、建设期延长等。

（2）估计不确定性因素的变化范围。通过初步分析，找出主要的不确定性因素，估计其变化范围，确定其边界值或变化率。

（3）进行盈亏平衡分析和敏感性分析。对主要不确定性因素进行盈亏平衡分析和敏感性分析，判断项目对不确定性因素变化的适应能力和抗风险能力；找出敏感因素，估计项目效益对它们的敏感程度，粗略预测项目可能承担的风险，为进一步的风险分析打下基础。

5.1.3 风险分析及其一般步骤

在项目建设实施的过程中，与之相关的许多技术经济因素都存在一定的不确定性，或者说，这些技术经济因素可能会在一定范围内发生变化，从而导致项目建设的实际经济效果与决策时的预期效果有所不同。一般将由于技术经济因素的不确定性而导致的项目实施后偏离预期财务和经济效益目标的可能性称为工程建设项目的经济风险。风险分析就是要通过对影响项目经济效果的各方面因素进行分析，找出风险因素，并对相应的变量（简称风险变量）进行概率分析，由风险变量的概率特征推导投资过程经济评价指标的概率特征，从而对工程项目投资进行风险评价的方法。

风险分析与不确定性分析是有区别的。不确定性分析是人们主观地使投资方案的一个或几个参数改变某个百分数，然后确定项目评价指标对这种改变的敏感程度，或者是考察评价指标处于某个临界值时某一参数相对应的临界值，这一临界值规定了该投资项目可行的最低界限。而风险分析则不同，它认为投资项目的经济过程是随机过程，影响项目效益的各项参数是随机变量，即风险变量，据以评价项目是否可行的经济指标也是随机变量，因此，风险分析必须以概率理论为基础，其一般步骤如下。

（1）明确风险变量。影响项目经济评价指标的因素有很多，有些因素相对稳定，或者虽有变化，但可以人为控制，这些因素可作确定值处理。有些是可变的，且变化是客观的、随机的，确定为风险变量。影响项目效益的风险因素可以归纳为：①项目收益风险，包括产出品数量（服务量）与预测（财务与经济）价格等因素；②建设风险，包括建筑安装工程量，设备选型与数量，土地征用与拆迁安置费，人工、材料价格，机械使用费及收费标准等；③融资风险，包括资金来源及其供应量与供应时间等；④建设工期风险，主要指工期延长；⑤运营成本费用风险，包括投入的各种原料、材料、燃料、动力的需求量与预测价格，劳动力工资，各种管理费取费标准等；⑥政策风险，税率、利率、汇率、通货膨胀率等。必须通过全面考察和综合分析明确项目风险分析所要研究的主要风险变量。

（2）对风险变量进行概率估计。风险变量的概率估计就是要给出风险变量变化的大小及其可能性的大小，用概率分布进行定量描述，并计算出风险变量的期望值和标准差，以便对经济评价指标进行风险分析。

（3）明确经济评价指标可能的取值范围，估计各种取值或值域发生的概率，评价方案的风险大小和对多个方案选优。

5.2 盈亏平衡分析

5.2.1 盈亏平衡分析的基本原理

盈亏平衡分析是指根据建设项目正常生产年份的产品产量（销售量）、固定成本、可变成本、产品价格和销售税金及附加等，研究建设项目产量、成本、利润之间变化与平衡关系的方法。在项目方案的经济评价中，进行盈亏平衡分析主要目的是找出盈亏平衡点，并据以判断项目对产出品变化的适应能力和抗风险能力。盈亏平衡点（Break Even Point，BEP）是指项目盈利与亏损状态的转折点，在这一状态（如项目产品的产量、生产能力利用率等）点上企业既无盈利，也不亏本，即企业利润等于零。一般来说，在项目生产能力许可的范围内，盈亏平衡点越低，项目盈利的可能性就越大，造成亏损的可能性就越小，当市场等外部环境变化时，项目适应能力越大，抵抗风险能力也越强。盈亏平衡分析只用于财务分析。

盈亏平衡点是通过项目正常年份的产品产量（销售量）、固定成本、可变成本、产品价格和销售税金及附加等数据的分析计算得到的。

5.2.2 线性盈亏平衡分析

盈亏平衡分析分为线性盈亏平衡分析和非线性盈亏平衡分析。项目评价中一般仅进行线性盈亏平衡分析，线性盈亏平衡分析有以下基本的假设条件。

（1）生产量等于销售量。通常情况下，生产量会大于销售量，盈亏平衡分析时，假定当年生产的产品（服务）当年销售出去，即产销平衡。

（2）产量变化时，固定成本总额不变，单位可变成本不变，从而总成本是产量的线性函数；产量变化时，销售单价不变，从而销售收入是销售量的线性函数。

（3）按单一产品计算。当项目生产多种产品时，应换算为单一产品，不同产品的生产负荷率的变化应保持一致。

（4）采用投资项目在正常年份内达到设计生产能力时的数据，不考虑资金的时间价值及其他因素。

在项目方案的经济评价中，盈亏平衡分析可用于单个方案的不确定性分析和多方案的比选。对于单个方案以及多方案中的各独立方案来说，盈亏平衡分析的目的是通过分析产品产量、成本与方案盈利能力之间的关系，找出投资方案盈利与亏损在产量、产品价格、单位产品成本等方面的界限，以判断在各种不确定因素作用下方案的风险情况。

1. 销售收入、成本费用与产品产量的关系

假定市场条件不变，产品价格为一常数，则销售收入与销售量呈线性关系，即

$$TR = PQ \tag{5-1}$$

式中　TR——销售收入；

　　　P——产品价格；

　　　Q——产品销售量。

项目投产后，其总成本费用可以分为固定成本和可变成本两部分。固定成本指在一定的生产规模限度内不随产量的变动而变动的成本费用，如工资（计件工资除外）、折旧费、无形资产及其他资产摊销费、修理费和其他费用等。为简化计算，财务费用一般也可作为固定成本。可变成本指随产品产量的变动而变动的成本费用，主要包括原材料、燃料、动力消耗、包装费和计件工资等。在经济分析中，一般可近似认为可变成本与产品产量成正比例关系。

总成本费用是固定成本与可变成本之和，它与产品产量的关系也可以近似地认为是线性关系，即

$$TC = C_f + C_v Q \tag{5-2}$$

式中　TC——总成本费用；

　　　C_f——固定成本；

　　　C_v——单位产品可变成本。

税金及附加与产量的关系一般也认为是线性的，即

$$TT = tQ \tag{5-3}$$

式中　TT——税金及附加；

　　　t——单位产品税金及附加。

2. 盈亏平衡点的确定

盈亏平衡点有多种表达形式，项目经济评价中常用产品产量和生产能力利用率表示盈亏平衡点。盈亏平衡点一般采用公式计算，也可利用盈亏平衡图求取。

（1）公式法。根据盈亏平衡点的定义，当项目达到盈亏平衡状态时，总收入等于总成本费用与税金之和，即

$$TR = TC + TT$$

亦即

$$PQ^* = C_f + C_v Q^* + tQ^*$$

解得盈亏平衡点的产量 $BEP_{产量}$（即 Q^*）为

5.2 盈亏平衡分析

$$BEP_{产量}=\frac{C_f}{P-C_v-t} \quad (5-4)$$

将上式两端同时除以项目的设计年产量 Q_d，可得以生产能力利用率表示的盈亏平衡点 $BEP_{生产能力利用率}$ 为

$$BEP_{生产能力利用率}=\frac{C_f}{(P-C_v-t)Q_d}\times 100\% \quad (5-5)$$

需要注意的是，当产品价格采用的是含增值税价格时，式（5-4）、式（5-5）右端的分母中还应扣除增值税。

此外，还可得到盈亏平衡点的其他表达形式，项目按设计能力进行生产和销售前提下的盈亏平衡销售价格为

$$P^*=\frac{TC+tQ}{Q} \quad (5-6)$$

项目按设计能力进行生产和销售，且销售价格一定条件下的盈亏平衡单位产品可变成本为

$$C_v^*=\frac{PQ-C_f-tQ}{Q} \quad (5-7)$$

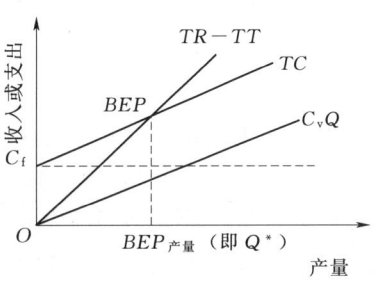

图 5-1 线性盈亏平衡分析图

（2）图解法。将式（5-1）～式（5-3）所表示的销售收入、成本费用、税金及附加与产品产量的关系在同一坐标图上表示出来，就得出线性盈亏平衡分析图如图 5-1 所示。从图中可以看出，当产量在 $0<Q<Q^*$ 范围时，总成本费用 TC 位于总收入-税金及附加（$TR-TT$）之上，此时企业处于亏损状态；而当产量在 $Q>Q^*$ 范围时，总成本费用 TC 位于总收入-税金及附加（$TR-TT$）之下，此时企业处于盈利状态；因此，$TR-TT$ 与 TC 的交点所对应的产量 Q^* 即为盈亏平衡点产量 $BEP_{产量}$，也可换算为 $BEP_{生产能力利用率}$。

【例 5-1】 某工业建设项目某产品的设计年生产能力为 3 万件，生产总成本 7800 万元，其中固定成本 3000 万元，总可变成本与产品产量呈正比例关系。预计该产品价格为 3000 元/件，单位产品税金及附加为 180 元/件。试求该项目以产品产量、生产能力利用率、单位产品可变成本及销售价格表示的盈亏平衡点。

解： 由题意，总可变成本为

$$7800-3000=4800（万元）$$

单位产品可变成本为

$$C_v=\frac{4800}{3}=1600（元/件）$$

则盈亏平衡点产量为

$$BEP_{产量}=\frac{C_f}{P-C_v-t}=\frac{3000\times 10000}{3000-1600-180}=24590（件）$$

盈亏平衡点生产能力利用率为

$$BEP_{生产能力利用率}=\frac{C_f}{(P-C_v-t)Q_d}\times 100\%=\frac{3000\times 10000\times 100\%}{(3000-1600-180)\times 30000}=81.97\%$$

在按设计能力生产和销售的前提下，盈亏平衡单位产品可变成本为

$$C_v^* = \frac{PQ - C_f - tQ}{Q} = \frac{3000 \times 30000 - 3000 \times 10000 - 180 \times 30000}{30000} = 1820 \text{（元/件）}$$

在按设计能力生产和销售的前提下，盈亏平衡单位产品价格为

$$P^* = \frac{TC + tQ}{Q} = \frac{7800 \times 10000 + 180 \times 30000}{30000} = 2780 \text{（元/件）}$$

通过计算盈亏平衡点，结合市场预测，可以对投资方案发生亏损的可能性作出大致判断。在［例 5-1］中，如果未来的产品销售价格及生产成本与预期值相同，项目不发生亏损的条件是年销售量不低于 24590 件，生产能力利用率不低于 81.97%；如果按设计能力进行生产和销售，生产成本与预期值相同，项目不发生亏损的条件是产品价格不低于 2780 元/件；如果销售量、产品价格与预期值相同，项目不发生亏损的条件是单位产品可变成本不高于 1820 元/件。

盈亏平衡分析不仅可用于对单个投资方案进行分析，还可用于对多个方案进行比较和选优。在对若干个互斥方案进行比选的情况下，如果是某一个共同的不确定性因素影响这些方案的取舍，应用盈亏平衡分析来帮助决策的大致过程如下：

设两个互斥方案的经济效果都受到某不确定性因素 x 的影响，可把 x 看作一个变量，把两个方案的经济效果指标都表示为 x 的函数，即

$$B_1 = f_1(x)$$
$$B_2 = f_2(x)$$

式中　B_1、B_2——方案 1 与方案 2 的经济效果指标，其值分别由不确定性因素 x 的函数 $f_1(x)$、$f_2(x)$ 确定。当两方案的经济效果相同时

$$f_1(x) = f_2(x)$$

求解此方程，可得到不确定性因素 x 的值，即为方案 1 和方案 2 的优劣盈亏平衡点，亦即决定这两个方案优劣的临界点。再结合对不确定性因素 x 未来取值范围的预测，就可以做出相应的决策。

【例 5-2】　某工程项目有 3 种备选方案，即方案 A 为全部主要设备从国外成套引进，年固定成本为 800 万元，单位产品可变成本为 10 元；方案 B 为从国外仅引进关键设备，年固定成本为 500 万元，单位产品可变成本为 20 元；方案 C 为全部采用国产设备，年固定成本为 300 万元，单位产品可变成本为 30 元。试分析各种方案适用的生产规模和经济性。

解：各方案年总成本均可表示为产量 Q 的函数

方案 A　　　　　　　　$TC_A = 800 \times 10000 + 10Q$

方案 B　　　　　　　　$TC_B = 500 \times 10000 + 20Q$

方案 C　　　　　　　　$TC_C = 300 \times 10000 + 30Q$

令 $TC_A = TC_B$，有

$$800 \times 10000 + 10Q^* = 500 \times 10000 + 20Q^*$$

解得 $Q^* = 300000$ 件

即当产量规模在 300000 件时，方案 A、B 的总成本相等。

同时，由方案 A、B 的总成本与产量的关系式的性质可知，当产量在 $0 < Q < Q^*$ 范围时，$TC_A > TC_B$，当产量在 $Q > Q^*$ 范围时，$TC_A < TC_B$，因此方案 A 的适用生产规模范

围为大于 300000 件，方案 B 的适用生产规模范围为小于 300000 件。

类似地，令 $TC_B = TC_C$，有 $500 \times 10000 + 20Q^* = 300 \times 10000 + 30Q^*$

解得 $Q^* = 200000$ 件

即当产量规模在 200000 件时，方案 B、C 的总成本相等。

同时，由方案 B、C 的总成本与产量的关系式的性质可知，当产量在 $0 < Q < Q^*$ 范围时，$TC_B > TC_C$，当产量在 $Q > Q^*$ 范围时，$TC_B < TC_C$，因此方案 C 的适用生产规模范围为 0～200000 件。

综上可见，当产品的生产规模小于 200000 件时，应采用方案 C；当生产规模大于 300000 件时，应采用方案 A；当生产规模在 200000～300000 件的范围时，应采用方案 B。

[例 5-2]中采用产品产量作为盈亏平衡分析的共有变量，根据年总成本费用的高低判断方案的优劣。在一般情况下，还可以根据实际需要，用投资额、产品价格、经营成本、贷款利率、项目寿命期、期末固定资产残值等作为盈亏平衡分析的共有变量，而净现值、净年值、内部收益率等作为衡量方案经济效果的评价指标。

5.2.3 非线性盈亏平衡分析

在项目方案的生产成本或销售收入与产量之间关系为非线性的情形下，需要进行非线性盈亏平衡分析。下面结合图 5-2，对非线性盈亏平衡分析方法作大致说明。

在市场经济条件下，由于产品价格随着市场需求的变化而变化，所以销售收入与产量的关系往往是一根曲线。此外，由于生产成本可以分为固定成本与可变成本两部分，可变成本总额中的大部分与产品产量成正比例关系，也有一部分可变成本与产品产量不成正比例关系，如与生产批量有关的某些消耗性材料费、模具费及运输费等，通常称这部分可变成本为半可变成本。由于存在半可变成本，生产成本可能随产量呈阶梯形变化。因此，图 5-2 中的生产成本与销售收入曲线之间有两个交点 E_1 和 E_2，这两个交点均为盈亏平衡

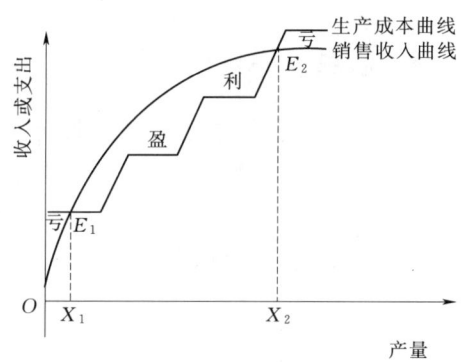

图 5-2 非线性盈亏平衡分析示意图

点。在 E_1 点相对应的产量 X_1 以下，由于销售收入低于生产成本，因而企业处于亏损状态；在 E_2 相对应的产量 X_2 以上，销售收入亦低于生产成本，又出现亏损。在 X_1 与 X_2 之间的产量区是盈利区，销售收入高于生产成本，企业只有在 X_1 与 X_2 之间安排生产计划才可获得盈利。

5.3 敏 感 性 分 析

5.3.1 敏感性分析的意义

敏感性分析是工程建设项目经济评价中应用十分广泛的技术，是测定影响项目效益的各种不确定性因素的变化对项目效益的影响程度，进而预测项目具有多大风险的一种分析

方法。若某一影响因素发生较小的变化就能导致经济效益指标发生较大的变化，则称该因素为敏感因素。敏感性分析就是通过考察项目涉及的各种不确定性因素对项目基本方案经济评价指标的影响找出敏感因素，估计项目效益对它们的敏感程度，粗略预测项目可能承担的风险，为进一步的风险分析打下基础。

敏感性分析的目的是提高对投资项目经济效益评价的准确性和可靠性。其作用主要体现在以下方面：

（1）通过敏感性分析研究影响因素在一定范围内变动时引起项目经济效益指标的变动幅度。

（2）通过敏感性分析找出影响项目经济效益指标的敏感因素，并进一步分析与之有关的预测或估算数据可能产生的不确定性。

（3）通过敏感性分析和对不同的项目方案中某关键因素敏感程度的对比，可区别不同项目方案对某关键因素的敏感性大小，以便选取对关键因素敏感性小的方案，减小投资项目的风险性。

（4）通过敏感性分析可找出项目方案的最好与最坏经济效果的变化范围，使决策者全面了解项目方案可能出现的经济效益变动情况，以便通过深入分析选取最现实的项目方案或寻找替代方案，并研究采取有效的控制措施，减少或避免不利因素的影响，改善和提高项目的投资效果，为最后确定有效可行的投资方案提供可靠的决策依据。

5.3.2　敏感性分析的方法

敏感性分析包括单因素敏感性分析和多因素敏感性分析。单因素敏感性分析是指每次只改变一个因素的数值来进行分析，估算单个因素的变化对项目效益产生的影响。多因素分析是同时改变两个或两个以上因素进行分析，估算多因素同时发生变化的影响。为了找出关键的敏感性因素，通常多进行单因素敏感性分析。具体可按以下方法与步骤进行。

1. 确定分析指标

敏感性分析指标是指敏感性分析的具体对象，即投资项目的经济效益指标，如投资回收期、内部收益率等。由于各指标含义不同，用不同指标所作的敏感性分析所反映的问题也有所不同。实际上，不可能也不必要对所有经济效益指标都作敏感性分析，只需根据项目的特点和经济评价的深度选择一种或两种评价指标进行分析即可，但要求这里所确定的分析指标与前面所评估的最主要指标相一致。一般以内部收益率作为最基本的分析指标，根据项目实际情况，也可选择净现值或投资回收期评价指标，必要时可同时针对两个或两个以上的指标进行敏感性分析。

2. 选定所要分析的不确定因素

影响项目经济效益的因素很多，且严格地讲，凡是与项目经济效益有关的因素都不同程度地具有不确定性。但事实上并不需要对所有因素都进行敏感性分析。选择不确定性因素的原则是：①变动可能性较大，且变动将会对经济效益指标值产生较强影响的因素；②在确定性分析中数据准确性把握不太大的因素。通常选择的不确定性因素主要有：产品产量（生产负荷）、产品价格、产品成本或主要原材料及燃料与动力价格、固定资产投资、建设工期及汇率等。

3. 寻找敏感因素

寻找敏感因素的具体方法是：

（1）假定其他因素不变，对特定的某一因素或几个因素设定变动数量或幅度，一般选择不确定性因素变化的百分率为±5%、±10%、±15%、±20%等；对于不便于用百分数表示的因素，如建设工期，可采用延长一段时间，如延长一年。

（2）计算评价指标相应的变动结果，在此基础上计算敏感度系数，并据以分析项目效益对不确定性因素的敏感程度。敏感度系数为

$$S_{AF} = \frac{\Delta A/A}{\Delta F/F} \tag{5-8}$$

式中　S_{AF}——评价指标 A 对不确定性因素 F 的敏感度系数；

$\Delta F/F$——不确定性因素 F 的变化率；

$\Delta A/A$——不确定性因素 F 发生 ΔF 变化率时评价指标 A 的变化率。

若敏感度系数 $S_{AF}>0$，表示评价指标与不确定性因素同方向变化；若 $S_{AF}<0$，表示评价指标与不确定性因素反方向变化。$|S_{AF}|$ 较大者敏感度系数高，表示项目效益对该不确定性因素敏感程度高。

此外，还可通过临界点的分析确定项目效益对某不确定性因素的敏感程度。临界点是指不确定性因素的变化使项目由可行变为不可行的临界数值，可采用不确定性因素相对基本方案的变化率或其对应的具体数值表示。当该不确定性因素为费用科目时，则为其增加的百分率；当不确定性因素为效益科目时，则为其降低的百分率。临界点也可用该百分率对应的具体数值表示。当不确定性因素的变化超过了临界点所表示的不确定性因素的极限变化时，项目将由可行变为不可行。

临界点的高低与计算临界点的指标的初始值有关。若选取基准收益率为计算临界点的指标，对于同一个项目，随着设定的基准收益率的提高，临界点就会变低，即临界点表示的不确定性因素的极限变化变小；而在一定的基准收益率下，临界点越低，说明该因素对项目评价指标影响越大，项目对该因素就越敏感。

临界点可采用试算法求解得到，也可利用图 5-3 所示的敏感性分析图求得近似值。该图表示不确定性因素变化率与评价指标变动的对应数量关系。其中各因素对应斜线与基准收益率线的交点即为相应的临界点。在图 5-3 中，主要原料价格因素的临界点最低，而固定资产投资这一因素的临界点最高，因此，该项目对主要原料价格的敏感性最高，对固定资产投资的敏感性最低。

将敏感性分析的结果进行汇总，可以编制敏感性分析表、敏感性分析图和敏感度系数与临界点分析表，分别见表 5-1、图 5-3 和表 5-2。将不确定性因素变化后计算的经济评价指标与基本方案评价指标进行对比分析，结合敏感度系数及临界点的计算结果，按不确定性因素的敏感程度进行排序，找出最敏感的因素，分析敏感因素可能造成的风险并提出应对措施。当不确定性因素的敏感度很高时，应进一步通过风险分析判断其发生的可能性及对项目的影响程度。

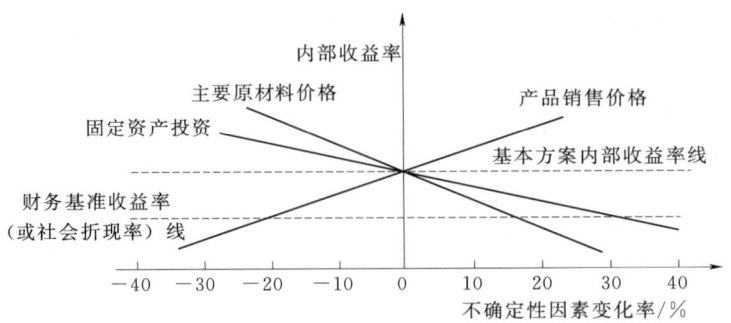

图 5-3 敏感性分析示意图

表 5-1 敏感性分析表

变化因素	变化率						
	-30%	-20%	-10%	0	10%	20%	30%
基准收益率							
建设投资							
原材料成本							
汇率							
⋮							

表 5-2 敏感度系数与临界点分析表

序号	不确定性因素	变化率/%	内部收益率	敏感度系数	临界点/%	临界值
	基本方案					
1	产品产量(生产负荷)					
2	产品价格					
3	主要原材料价格					
4	建设投资					
5	汇率					
⋮						

需要注意的是,敏感性分析一般是假定效益减少或费用增大某一百分比来进行测算。由于在动态经济分析计算中,经济效果指标完全取决于效益流和费用流,所以在进行敏感性分析时也认为效益流和费用流均发生某一比例变化,而不对效益流和费用流发生的时间进行调整。这样做虽然可能与实际情况有些出入,但误差不大,而且计算又比较简便,因此目前一般都采用这种方式进行计算。但是,在工期的敏感性分析中必须对其效益流和费用流发生的时间进行修正,否则,就可能出现较大的误差,甚至导致计算出的结果失真。这主要是因为工期延长后,不仅投资的年限增长、运行管理费用增加、总投资费用增大,而且效益发生的时间也相应推后,效益滞后对工程经济效果影响又很敏感,所以在敏感性分析中一定要注意对费用流和效益流的发生时间进行修正。

5.3 敏感性分析

【例 5-3】 某工程建设项目计划总投资 295.7 亿元，其正常运行年效益 60.9 亿元，经济内部收益率为 14.5%。已知社会折现率 10%，试对该工程建设项目进行敏感性分析。

解： 设以经济内部收益率为敏感性分析指标。依据题中条件，选取投资、效益和工期等 3 个因素对评价指标经济内部收益率进行敏感性分析，计算结果见表 5-3。据此，可就投资、效益 2 个因素对经济内部收益率指标编制敏感性分析图，如图 5-4 所示。

表 5-3　　　　　　　　　某工程建设项目敏感性分析表

序号	因素	变化率/%	经济内部收益率/%
1	基本方案	0	14.5
2	固定资产	+20	13.0
3	固定资产	+10	13.7
4	固定资产	-5	15.1
5	经济效益	-20	12.6
6	经济效益	-10	13.5
7	经济效益	+5	14.9
8	工期	延长 2 年	13.3

由表 5-3 及图 5-4 可以看出，上述 3 个因素在敏感性分析范围内变动时，相应的经济内部收益率仍大于给定的社会折现率，因此工程经济评价结论仍为可行，表明该工程在经济上的抗风险能力较强。

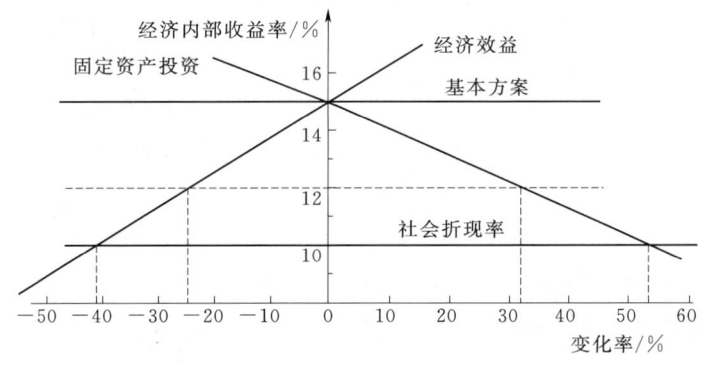

图 5-4　某工程建设项目敏感性分析图

图 5-4 表明，在社会折现率为 10% 的条件下，当经济效益在基本方案的基础上降低约 41% 时，其经济内部收益率将降至基准值，如果再进一步降低项目就变为不可行，因此经济效益这一因素的临界点为 -41%。而对于固定资产投资而言，只有当其在基本方案的基础上增加幅度达 53% 时，其经济内部收益率才降至基准值，如果再进一步降低项目才会变为不可行，因此固定资产投资这一因素的临界点为 53%。可见，经济效益因素对项目经济内部收益率的影响更大，项目经济内部收益率对经济效益因素更敏感。

此外，由图 5-4 还可看出，若将社会折现率提高，如提高至 12%，经济效益和固定资产投资的临界点将分别降低至 -25.5% 和 32%。

【例 5-4】 某工程建设项目现金流量见表 5-4。经分析,投资、经营成本、产品价格均可能在 20% 范围内变化。设基准收益率为 10%,不考虑所得税,试作敏感性分析。

表 5-4   某工程建设项目现金流量表   单位:万元

年末	0	1	2~10	11
投资	15000			
销售收入			19800	19800
经营成本			15200	15200
期末资产余值				2000
净现金流量	−15000	0	4600	6600

解: 由该项目的现金流量表给出的现金流程,求得其净现值为

$$NPV = -K + (B-C)(P/A, 10\%, 10)(P/F, 10\%, 1) + L(P/F, 10\%, 11)$$
$$= -15000 + 4600 \times 6.144 \times 0.9091 + 2000 \times 0.3505 = 11394 \text{(万元)}$$

以净现值为分析指标,针对投资、经营成本、产品价格等 3 个因素进行敏感性分析。分别设定投资、经营成本、产品价格这 3 个因素单独变化(其他因素不变)的幅度 ±20%、±15%、±10%、±5% 计算相应的项目净现值,见表 5-5。

表 5-5   某工程建设项目敏感性分析表

因素变化率/%		−20	−15	−10	−5	0	5	10	15	20
投资	净现值/万元	14394	13644	12894	12144	11394	10644	9894	9144	8394
	净现值变化率/%	26.3	19.7	13.2	6.6		−6.6	−13.2	−19.7	−26.3
经营成本	净现值/万元	28374	24129	19884	15639	11394	7149	2904	−1341	−5586
	净现值变化率/%	149.0	111.8	74.5	37.3		−37.3	−74.5	−111.8	−149.0
产品价格	净现值/万元	−10725	−5195	335	5864	11394	16924	22453	27983	33513
	净现值变化率/%	−194.1	−145.6	−97.1	−48.5		48.5	97.1	145.4	194.1

根据表 5-5 中各因素的变化率及相应净现值的变化率,可以应用式(5-8)计算项目净现值对各因素的敏感度系数 $|S_{AF}|$。显然,在因素变化率相同的前提下,净现值对产品价格的 $|S_{AF}|$ 最大,对经营成本的 $|S_{AF}|$ 次之,对投资的 $|S_{AF}|$ 最小,故可判断净现值对产品价格的敏感程度最高,对经营成本的敏感程度次之,对投资的敏感程度最低。

此外,还可求得产品价格的临界点为 10.3%,经营成本的临界点为 13.4%,投资的临界点为 76.0%,由此亦可得到产品价格对净现值的影响最大、经营成本的影响次之、投资的影响最小。

以上介绍了单因素敏感性分析的具体方法。项目评价中,有时需要分析两个或两个以上因素同时发生变化对项目经济效益的影响,即要进行多因素敏感性分析。下面通过 [例 5-5] 就同时对两个因素进行敏感性分析的方法作简要介绍。

【例 5-5】 某项目固定资产投资总额为 17 万元,年销售收入减去营业税金及附加后为 5.5 万元,年经营成本为 2 万元,项目计算期为 15 年,固定资产残值为 1.7 万元,内

部收益率要求达到15%。设投资变动的百分比为 x，年销售收入变动的百分比为 y。试以净现值为分析指标，对投资和年销售收入这两个因素进行敏感性分析。

解：按净现值公式可得

$$NPV(15\%) = -17(1+x) + 5.5(1+y)(P/A,15\%,15)$$
$$-2(P/A,15\%,15) + 1.7(P/F,15\%,15)$$

由题意，当项目内部收益率要求达到15%，即当取折现率为15%时，有净现值函数 $NPV(15\%) \geqslant 0$，亦即

$$NPV(15\%) = -17(1+x) + 5.5(1+y) \times 5.8473 - 2 \times 5.8473 + 1.7 \times 0.1229$$
$$= 3.6745 - 17x + 32.16y \geqslant 0$$

化简得

$$y \geqslant 0.53x - 0.1143$$

以投资变化百分率为横坐标、年销售收入变化百分率为纵坐标作平面直角坐标图。在图上绘出上述不等式的图形，即得与横坐标截距为21.55%，与纵坐标截距为 -11.43%的直线，如图 5-5 所示。

由图 5-5 可以看出：

（1）直线 $y = 0.53x - 0.1143$ 把平面划分为两个区域，直线上方 $NPV(15\%) > 0$ 的区域项目可行，直线下方 $NPV(15) < 0$ 为项目不可行区域。

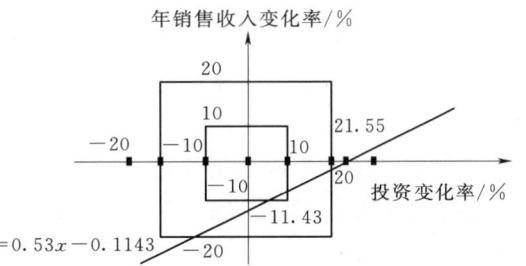

图 5-5 某项目双因素敏感性分析图

（2）若只改变年销售收入而其他因素不变，则当年销售收入降低幅度为11.43%以上时，项目将由可行变为不可行。

（3）若只改变投资额而其他因素不变时，则当投资额增长为21.55%以上时，项目将由可行变为不可行。

需要指出的是，在风电场工程建设项目技术经济分析中，敏感性分析一般主要考虑固定资产投资、发电量及电价等不确定因素单独变化对经济评价指标的影响。从国内风电场的实际建设资料看，风电场固定资产投资增加幅度一般不超过5%。考虑到机组设备招标情况变化的可能性，可按投资变化±5%、±10%的情况进行分析；对上网电量及电价的变化幅度，一般也可按±5%、±10%的情况进行分析。

5.4 风险分析

5.4.1 概述

任何投资过程都存在风险，因而任何投资决策都是要冒一定风险的。这要求决策者能够充分认识项目投资决策的风险特性，并在准确识别风险因素的基础上对项目的经济风险做出正确的估计和合理的评价，进而做出取得合理风险报酬的正确决策，这就需要进行风

险分析。风险分析是项目经济评价不可缺少的重要组成部分，其主要内容包括风险识别、风险估计、风险评价以及风险应对等几个方面。

5.4.1.1 风险识别

风险识别是运用系统论的方法对项目进行全面考察和综合分析，找出潜在的各种风险因素，并对各种风险因素进行比较、分类，确定各因素间的相关性与独立性，判断其发生的可能性及对项目的影响程度，按其重要性进行排队或赋予权重。风险识别是风险分析的基础，5.3节介绍的敏感性分析是初步识别风险因素的重要手段。

5.4.1.2 风险估计

风险估计又称风险测定、测试、衡量和估算等，是在风险识别之后应用主观概率和客观概率的统计方法确定风险因素的概率分布，运用数理统计分析方法计算项目评价指标相应的概率分布或累计概率、期望值、标准差。

5.4.1.3 风险评价

风险评价是对项目经济风险进行综合分析，依据风险对项目经济目标的影响程度进行风险分级排序的过程。它是根据风险识别和估计的结果并依据项目风险判别标准找出影响项目成败的关键风险因素，项目风险大小的评价标准应根据风险因素发生的可能性及其造成的损失来确定，一般采用评价指标的概率分布或累计概率、期望值、标准差作为判别标准，也可采用综合风险等级作为判别标准，从而确定项目的整体风险水平，为处置这些风险提供科学依据。

当以评价指标作判别标准时，具体标准是：

（1）财务（经济）内部收益率大于等于财务基准收益率（社会折现率）的累计概率值越大，风险越小；标准差越小，风险越小。

（2）财务（经济）净现值大于等于零的概率值越大，风险越小；标准差越小，风险越小。

若以综合风险等级进行判别，则可根据风险因素发生的可能性及其造成损失的程度建立综合风险等级的矩阵，将综合风险分为 K（Kill）级、M（Modify plan）级、T（Trigger）级、R（Review and Reconsider）级、I（Ignore）级。其中，K级表示风险很强，M级表示风险强，T级表示风险较强，R级表示风险适度（较小），I级表示风险弱，见表5-6。

表5-6　　　　　　　　　　综合风险等级分类表

综合风险等级		风险影响的程度			
		严重	较大	适度	轻微
风险的可能性	高	K	M	R	R
	较高	M	M	R	R
	适度	T	T	R	I
	低	T	T	R	I

5.4.1.4 风险应对

风险应对是根据风险评价的结果研究规避、控制与防范风险的措施，为项目全过程风险管理提供依据。

1. 风险应对的原则

（1）贯穿于项目可行性研究的全过程。可行性研究是一项复杂的系统工程，而经济风险来源于技术、市场、工程等各个方面，因此，应从规划设计上就采取规避防范风险的措施才能防患于未然。

（2）针对性。风险应对研究应具有很强的针对性，应结合行业特点，针对特定项目的主要的或关键的风险因素提出必要的措施，将其影响程度降低到最小程度。

（3）可行性。可行性研究阶段所进行的风险应对研究应立足于现实客观的基础之上，提出的风险应对应在财务、技术等方面切实可行。

（4）经济性。在风险应对研究中，应将规避防范风险措施所付出的代价与该风险可能造成的损失进行权衡，旨在寻求以最少的费用获取最大的风险效益。

2. 风险应对的主要措施

（1）决策阶段。①强调多方案比选，以选择最优方案；②对潜在风险因素提出必要研究与试验课题，以准确把握有关问题，消除模糊认识；③对影响投资、质量、工期和效益的有关数据，如价格、汇率和利率等风险因素，在投资估算与财务（经济）分析时应留有充分的余地，谨慎决策，并在执行过程中实施有效监控。

（2）建设或生产经营期的潜在风险，可采取回避、转移、分担和自担措施。

1）风险回避是彻底规避风险的一种方法，即断绝风险的来源。风险回避一般适用于两种情况：①某种风险可能造成相当大的损失；②风险应对防范的代价昂贵，得不偿失。

2）风险转移是将项目业主可能面临风险的风险源或将部分或全部风险损失转移出去以避免风险损失的一种方法。

3）风险分担是针对风险较大、投资人无法独立承担或为了控制项目的风险源而采取与其他企业合资或合作等方式共担风险、共享收益的方法。

4）风险自担是指当投资者已知有风险，但由于可能获利而需要冒险且又不愿意将获利机会分给别人时，将风险损失留给项目业主自己独立承担。

以上这些风险应对并不是互斥的，可行性研究中应结合项目的实际情况研究并选用相应的风险对策。

3. 风险应对方案

结合综合风险因素等级的分析结果提出应对方案，例如，K级表示风险很强，出现此类风险就要放弃项目；M级表示项目风险强，需要修正拟议中的方案，通过改变设计或采取补偿措施等；T级表示风险较强，设定某些指标的临界值，一旦达到临界值就要变更设计或对负面影响采取补偿措施；R级表示风险适度（较小），适当采取措施后不影响项目；I级表示风险弱，可以忽略。

5.4.1.5 风险分析方法

常用的风险分析方法包括专家调查法、层次分析法、概率树法、CIM模型及蒙特卡罗模拟分析法等，一般应根据项目具体情况选择一种方法或几种方法组合使用。下面主要介绍以概率分析理论为基础的风险分析方法。

5.4.2 概率分析

概率分析的关键是确定各种不确定性因素变化的概率。概率分析的内容应该根据经济评价的要求和项目方案的特点确定。一般是计算项目方案某个确定性分析指标（如净现值、内部收益率）的期望值，计算出使方案可行的指标取值的累计概率，通过模拟法测算分析指标的概率分布等。概率分析时所选定的分析指标应与确定性分析的评价指标一致。

5.4.2.1 随机现金流及其概率描述

任何投资方案的实际经济效果都要受到工程、技术、经济、环境等各方面因素的影响。严格来说，这些影响方案经济效果的因素中大多数都是随机变量。项目评价人员可以预测其未来可能的取值范围，估计各种取值或值域发生的概率，但不可能肯定地预知它们取什么值。实际上，项目建设方案的现金流量序列就是由这些因素的取值决定的，因此，方案的现金流量序列也是随机变量。为了与确定性分析中使用的现金流量概念有所区别，一般称概率分析中的现金流量为随机现金流。

要完整地描述一个随机变量，需要确定其概率分布的类型和参数。常见的概率分布类型有均匀分布、二项分布、泊松分布、指数分布和正态分布等。经济分析与决策中使用最普通的是均匀分布与正态分布。关于这些概率分布类型的条件、特征及其参数的计算方法，可以参阅有关概率统计方面的文献。

通常可以借鉴已经发生过类似情况的实际数据，并结合对各种具体条件的判断确定一个随机变量的概率分布。在某些情况下，也可以根据各种典型分布的条件，通过理论分析确定随机变量的概率分布类型。一般来说，投资项目的随机现金流要受多种已知或未知的不确定性因素的影响，可以看成是多个独立的随机变量之和，在很多情况下近似服从正态分布。

描述随机变量的主要参数是期望值与方差。期望值是随机变量所有可能取值的加权平均值，权重为各种可能取值出现的概率。方差是反映随机变量取值的离散程度的参数。

假定某方案的计算期为 n 个周期（通常取 1 年为 1 个周期）。净现金流序列为 y_0，y_1，y_2，…，y_n，周期数 n 和各周期的净现金流 y_t（$t=0,1,2,…,n$）都是随机变量。为便于分析，设 n 为常数。从理论上讲，某一特定周期 t 的净现金流可能出现的数值有无限多个，可将其简化为若干个离散数值 $y_t^{(1)}$，$y_t^{(2)}$，…，$y_t^{(m)}$。这些离散数值中，有的出现的概率大一些，有的出现的概率小一些。设与各离散数值对应的发生概率为 P_1，P_2，…，P_m（$\sum_{j=1}^{m} P_j = 1$），则第 t 周期净现金流 y_t 的期望值为

$$E(y_t) = \sum_{j=1}^{m} y_t^{(j)} P_j \qquad (5-9)$$

第 t 周期净现金流 y_t 的方差为

$$D(y_t) = \sum_{j=1}^{m} [y_t^{(j)} - E(y_t)]^2 P_j \qquad (5-10)$$

5.4.2.2 方案净现值的期望值与方差

以净现值为例讨论方案经济效果指标的概率描述。由于各个周期净现金流都是随机变

5.4 风险分析

量,所以把各个周期的净现金流量值折现相加得到的方案净现值必然也是一个随机变量,称之为随机净现值。在多数情况下,可以认为随机净现值近似服从正态分布。设各周期的随机现金流为 y_t ($t=0,1,2,\cdots,n$),则随机净现值为

$$NPV = \sum_{t=0}^{n} y_t (1+i_0)^{-t} \tag{5-11}$$

设方案计算期的周期数 n 为一个常数,根据各周期随机现金流的期望值,可以求出方案净现值的期望值为

$$E(NPV) = \sum_{t=0}^{n} E(y_t)(1+i_0)^{-t} \tag{5-12}$$

方案净现值的方差大小与各周期随机现金流之间是否存在相关关系有关。如果方案计算期内任意两个随机现金流之间不存在相关关系,或者不考虑随机现金流之间的相关关系,则方案净现值的方差为

$$D(NPV) = \sum_{t=0}^{n} D(y_t)(1+i_0)^{-2t} \tag{5-13}$$

若考虑随机现金流之间的相关关系,方案净现值的方差为

$$D(NPV) = \sum_{t=0}^{n} \frac{D(y_t)}{(1+i_0)^{2t}} + 2\sum_{\tau=0}^{n-1}\sum_{\theta=1}^{n} \frac{\mathrm{cov}(y_\tau, y_\theta)}{(1+i_0)^{\tau+\theta}} \tag{5-14}$$

式中 y_τ, y_θ ($\tau \in t, \theta \in t, \tau < \theta$)——第 τ 周期和第 θ 周期的相关现金流;

$\mathrm{cov}(y_\tau, y_\theta)$——$y_\tau$ 和 y_θ 这两个随机变量的协方差。

实际上,分别估算各个周期随机现金流的期望值与方差往往相当麻烦,如果能通过统计分析或主观判断给出方案计算期内影响方案现金流量的不确定性因素可能出现的各种状态及其发生概率,就可通过对各种因素的不同状态进行组合,求出所有可能出现方案的净现金流序列及其发生概率,在此基础上就可以不必计算各年净现金流量的期望值和方差,而可直接求出方案净现值的期望值与方差。假定某方案计算期内可能发生 l 种净现金流序列的状态,各状态对应的净现金流序列为 $\{y_t \mid t=0,1,\cdots,n\}^{(j)}$ ($j=1,2,\cdots,l$),对应于各种状态的发生概率为 P_j ($j=1,2,\cdots,l, \sum_{j=1}^{l} P_j = 1$),则在第 j 种状态下,方案的净现值为

$$NPV^{(j)} = \sum_{t=0}^{n} y_t^{(j)} (1+i_0)^{-t} \tag{5-15}$$

式中 $y_t^{(j)}$——在第 j 种状态下,第 t 周期的净现金流。

方案净现值的期望值为

$$E(NPV) = \sum_{j=1}^{l} NPV^{(j)} P_j \tag{5-16}$$

在这种情况下净现值方差为

$$D(NPV) = \sum_{j=1}^{l} [NPV^{(j)} - E(NPV)]^2 P_j \tag{5-17}$$

由于净现值的方差与净现值的量纲不同,为了便于分析,通常使用与净现值具有相同量纲的参数标准差 σ 来反映随机净现值取值的离散程度,其计算公式为

$$\sigma(NPV)=\sqrt{D(NPV)} \quad (5-18)$$

需要指出的是，标准差虽然可以反映随机变量的离散程度，但它是一个绝对值，其大小与变量的量纲及其期望值大小有关。如果两个随机变量的期望值相同，标准差大的随机变量离散程度较大，标准差小的则离散程度小。但是，如果两个随机变量的期望值不相同，则仅根据标准差大小来判断随机变量的离散程度就不够准确了。为此，需要引入离散系数，它是标准差与期望值之比，即

$$C_v = \frac{\sigma(NPV)}{E(NPV)} \quad (5-19)$$

可见，离散系数是一个相对值，不受变量和期望值的绝对值大小的影响，能够更好地反映随机变量的离散程度。当对两个不同的随机变量进行比较时，离散系数较大的变量，其离散程度较大，离散系数较小的则离散程度也较小。

5.4.2.3 投资方案风险的概率分析

概率分析的基本原理是在对参数值进行概率估计的基础上，通过投资效果指标的期望值、累计概率、标准差及离散系数来反映方案的风险程度。在对投资方案进行风险分析时，若以净现值为评价指标，则一般要求净现值的期望值必须大于或等于0，且标准差及离散系数小一些。有时，还需要估算方案经济效果指标发生在某范围的可能性。例如当净现值不小于零的累计概率越大，表明方案的风险越小，反之，则风险越大。

【例 5-6】 已知某工程项目建设方案经济参数及其概率分布见表5-7。

假设市场特征已定，试求：

（1）净现值的期望值及标准差。

（2）净现值大于或等于零的概率。

表 5-7 方案经济参数值及其概率

投资额		年净收入		折现率		计算期	
数值/万元	概率	数值/万元	概率	数值	概率	数值/年	概率
1200	0.3	200	0.25	10%	1.00	10	1.00
1500	0.5	280	0.40				
1750	0.2	330	0.20				
		360	0.15				

解： 根据表5-7给出的投资额及年净收入的可能取值情况，共有12种可能组合状态。利用投资额及年净收入不同取值对应的概率值，可分别计算每种状态的组合概率；结合表5-7给出的折现率及计算期可求得各组合状态所对应的净现值。

以投资1200万元，年净收入为200万元的组合状态为例，该状态组合概率为

$$0.3 \times 0.25 = 0.075$$

其净现值为

$$NPV = -1200 + 200 \times (P/A, 0.10, 10) = -1200 + 200 \times 6.144 = 28.8 \text{（万元）}$$

其他组合状态下的组合概率及净现值数据计算方法同上，计算结果见表5-8。

5.4 风险分析

表 5-8　　　　　　　　　方案所有组合状态的概率及净现值

组合状态		组合概率	净现值/万元
投资/万元	年净收入/万元		
1200	200	0.075	28.8
	280	0.12	520.3
	330	0.06	827.5
	360	0.045	1011.8
1500	200	0.125	−271.2
	280	0.20	220.3
	330	0.10	527.5
	360	0.075	711.8
1750	200	0.05	−521.2
	280	0.08	−29.7
	330	0.04	277.5
	360	0.03	461.8

对表 5-8 中 12 种组合状态的净现值按从小到大的顺序重新进行排列,并计算相应的累积概率见表 5-9。

表 5-9　　　　　　　　　净现值的概率及累积概率

净现值/万元	−521.2	−271.2	−29.7	28.8	220.3	277.5
概率	0.050	0.125	0.080	0.075	0.200	0.040
累积概率	0.050	0.175	0.255	0.330	0.530	0.570
净现值/万元	461.8	520.3	527.5	711.8	827.5	1011.8
概率	0.030	0.120	0.100	0.075	0.060	0.045
累积概率	0.600	0.720	0.820	0.895	0.955	1.000

由表 5-9 可知:
(1) 净现值的期望值为

$$E(NPV) = \sum_{j=1}^{l} NPV^{(j)} P_j = 272.59（万元）$$

净现值的方差为

$$D(NPV) = \sum_{j=1}^{l} [NPV^{(j)} - E(NPV)]^2 P_j = 153252.2$$

净现值的标准差为

$$\sigma(NPV) = \sqrt{D(NPV)} = 391.47（万元）$$

(2) 净现值大于或等于零的概率为

$$P(NPV \geqslant 0) = 1 - 0.255 = 0.745$$

由于净现值的期望值大于 0,因此该项目经济上是有利的;又由本例净现值不小于 0

的概率知,项目建设承担的经济风险不是很大。

在进行投资方案的风险分析时,如果不能做出与评价指标函数有关的假设分布,则借助于切比雪夫不等式可以给出一个粗略的概率表述以估算风险。

根据切比雪夫不等式,对任何具有有限方差的随机变量,都有

$$P\{|y-\mu|\geqslant\varepsilon\}\leqslant\frac{\sigma^2}{\varepsilon^2} \quad (5-20)$$

式中 ε——任一正数,$\mu=E(y)$。

令 $\varepsilon=t\sigma$,则有

$$P\{y-\mu\leqslant-t\sigma\}\leqslant\frac{1}{t^2}$$

或

$$P\{y-\mu\geqslant t\sigma\}\leqslant\frac{1}{t^2}$$

故有

$$P\{y\leqslant\mu-t\sigma\}\leqslant\frac{1}{t^2} \quad (5-21)$$

或

$$P\{y\geqslant\mu+t\sigma\}\leqslant\frac{1}{t^2} \quad (5-22)$$

风险值 $R=\frac{1}{t^2}$ 给出了评价指标不大于临界值的概率;当评价指标是逆指标时,$R=\frac{1}{t^2}$ 给出了评价指标不小于临界值的概率。

5.4.2.4 投资方案风险的蒙特卡洛模拟法

投资方案风险的概率分析是在已知参数的概率分布条件下进行的,然而,在实际投资评价中,往往会遇到缺少足够的信息来判断参数的概率分布,或者概率分布无法用典型分布来描述的情形。在这种情形下,可采用蒙特卡洛(Monte Carlo)模拟法来对方案进行风险分析。

蒙特卡洛模拟法又称为统计试验法。蒙特卡洛模拟技术是通过大量的随机模拟计算对经济评价指标函数的结果进行统计分析,从而获得经济评价指标的概率分布及概率特征值的风险分析方法。

下面通过具体算例,就如何利用蒙特卡洛模拟法对经济评价指标进行风险分析的步骤进行介绍。

【例 5-7】 某项目初始投资 150 万元,当年投资当年即可正常收益,计算期估计为 12～16 年,呈均匀分布。年净收益呈正态分布,其期望值为 25 万元,标准差为 3 万元。设期末资产残值为 0。用蒙特卡洛模拟方法描述该项目的内部收益率的概率分布。

解:(1) 作出项目计算期及年净收益的累积概率分布图。本例中,需要模拟的随机变量有项目计算期和年净收益。项目计算期为均匀分布,为便于计算,只取区间 12～16 范围内的整数值,其累积概率分布图如图 5-6 所示。

年净收益为期望值为 25 万元、标准差为 3 万元的正态分布,根据正态分布函数绘出其累积概率分布图,如图 5-7 所示。图中,横坐标为参数 $Z=\frac{x-\mu}{\sigma}$(x 为年净收益的随机值,μ 为期望值,σ 为标准差),纵坐标为净收益参数 Z 在 $[-2.5, 2.5]$ 区间上发生概率的累积值。

5.4 风险分析

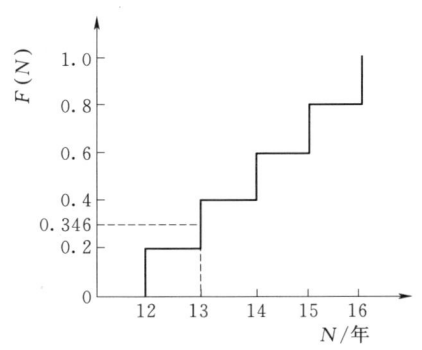

图 5-6 项目计算期的累积概率分布图

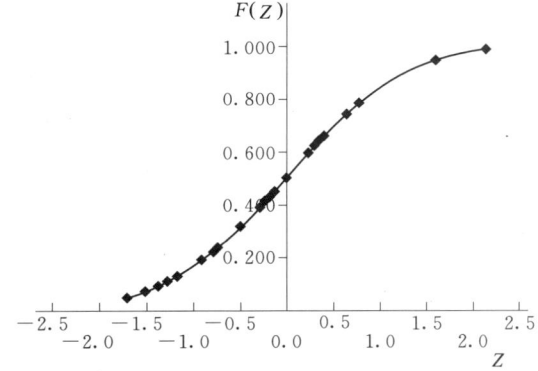

图 5-7 年净收益的累计概率分布图

（2）在 0.000~0.999 范围内抽取两个随机数，分别作为计算期及年净收益的累积概率的随机值。抽取随机数的方法一般有：①直接查随机数表得到；②用随机数发生器产生随机数；③用专门的运算程序在电子计算机上算出伪随机数，但必须经过检验。其特点是任何数字，不管过去的出现情况如何，现在出现的概率都相等。

（3）由累积概率的随机值在计算期或年净收益的累积概率分布图上求出相应的计算期或年净收益的随机值，见表 5-10。以表 5-10 中第 5 组数据为例，由第 1 个随机数 0.346 查项目计算期的累积概率分布图，其所对应的计算期为 13 年；由第 2 个随机数 0.980 查项目年净收益参数的累积概率分布图，其所对应的年净收益参数 Z 为 2.055，相应的年净收益 x 为 31.17 万元。

（4）由计算期或年净收益的随机值以及其他相关已知条件，计算相应的内部收益率。仍以第 5 组数据为例，根据前面求出的项目计算期 13 年、年净收益 31.17 万元以及项目的初始投资 150 万元，可求得内部收益率为 18.5%。

（5）反复抽取随机数模拟累积概率的变化，进而模拟计算期、年净收益及内部收益率的变化，见表 5-10。

表 5-10　　　　　某项目内部收益率的随机模拟结果

序号	随机数	计算期/年	随机数	Z 值	年净收益/万元	IRR/%
1	0.303	13	0.623	0.325	25.98	14.3
2	0.871	16	0.046	−1.685	19.95	10.7
3	0.274	13	0.318	−0.475	23.58	12.2
4	0.752	15	0.318	−0.475	23.58	13.2
5	0.346	13	0.980	2.055	31.17	18.5
6	0.365	13	0.413	−0.220	24.34	12.9
7	0.466	14	0.740	0.640	27.22	15.8
8	0.021	12	0.502	0.005	25.02	12.7
9	0.524	14	0.069	−1.485	20.55	10.2
10	0.748	15	0.221	−0.770	22.69	12.6

续表

序号	随机数	计算期/年	随机数	Z值	年净收益/万元	IRR/%
11	0.439	14	0.106	−1.245	21.27	10.8
12	0.984	16	0.636	0.345	26.04	15.7
13	0.234	13	0.394	−0.270	24.19	12.7
14	0.531	15	0.235	−0.725	22.83	12.7
15	0.149	12	0.427	−0.185	24.45	12.2
16	0.225	13	0.190	−0.880	22.36	11.1
17	0.873	16	0.085	−1.370	20.89	11.5
18	0.135	12	0.126	−1.145	21.57	9.6
19	0.961	16	0.106	−1.245	21.27	11.8
20	0.381	13	0.780	0.770	27.31	15.4
21	0.439	14	0.450	−0.125	24.63	13.7
22	0.289	13	0.651	0.390	26.17	14.4
23	0.245	13	0.654	0.395	26.19	14.4
24	0.069	12	0.599	0.250	25.75	13.4
25	0.040	12	0.942	1.570	29.71	16.7

(6) 对内部收益率进行频数统计、频率计算。本例中，根据表 5-10 中的内部收益率随机模拟结果进行频数统计和频率计算，结果见表 5-11。

表 5-11 某项目内部收益率随机模拟结果的频率分析

IRR/%	9~10	10~11	11~12	12~13	13~14	14~15	15~16	16~17	17~18	18~19
频数	1	3	3	7	3	3	3	1	0	1
频率/%	4	12	12	28	12	12	12	4	0	4

(7) 绘出内部收益率的频率直方图，并根据直方图分析风险情况。根据表 5-11 的内部收益率随机模拟结果的频率计算结果，可以绘制内部收益率的频率直方图，如图 5-8 所示。如果本例项目的基准收益率设定为 10%，由表 5-11 及图 5-8 可以求得本项目内部收益率 IRR>10% 的概率为 96%，因此，本项目的经济风险较小。

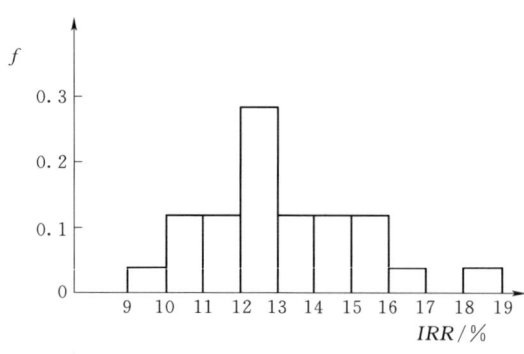

图 5-8 内部收益率频率直方图

需要指出，上例中已知不确定性因素（项目计算期和年净现值）的概率分布分别为均匀分布和正态分布，实际上蒙特卡洛模拟分析方法可以适合于不确定性因素的任何概率分布类型，包括无法用解析模型描述的经验分布。此外，在实际工作中，用模拟法进行风险分析时，通常要进行 50~300 次甚至更多次模拟试验，才能使计算结果达到令人满意的精度，计算工作量较大，一般需要在计算机上进行模拟计算。

第6章 风电场财务评价

6.1 概 述

6.1.1 财务评价的主要目的

风电场工程建设项目财务评价（也称财务分析）是在财务效益与费用的估算以及编制财务辅助报表的基础上编制财务报表，计算财务评价指标，考察和分析项目的盈利能力、清偿能力和财务生存能力，判断项目的财务可行性，明确项目对财务主体的价值以及对投资者的贡献，为投资决策、融资决策以及银行审贷提供依据。财务评价的主要目的是：

（1）从投资主体或项目角度出发，分析投资效果，判明投资主体或项目所获得的实际利益。

（2）为企业制定资金规划。确定项目实施所需资金的数额，根据资金的可能来源及资金的使用效果安排恰当的用款计划以及选择适宜的筹资方案都是财务评价要解决的问题，项目资金的提供者们据此安排各自的出资计划，以保证项目所需资金能及时到位。

（3）为协调企业利益和国家利益提供依据。当项目财务效果和国民经济效果发生矛盾时，国家需要用经济手段予以调节。财务分析可以通过考察有关经济参数（如价格、税收、利率等）变动对分析结果的影响寻找经济调节的方式和幅度，使企业利益和国家利益、全社会利益趋于一致，为国家进行经济调节提供依据。

6.1.2 财务评价的基本内容

建设项目的性质和目标不同，其财务评价的内容也有所不同。对于经营性建设项目，应全面评价其盈利能力、清偿能力和财务生存能力。对于非经营性项目，主要评价其财务生存能力。项目在财务上的生存能力取决于项目的财务效益和费用的大小及其在时间上的分布情况。项目盈利能力、清偿能力及外汇平衡等财务状况，是通过编制财务报表及计算相应的评价指标来进行判断的。由此，为判别项目财务可行性所进行的财务评价应该包括以下基本内容。

1. 财务效益和费用的识别及基础数据的收集、预测

（1）效益和费用是针对特定目标而言的，项目的财务目标是争取尽可能大的利润，因此，正确识别项目的财务效益和费用应以项目为界，以项目系统实际发生的直接收入和支出为依据。项目的财务效益主要表现为生产经营的产品销售（营业）收入；财务费用主要表现为建设项目投资、经营成本和税金等各项支出。此外，项目得到的各种补贴、项目寿命期末回收的固定资产余值和流动资金等，也是项目得到的收入，在财务评价时应视作效益处理。

（2）基础数据的收集、预测是在效益费用识别和对项目的总体了解以及对市场、环境、技术方案充分调查与掌握的基础上，收集、预测财务评价所需的基础数据。这些数据主要包括：①预测的产品销售量及各年度产量；②预测的产品价格，包括近期价格和预计的价格变动幅度；③固定资产、流动资金投资及其他投资估算；④成本费用及其构成估算。这些数据大部分是预测数，因此这一步骤又称为财务预测。财务预测的质量是决定财务分析成败和质量的关键。财务预测的结果可用若干基础财务报表归纳整理。对于风电场工程项目，其基础财务报表主要是投资计划与资金筹措表、总成本费用估算表等。

2. 编制资金规划与计划

对可能的资金来源与数量进行调查和估算，如筹集到的银行贷款种类、数量，可能发行的股票、债券，企业可以用于投资的自有资金数量，企业未来各年可用于偿还债务的资金量等。根据项目实施计划估算出逐年投资量，计算逐年债务偿还额。在此基础上编制出项目寿命期内资金来源与运用计划。这一计划可用资金来源与运用表（也称资金平衡表）来表示。一个好的资金规划不仅能满足资金平衡的要求，即保证各项收入足以支付各项费用，而且要在各种可行的资金筹集、运用方案中选择最好的方案。也就是说，资金规划是保证项目可行和提高财务效果的重要手段。

3. 计算和分析财务效果

根据财务基础数据和资金规划编制财务现金流量表，据此可计算出财务评价的经济效果指标，并据以分析评价项目的财务可行性。此项内容有时要和资金规划交叉进行，利用财务评价的结果可进一步分析和调整资金规划。

6.1.3 财务评价的主要指标

如前所述，项目财务评价是在财务效益与费用的估算以及编制相关财务报表的基础上，计算财务评价指标，考察和分析项目的盈利能力、偿债能力和财务生存能力，判断项目的财务可行性。

6.1.3.1 盈利能力分析指标

项目盈利能力分析的主要指标包括项目投资财务内部收益率和财务净现值、项目资本金财务内部收益率、投资回收期、总投资收益率、项目资本金净利润率等，可根据项目的特点及财务分析的目的、要求等选用。

1. 财务内部收益率

财务内部收益率（Financial Internal Rate of Return，FIRR）是指能使项目计算期内净现金流量现值累计等于零时的折现率，即

$$\sum_{t=1}^{n}(CI-CO)_t(1+FIRR)^{-t}=0 \qquad (6-1)$$

式中　　CI——现金流入量；

　　　　CO——现金流出量；

　　$(CI-CO)_t$——第 t 期的净现金流量；

　　　　n——项目计算期；

　　　$FIRR$——折现率。

6.1 概 述

财务内部收益率是考察项目盈利能力的主要动态指标。项目投资财务内部收益率、项目资本金财务内部收益率和投资各方财务内部收益率均按上式计算，但所用的现金流量应分别采用项目投资现金流量、项目资本金现金流量和投资各方现金流量。

根据此式计算 $FIRR$ 时，一般采用试错法。求得 $FIRR$ 后，应与所设定的判别基准 i_c（基准收益率）比较，当 $FIRR \geqslant i_c$ 时，项目在财务上是可以接受的。项目投资财务内部收益率、项目资本金财务内部收益率和投资各方财务内部收益率可以有不同的判别标准。

2. 财务净现值

财务净现值（Financial Net Present Value，FNPV）是指按设定的折现率（一般采用基准收益率 i_c）计算项目计算期内净现金流量的现值之和，计算公式为

$$FNPV = \sum_{t=1}^{n}(CI-CO)_t(1+i_c)^{-t} \qquad (6-2)$$

式中各项符号意义同式（6-1）。

一般情况下，财务盈利能力分析只计算项目投资财务净现值，可根据需要选择计算所得税前净现值或所得税后净现值。当所求得的财务净现值 $FNPV \geqslant 0$ 时，项目或方案在财务上是可以接受的。

3. 投资回收期

投资回收期（Investment Recovery Period）是指以项目的净收益回收项目投资所需要的时间，一般以年表示，且一般从项目建设开始年计算，用 P_t 表示。若从项目投产开始年计算，应予特别说明。项目投资回收期为

$$\sum_{t=1}^{P_t}(CI-CO)_t = 0 \qquad (6-3)$$

项目投资回收期可借助投资现金流量表计算。实际上，项目投资现金流量表中累计净现金流量由负值变为零的时点即为项目的投资回收期，具体地，投资回收期计算公式为

$$P_t = T - 1 + \frac{\left|\sum_{t=1}^{T-1}(CI-CO)_t\right|}{(CI-CO)_T} \qquad (6-4)$$

式中 T——各年累计净现金流量首次为正值或零的年数。

一般认为，投资回收期短，表明项目投资回收快，抗风险能力强。

4. 总投资收益率

总投资收益率（Return on Investment，ROI）是指项目达到设计能力后正常年份的年息税前利润或运营期内年平均息税前利润（Earnings Before Interest and Tax，EBIT）与项目总投资（Total Investment，TI）的比率。该指标表示项目总投资的盈利水平，计算公式为

$$ROI = \frac{EBIT}{TI} \times 100\% \qquad (6-5)$$

总投资收益率高于同行业的收益率参考值，表明用总投资收益率表示的项目盈利能力满足要求。

5. 项目资本金净利润率

资本金净利润率（Return on Equity，ROE）是指项目达到设计能力后正常年份的年

净利润或运营期内年平均净利润与项目资本金的比率。该指标表示项目资本金的盈利水平，计算公式为

$$ROE = \frac{NP}{EC} \tag{6-6}$$

式中　NP——正常年份的年净利润或运营期内年平均净利润；

　　　EC——项目资本金。

项目资本金净利润率高于同行业的净利润率参考值，表明用项目资本金净利润率表示的项目盈利能力满足要求。

6.1.3.2　偿债能力分析指标

项目偿债能力分析的主要指标包括利息备付率、偿债备付率和资产负债率等。通过计算这些指标可以分析判断财务主体的偿债能力。

1. 利息备付率

利息备付率（Interest Coverage Ratio，ICR）是指在借款偿还期内的息税前利润（$EBIT$）与应付利息（PI）的比值。该指标从付息资金来源的充裕性角度反映项目偿付债务利息的保障程度，计算公式为

$$ICR = \frac{EBIT}{PI} \tag{6-7}$$

利息备付率应分年计算。利息备付率高，表明项目偿付利息的保障程度高。利息备付率应大于1，并结合债权人的要求确定。

2. 偿债备付率

偿债备付率（Debt Service Coverage Ratio，DSCR）是指在借款偿还期内用于计算还本付息的资金与应还本付息金额的比值。该指标表示可用于计算还本付息的资金偿还借款本息的保障程度，计算公式为

$$DSCR = \frac{EBITDA - T_{AX}}{PD} \tag{6-8}$$

式中　$EBITDA$——息税前利润加折旧和摊销；

　　　T_{AX}——企业所得税；

　　　PD——应还本付息金额，包括还本金额和计入总成本费用的全部利息，融资租赁费用可视同借款偿还，运营期内的短期借款本息也应纳入计算。

如果项目在运行期内有维持运营的投资，可用于还本付息的资金应扣除维持运营的投资。偿债备付率应分年计算。偿债备付率高，表明项目可用于还本付息的资金保障程度高。偿债备付率应大于1，并结合债权人的要求确定。

在以上偿债能力指标估算中，如果能够得知或根据经验设定所要求的借款偿还期，则可直接计算利息备付率和偿债备付率指标；如果难以设定借款偿还期，也可先大致估算出借款偿还期，再采用适宜的方法计算出每年需要偿还的本金和付息的金额，代入相应的公式计算利息备付率和偿债备付率指标。需要估算借款偿还期时，可按以下公式估算

$$借款偿还期 = 借款偿还后开始出现盈余年份 - 开始借款年份 + \frac{当年偿还借款额}{当年可用于还款的资金额} \tag{6-9}$$

通常，可用于还贷的资金来源有销售利润、折旧费、摊销费等。

3. 资产负债率

资产负债率（Liability on Asset Ratio，LOAR）是指各期末负债总额与资产总额的比率，计算公式为

$$LOAR = \frac{TL}{TA} \qquad (6-10)$$

式中　TL——期末负债总额；

TA——期末资产总额。

适度的资产负债率，表明企业经营安全、稳健，具有较强的筹资能力，也表明企业和债权人的风险较小。对于该指标的分析，应结合国家宏观经济状况、行业发展趋势、企业所处竞争环境等具体条件判定。在长期债务还清后，可不再计算资产负债率。

6.1.3.3　财务生存能力

对于建设项目的财务生存能力分析，应在财务分析辅助报表和利润与利润分配表的基础上编制财务计划现金流量表，通过考察项目计算期内的投资、融资和经营活动所产生的各项现金流入和流出计算净现金流量和累计盈余资金，分析项目是否具有足够的净现金流量维持正常运营，以实现财务可持续性。

通常认为，项目的财务可持续性应首先体现在有足够大的经营活动净现金流量，其次各年累计盈余资金不应出现负值。如果出现负值，应进行短期借款，同时分析该短期借款的年份长短和数额大小，进一步判断项目的财务生存能力。短期借款应体现在财务计划现金流量表中，其利息应计入财务费用。为维持项目正常运营，还应分析短期借款的可靠性。

6.1.4　融资前财务评价与融资后财务评价

建设项目决策主要包括投资决策和融资决策两个层次。投资决策重在考察项目净现金流价值是否大于其投资成本，融资决策重在考察资金筹措方案能否能满足要求。严格地说，投资决策在先，融资决策在后。根据不同决策的需要，建设项目财务评价分为融资前财务评价和融资后财务评价。

财务评价一般先进行融资前评价。在融资前评价结论满足要求的情况下，再确定融资方案，进行融资决策，而后进行融资后财务评价。在初步可行性研究阶段，可以只进行融资前财务评价。

融资前财务评价是指在考虑融资方案前就可以开始的财务评价，即不考虑债务融资条件下进行的财务评价。换言之，融资前财务评价不考虑债务资金的筹集、使用和偿本付息等融资问题对项目建设和运营效益的影响，只考察项目对财务主体的价值或项目自身的财务可行性。

融资前财务评价主要是从项目投资总盈利能力角度考察项目方案设计的合理性，为后续融资和投资决策做准备。所以，融资前财务评价是对项目盈利能力的评价。而项目盈利能力评价可从所得税前和所得税后两方面进行。从理论上讲，（所得）税前评价结论可以满足对项目方案设计合理性以及项目财务可行性考察的要求。所以，在初步可行性研究阶

段或对于一般的经营项目，可只考察税前的盈利能力。当然，由于所得税是项目现金流出的重要科目，所以（所得）税后评价可以更准确地判断项目对企业价值的贡献。

融资前项目盈利能力评价主要进行动态分析，即用折现现金流的方式，通过财务内部收益率、财务净现值等动态指标对项目的盈利能力进行评价。也可进行静态分析，计算静态投资回收期指标，用以反映收回项目投资所需要的时间。

融资后财务评价是指在确定的融资方案基础上进行的项目财务评价。融资后财务评价考虑了债务资金的筹集、使用和还本付息等融资问题对项目建设和运营效益的影响，以考察项目对投资者的财务贡献。融资后财务评价主要是针对项目资本金折现现金流量和投资各方折现现金流量进行分析，既包括盈利能力分析，又包括清偿能力分析和财务生存能力分析等内容。融资后财务评价是比选融资方案，是进行融资决策和投资者最终决定出资的依据。可行性研究阶段必须进行融资后财务评价，但只是阶段性的。实践中，在可行性研究报告完成之后，还需要进一步深化融资后分析，才能完成最终融资决策。

6.1.5 财务评价的项目现金流量分析

进行财务评价的现金流量分析，应正确识别和选用现金流量，包括现金流入和现金流出。融资前财务评价是在不考虑债务融资条件下进行的，所以融资前财务评价的项目现金流量与融资方案无关。从这一原则出发，融资前项目投资现金流量分析的现金流量主要包括营业收入、建设投资、流动资金、经营成本、营业税金及附加和所得税。

所得税前分析的现金流入主要是营业收入，还可能包括补贴收入，在计算期的最后一年，还包括固定资产余值和流动资金回收。现金流出主要包括建设投资、流动资金、经营成本、营业税金及附加。如果在项目运营期内需要发生设备或设施的更新费用以及矿山、石油开采项目的拓展费用等（记作维持运营投资），也应作为现金流出。现金流入与现金流出之差即为净现金流量，它是计算分析指标的基础。

所得税后分析是所得税前分析的延伸。其现金流入与所得税前分析的现金流入完全相同，但其现金流出与所得税前分析的现金流出略有不同。所得税前分析中，所得税不作为现金流出，所得税后分析中应将所得税作为现金流出。所得税根据息税前利润乘以税率计算，称为调整所得税。原则上，息税前利润的计算应该完全不受融资方案变动的影响，即不受利息多少的影响，包括建设期利息对固定资产折旧（进而对利润）的影响，但这样就将出现两个折旧和两个息税前利润（用于计算融资前所得税的息税前利润和利润表中的息税前利润）。为简化起见，当建设期利息占总投资比例不是很大时，也可按利润表中的息税前利润乘以所得税率计算调整所得税。

融资后的现金流量分析应包括两个层次：①项目资本金现金流量分析，应在拟定的融资方案下，从项目资本金出资者整体的角度确定其现金流入和现金流出；②投资各方现金流量分析，应从投资各方实际收入和支出的角度确定其现金流入和现金流出。

6.2 陆上风电场财务评价实例分析

本节以某陆上风电场工程建设项目为例，就其财务评价的具体内容进行分析。该风电

6.2 陆上风电场财务评价实例分析

场工程采用 100 台单机容量 4MW 的风力发电机组,总装机容量 400MW,其正常运行期年上网电量为 92023.7 万 kW·h,年等效满负荷小时数 2301h。项目于第 1 年年初开工,建设期 2 年,生产经营期 20 年,计算期 22 年。

6.2.1 财务效益和费用估算

6.2.1.1 财务投资和资金筹措

风电场项目财务评价中的总投资包括固定资产投资、流动资金和建设期利息三部分。

1. 固定资产投资

根据投资概算,该风电场工程建设项目的建筑工程费用为 24820.92 万元,机电设备及安装工程费为 227183.28 万元,施工辅助工程费为 5021.60 万元,其他费用为 14981.89 万元,固定资产静态投资为 272007.7 万元。

2. 流动资金

该项目的生产流动资金按 30 元/kW 估算,共 1200 万元,流动资金总额的 30%使用资本金,70%从银行贷款,其年利率按 6.0%计算。流动资金随机组投产投入使用,利息计入发电成本,本金在计算期末一次回收。

3. 建设期利息

建设资金来源为资本金和银行贷款。该项目资本金 56121.9 万元(含流动资金部分),占总投资(不含流动资金)的 20%,资本金不还本付息。贷款资金 223887.6 万元(含流动资金贷款),采用机组投产后按年返还贷款及利息的原则,其中,建设期不还本,年利率 6.55%,贷款按复利计息。本项目投资计划与资金筹措情况见表 6-1。可见,本项目建设期利息为 6801.9 万元。

表 6-1 投资计划与资金筹措表 单位:万元

序号	项目	合计	第 1 年	第 2 年
1	项目投入总资金	280009.6	111635.2	168374.4
1.1	固定资产投资	272007.7	108803.1	163204.6
1.2	建设期利息	6801.9	2832.1	3969.8
1.3	流动资金	1200.0	0.0	1200.0
2	资金筹措	280009.6	111635.2	168374.4
2.1	资本金	56121.9	22327.0	33794.9
	其中:用于流动资金	360.0	0.0	360.0
2.2	借款	223887.6	89308.1	134579.5
2.2.1	长期借款	223047.6	89308.1	133739.5
	其中:本金	216245.8	86476.0	129769.7
2.2.2	流动资金借款	840.0	0.0	840.0
2.3	其他短期借款	0.0	0.0	0.0
2.4	其他	0.0	0.0	0.0

4. 项目总投资

将以上3项相加即求得项目总投资为280009.6万元。据此,该陆上风电场工程的单位千瓦静态投资为6800元,单位千瓦动态投资为6970元;单位电度静态投资为2.96元,单位电度动态投资为3.03元。

6.2.1.2 总成本费用与经营成本

1. 固定资产价值

该风电场固定资产价值为不包括流动资金的项目总投资。项目静态投资为272007.7万元,加入建设期利息6801.9万元后,项目固定资产价值为278809.6万元。

2. 总成本费用

风电场总成本主要包括折旧费、修理费、职工工资及福利费、劳保统筹费、住房基金、材料费、保险费、摊销费、其他费用、利息支出。各项成本计算如下:

(1) 折旧费。

$$折旧费 = 固定资产价值 \times 综合折旧率$$

$$固定资产价值 = 固定资产静态投资 + 建设期利息$$

$$综合折旧率 = \frac{1-预计净残值率}{折旧年限} \times 100\%$$

该项目的固定资产价值形成率按100%计算,综合折旧年限按15年计算,净残值率为5%。

(2) 修理费。

$$修理费 = 固定资产静态投资 \times 修理费率$$

考虑到设备可靠性随使用年限的变化,本项目的修理费率在运营期为0.5%~2.0%,正常投产后前2年取0.5%,第3~第7年取1%,第8~第12年取1.5%,第13~第20年取2.0%。

(3) 职工工资及福利费等(含劳保统筹费、住房基金)。

$$职工工资及福利费等 = 编制定员 \times 职工年平均工资 \times (1+职工福利费率$$
$$+劳保统筹费率+住房基金率)$$

该项目编制电场定员60人,职工人均年工资按6万元计算,职工福利费率按工资总额的14%计算,劳保统筹费率按工资总额的17%计算,住房基金率按工资总额的10%计算。

(4) 材料费。

$$材料费 = 风电场装机容量 \times 材料费定额$$

该项目材料费定额取15元/kW。

(5) 保险费。该项目保险费按固定资产价值的0.3%计算。

(6) 摊销费。该项目暂不考虑无形资产和其他资产,因此摊销费也暂不考虑。

(7) 其他费用。

$$其他费用 = 风电场装机容量 \times 其他费用定额$$

其他费用定额取30元/kW。

(8) 利息支出。利息支出的计算分为建设期和正常运营期,建设期当年折旧费的70%用于利息支出,正常运营期的利息支出用于偿还当年的应计利息(含流动资金贷款利息)。

6.2 陆上风电场财务评价实例分析

因此,建设期的利息支出按折旧费的70%进行计算,正常运营期的利息支出按当年的应计利息进行计算,当年利息计入生产成本。

(9)总成本费用。将以上各项费用相加,即得该风电场总成本费用,见表6-2。

表6-2　　　　　　　　　　总成本费用估算表　　　　　　　　　　单位:万元

序号	项目	合计	建设期		生产经营期							
			第1年	第2年	第3年	第4年	第5年	第6年	第7年	第8年	第9年	第10年
1	电站发电成本	489039.1	0.0	17261.3	36822.0	34688.5	34409.9	32814.2	31368.5	29885.1	28440.4	28291.8
1.1	折旧费	264869.1	0.0	8829.0	17657.9	17657.9	17657.9	17657.9	17657.9	17657.9	17657.9	17657.9
1.2	固定修理费	80922.3	0.0	680.0	1360.0	1360.0	2720.1	2720.1	2720.1	2720.1	2720.1	4080.1
1.3	工资福利等	10405.8	0.0	253.8	507.6	507.6	507.6	507.6	507.6	507.6	507.6	507.6
1.4	保险费	17146.8	0.0	418.2	836.4	836.4	836.4	836.4	836.4	836.4	836.4	836.4
1.5	材料费	12300.0	0.0	300.0	600.0	600.0	600.0	600.0	600.0	600.0	600.0	600.0
1.6	其他费用	24600.0	0.0	600.0	1200.0	1200.0	1200.0	1200.0	1200.0	1200.0	1200.0	1200.0
1.7	利息支出	78795.2	0.0	6180.3	14660.0	12526.5	10887.8	9292.1	7846.4	6363.1	4918.3	3409.7
1.8	摊销费	0.0	0.0	0.0	0.0	0.0	0.0	0.0	0.0	0.0	0.0	0.0
2	经营成本	145374.9	0.0	2252.0	4504.1	4504.1	5864.1	5864.1	5864.1	5864.1	5864.1	7224.1

序号	项目	生产经营期										
		第11年	第12年	第13年	第14年	第15年	第16年	第17年	第18年	第19年	第20年	第21年	第22年
1	电站发电成本	26776.6	25194.4	24932.5	24932.5	26292.5	26292.5	17463.6	8634.6	8634.6	8634.6	8634.6	8634.6
1.1	折旧费	17657.9	17657.9	17657.9	17657.9	17657.9	17657.9	8829.0	0.0	0.0	0.0	0.0	0.0
1.2	固定修理费	4080.1	4080.1	4080.1	4080.1	5440.2	5440.2	5440.2	5440.2	5440.2	5440.2	5440.2	5440.2
1.3	工资福利等	507.6	507.6	507.6	507.6	507.6	507.6	507.6	507.6	507.6	507.6	507.6	507.6
1.4	保险费	836.4	836.4	836.4	836.4	836.4	836.4	836.4	836.4	836.4	836.4	836.4	836.4
1.5	材料费	600.0	600.0	600.0	600.0	600.0	600.0	600.0	600.0	600.0	600.0	600.0	600.0
1.6	其他费用	1200.0	1200.0	1200.0	1200.0	1200.0	1200.0	1200.0	1200.0	1200.0	1200.0	1200.0	1200.0
1.7	利息支出	1894.5	312.3	50.4	50.4	50.4	50.4	50.4	50.4	50.4	50.4	50.4	50.4
1.8	摊销费	0.0	0.0	0.0	0.0	0.0	0.0	0.0	0.0	0.0	0.0	0.0	0.0
2	经营成本	7224.1	7224.1	7224.1	7224.1	8584.2	8584.2	8584.2	8584.2	8584.2	8584.2	8584.2	8584.2

3. 经营成本

风电场发电经营成本为不包括折旧费、摊销费和利息支出的全部费用。

经营成本＝总成本费用－折旧费－摊销费－利息支出

该风电场工程项目在建设期第2年,一半机组进入投产发电,除利息支出和摊销费外的全部费用均按正常运营年份的一半进行计算。其中,折旧费的计算保持折旧总额不变,提前开始折旧,也提前结束折旧,即折旧年限的最后一年折旧费按正常运营年份的一半进行计算。

6.2.1.3 发电效益

1. 发电收入及上网电价

风电场发电收入是上网电量和上网电价的乘积。该风电场正常运行期内年上网电量为92023.7万kW·h,其中建设期第2年的初期发电量46011.9万kW·h。根据2009年7月20日国家发展和改革委员会颁布的发改价格〔2009〕1906号《国家发改委关于完善风力发电上网电价政策的通知》的规定，该风电场工程项目所在地区为Ⅱ类资源区，风电标杆上网电价（含增值税）取 0.54 元/(kW·h)。经测算，该项目计算期内发电收入总额为 1018702.4 万元。

2. 税金

风电场工程建设项目应缴纳的税金包括增值税、营业税金及附加和所得税。

（1）增值税。根据财政部和国家税务总局财税〔2008〕156 号《关于资源综合利用及其他产品增值税政策问题的通知》，该风电场工程项目的增值税实行即征即退 50% 的政策。增值税税率为 17%，以不含增值税收入的发电收入为计算基数，返还的增值税以增值税税额扣除抵扣的增值税税额为计算基数。

另外，根据财税〔2008〕170 号《财政部国家税务总局关于全国实施增值税转型改革若干问题的通知》有关规定，自 2009 年 1 月 1 日起，允许企业购进机器设备等固定资产的进项税金可以在销项税金中抵扣。该风电场工程项目抵扣的增值税额为 26263.5 万元，自该项目投产后逐年抵扣电力增值税，直至抵扣完毕。

（2）营业税金及附加。营业税金及附加包括城市维护建设税和教育费附加，以增值税税额扣除抵扣的增值税税额为计算基数。该风电场工程项目的城市维护建设税税率取 5%，教育费附加费率取 3%。

（3）所得税。所得税按应纳税所得额计算，该风电场项目的应纳税所得额为发电利润扣除免税的补贴收入后的余额。风力发电新建项目属于公共基础设施项目企业所得税优惠的项目，根据国税发〔2009〕80 号《国家税务总局关于实施国家重点扶持的公共基础设施项目企业所得税优惠问题的通知》，所得税实行"减三免三"的优惠政策，即其投资经营的所得，自该项目取得第一笔生产经营收入所属纳税年度起，第 1～第 3 年免征企业所得税，第 4～第 6 年减半征收企业所得税（12.5%），第 6～第 20 年所得税按照 25% 征收。

经具体计算，该项目计算期内实际缴纳增值税 148016.6 万元，营业税金及附加 9740.2 万元，所得税 99534.2 万元。

3. 利润及分配

发电收入扣除总成本费用、实缴增值税和营业税金及附加后即为发电利润，发电利润扣除所得税即为净利润，实缴增值税为扣除补贴收入（包括免税和应税）的增值税。支付利息和所得税之前的利润为息税前利润，扣除折旧费和摊销费之前的息税前利润即为息税折旧摊销前利润。

补贴收入的发放方式是先发放免税的补贴收入，再发放应税的补贴收入。其中，免税的补贴收入即抵扣的增值税税额，从投产第 1 年开始逐年发放，每年发放额度为当年的增值税，直至抵扣完毕；应税的补贴收入则为返还的增值税，由于增值税一般实行即征即退 50% 的政策，因此返还的增值税以扣除抵扣增值税税额后的剩余增值税额为基数计算。

税后利润提取 10% 的法定盈余公积金后，剩余部分为可分配利润。可分配利润再扣除分配给投资者的应付利润即为未分配利润。

经具体计算，该项目计算期内发电利润总额为 459046.4 万元，净利润为 359512.2 万元。

该风电场工程项目的发电收入、税金、利润与利润分配计算结果见表 6-3。

6.2 陆上风电场财务评价实例分析

表6-3 利润与利润分配表

单位：万元

序号	项目	合计	建设期		生产经营期								
			第1年	第2年	第3年	第4年	第5年	第6年	第7年	第8年	第9年	第10年
	上网容量/MW		0.0	200.0	400.0	400.0	400.0	400.0	400.0	400.0	400.0	400.0
	上网电量/(万kW·h)	1018702.4	0.0	46011.9	92023.7	92023.7	92023.7	92023.7	92023.7	92023.7	92023.7	92023.7
	上网电价/[元·(kW·h)$^{-1}$]		0.0	0.54	0.54	0.54	0.54	0.54	0.54	0.54	0.54	0.54
1	发电销售收入	148016.6	0.0	24846.4	49692.8	49692.8	49692.8	49692.8	49692.8	49692.8	49692.8	49692.8
2	增值税	9740.2	0.0	3610.2	7220.3	7220.3	7220.3	7220.3	7220.3	7220.3	7220.3	7220.3
3	营业税金及附加	6087.7	0.0	0.0	0.0	0.0	0.0	498.2	577.6	577.6	577.6	577.6
3.1	城市维护建设税	3652.6	0.0	0.0	0.0	0.0	0.0	311.4	361.0	361.0	361.0	361.0
3.2	教育费附加	489039.1	0.0	0.0	0.0	0.0	0.0	186.8	216.6	216.6	216.6	216.6
4	发电成本费用	489039.1	0.0	17261.3	36822.0	34688.5	34409.9	32814.2	31368.5	29885.1	28440.4	28291.8
5	补贴收入（应税）	60876.5	0.0	0.0	0.0	0.0	0.0	3114.0	3610.2	3610.2	3610.2	3610.2
6	利润总额	459046.4	0.0	7585.1	12870.8	15004.3	15282.9	13266.4	14136.6	15619.9	17064.6	17213.2
7	弥补以前年度亏损	0.0	0.0	0.0	0.0	0.0	0.0	0.0	0.0	0.0	0.0	0.0
8	应纳税所得额	432782.9	0.0	3975.0	5650.5	7784.0	8062.6	12274.0	14136.6	15619.9	17064.6	17213.2
9	所得税	99534.2	0.0	0.0	0.0	0.0	1007.8	1534.2	1767.1	3905.0	4266.2	4303.5
10	补贴收入（免税）	26263.5	0.0	3610.2	7220.3	7220.3	7220.3	992.4	0.0	0.0	0.0	0.0
11	净利润	359512.2	0.0	7585.1	12870.8	15004.3	14275.1	11732.1	12369.5	11714.9	12798.5	12909.9
12	提取法定盈余公积金	35951.2	0.0	758.5	1287.1	1500.4	1427.5	1173.2	1236.9	1171.5	1279.8	1291.0
13	可供投资者分配的利润	323561.0	0.0	6826.6	11583.7	13503.9	12847.6	10558.9	11132.5	10543.4	11518.6	11618.9
14	应付利润	122882.7	0.0	0.0	6144.1	6144.1	6144.1	6144.1	6144.1	6144.1	6144.1	6144.1
15	未分配利润	200678.3	0.0	6826.6	5439.6	7359.7	6703.4	4414.8	4988.4	4399.3	5374.5	5474.8
16	息税前利润	537841.6	0.0	13765.4	27530.8	27530.8	26170.8	22558.5	21983.0	21983.0	21983.0	20622.9
17	息税折旧摊销前利润	802710.7	0.0	22594.4	45188.7	45188.7	43828.7	40216.5	39640.9	39640.9	39640.9	38280.9

续表

序号	项 目	生 产 经 营 期											
		第11年	第12年	第13年	第14年	第15年	第16年	第17年	第18年	第19年	第20年	第21年	第22年
	上网容量/MW	400.0	400.0	400.0	400.0	400.0	400.0	400.0	400.0	400.0	400.0	400.0	400.0
	上网电量/(万 kW·h)	92023.7	92023.7	92023.7	92023.7	92023.7	92023.7	92023.7	92023.7	92023.7	92023.7	92023.7	92023.7
	上网电价/[元/(kW·h)$^{-1}$]	0.54	0.54	0.54	0.54	0.54	0.54	0.54	0.54	0.54	0.54	0.54	0.54
1	发电销售收入	49692.8	49692.8	49692.8	49692.8	49692.8	49692.8	49692.8	49692.8	49692.8	49692.8	49692.8	49692.8
2	增值税	7220.3	7220.3	7220.3	7220.3	7220.3	7220.3	7220.3	7220.3	7220.3	7220.3	7220.3	7220.3
3.1	营业税金及附加 城市维护建设税	577.6	577.6	577.6	577.6	577.6	577.6	577.6	577.6	577.6	577.6	577.6	577.6
		361.0	361.0	361.0	361.0	361.0	361.0	361.0	361.0	361.0	361.0	361.0	361.0
3.2	教育费附加	216.6	216.6	216.6	216.6	216.6	216.6	216.6	216.6	216.6	216.6	216.6	216.6
4	发电成本费用	26776.6	25194.4	24932.5	24932.5	26292.5	26292.5	17463.5	8634.6	8634.6	8634.6	8634.6	8634.6
5	补贴收入（应税）	3610.2	3610.2	3610.2	3610.2	3610.2	3610.2	3610.2	3610.2	3610.2	3610.2	3610.2	3610.2
6	利润总额	18728.4	20310.6	20572.5	20572.5	19212.5	19212.5	28041.5	36870.4	36870.4	36870.4	36870.4	36870.4
7	弥补以前年度亏损	0.0	0.0	0.0	0.0	0.0	0.0	0.0	0.0	0.0	0.0	0.0	0.0
8	应纳税所得额	18728.4	20310.6	20572.5	20572.5	19212.5	19212.5	28041.5	36870.4	36870.4	36870.4	36870.4	36870.4
9	所得税	4682.1	5077.7	5143.1	5143.1	4803.1	4803.1	7010.4	9217.6	9217.6	9217.6	9217.6	9217.6
10	补贴收入（免税）	0.0	0.0	0.0	0.0	0.0	0.0	0.0	0.0	0.0	0.0	0.0	0.0
11	净利润	14046.3	15233.0	15429.4	15429.4	14409.4	14409.4	21031.1	27652.8	27652.8	27652.8	27652.8	27652.8
12	提取法定盈余公积金	1404.6	1523.3	1542.9	1542.9	1440.9	1440.9	2103.1	2765.3	2765.3	2765.3	2765.3	2765.3
13	可供投资者分配的利润	12641.7	13709.7	13886.5	13886.5	12968.4	12968.4	18928.0	24887.5	24887.5	24887.5	24887.5	24887.5
14	应付利润	6144.1	6144.1	6144.1	6144.1	6144.1	6144.1	6144.1	6144.1	6144.1	6144.1	6144.1	6144.1
15	未分配利润	6497.5	7565.5	7742.3	7742.3	6824.3	6824.3	12783.9	18743.4	18743.4	18743.4	18743.4	18743.4
16	息税前利润	20622.9	20622.9	20622.9	20622.9	19262.9	19262.9	28091.9	36920.8	36920.8	36920.8	36920.8	36920.8
17	息税折旧摊销前利润	38280.9	38280.9	38280.9	38280.9	36920.8	36920.8	36920.8	36920.8	36920.8	36920.8	36920.8	36920.8

6.2 陆上风电场财务评价实例分析

6.2.2 偿债能力评价

6.2.2.1 借款还本付息

1. 贷款偿还期及上网电价

按该风电场所在地区风电标杆上网电价 0.54 元/(kW·h) 测算,贷款偿还年限按照行业标准 15 年计算。经具体测算,该项目贷款偿还期为 11.3 年,满足还贷要求。

2. 还贷资金

风电场还贷资金包括发电未分配利润、折旧费和摊销费等,还贷期内未分配利润和折旧费全部用于还贷,利息进入当年财务费用,建设期不还本。

3. 贷款还本付息

按经营期风电标杆上网电价进行贷款还本付息计算。其中应计利息的计算,建设期为年初本息累计和当年借款一半之和与长期贷款年利率的乘积;正常运营期为年初本息累计和当年借款之和与长期贷款年利率的乘积。经具体计算,结果表明,该工程在开工后 12 年内可还清固定资产本息。借款还本付息计算见表 6-4。

6.2.2.2 资金来源与运用

资金来源与运用分析是风电场工程项目财务分析的重要内容,具体可通过编制"财务计划现金流量表"进行。

该风电场工程项目的财务计划现金流量表见表 6-5,表中,营业收入为扣除增值税的发电收入,其中补贴收入包括免税的补贴收入和应税的补贴收入。计算结果表明,该项目从建设期第 2 年开始出现资金盈余,计算期内累计盈余资金为 278810.9 万元。

6.2.2.3 资产负债分析

为分析评价风电场工程项目的偿债能力,还应编制资产负债表,进行资产负债分析,计算资产负债率。

$$资产负债率 = \frac{期末负债总额}{期末资产总额} \times 100\%$$

$$第 i 年固定资产净值 = 固定资产价值 \times \frac{1-i(1-预计净残值率)}{折旧年限}$$

该风电场工程项目资产负债表见表 6-6。经具体计算,结果表明,该项目仅在建设期负债率较高(高峰值达 80%),随着机组投产发电,资产负债率逐渐下降,还清固定资产本息后,资产负债率低至 0.3% 以下。由此说明,该项目财务风险较低,偿债能力较强。

6.2.3 盈利能力评价

风电场工程项目盈利能力分析的指标主要包括投资回收期、总投资利润率、投资利税率、资本金净利润率、财务内部收益率等。

以上指标中,财务内部收益率包括全部投资财务内部收益率和资本金财务内部收益率两个具体指标,应在相应现金流量分析的基础上进行计算。就该风电场工程项目而言,项目投资现金流量表和项目资本金现金流量表分别见表 6-7 和表 6-8。

表 6-4 借款还本付息表

单位：万元

序号	项目	第1年	第2年	第3年	第4年	第5年	第6年	第7年	第8年	第9年	第10年	第11年	第12年
1	借款及还本付息												
1.1	年初借款本息累计	0.0	89308.1	223047.6	190474.8	165457.2	141095.8	119023.1	96376.7	74319.5	51287.1	28154.3	3998.9
1.1.1	本金	0.0	86476.0	216245.8	190474.8	165457.2	141095.8	119023.1	96376.7	74319.5	51287.1	28154.3	3998.9
1.1.2	建设期利息	0.0	2832.1	6801.9	0.0	0.0	0.0	0.0	0.0	0.0	0.0	0.0	0.0
1.2	本年借款	86476.0	129769.7	0.0	0.0	0.0	0.0	0.0	0.0	0.0	0.0	0.0	0.0
1.3	本年应计利息	2832.1	10099.6	14609.6	12476.1	10837.4	9241.8	7796.0	6312.7	4867.9	3359.3	1844.1	261.9
1.4	本年还本付息	0.0	6129.9	47182.4	37493.8	35198.8	31314.5	30442.4	28369.9	27900.4	26492.0	25999.6	4260.8
1.4.1	本年付息	0.0	6129.9	14609.6	12476.1	10837.4	9241.8	7796.0	6312.7	4867.9	3359.3	1844.1	261.9
1.4.2	本年还本	0.0	0.0	32572.8	25017.7	24361.4	22072.7	22646.3	22057.2	23032.4	23132.7	24155.5	3998.9
2	偿还借款的资金来源												
2.1	还贷利润	0.0	0.0	12266.2	7359.7	6703.4	4414.8	4988.4	4399.3	5374.5	5474.8	6497.5	7565.5
2.2	还贷折旧	0.0	0.0	20306.6	17657.9	17657.9	17657.9	17657.9	17657.9	17657.9	17657.9	17657.9	17657.9
2.3	还贷摊销	0.0	0.0	0.0	0.0	0.0	0.0	0.0	0.0	0.0	0.0	0.0	0.0
2.4	计入成本的利息支出	0.0	6129.9	14609.6	12476.1	10837.4	9241.8	7796.0	6312.7	4867.9	3359.3	1844.1	261.9
2.5	其他	0.0	0.0	0.0	0.0	0.0	0.0	0.0	0.0	0.0	0.0	0.0	0.0
3	合计	0.0	6129.9	47182.4	37493.8	35198.8	31314.5	30442.4	28369.9	27900.4	26492.0	25999.6	25485.4

6.2 陆上风电场财务评价实例分析

表6-5 财务计划现金流量表

单位：万元

序号	项目	合计	建设期		生产经营期							
			第1年	第2年	第3年	第4年	第5年	第6年	第7年	第8年	第9年	第10年
1	经营活动净现金流量	704376.4	0.0	22594.4	45188.7	45188.7	42820.9	38682.2	37873.8	35735.9	35374.7	33977.6
1.1	现金流入	1107042.4	0.0	28456.6	56913.1	56913.1	56913.1	53799.1	53303.0	53303.0	53303.0	53303.0
1.1.1	营业收入	870685.8	0.0	21236.2	42472.5	42472.5	42472.5	42472.5	42472.5	42472.5	42472.5	42472.5
1.1.2	增值税销项税额	148016.6	0.0	3610.2	7220.3	7220.3	7220.3	7220.3	7220.3	7220.3	7220.3	7220.3
1.1.3	补贴收入	87140.0	0.0	3610.2	7220.3	7220.3	7220.3	4106.3	3610.2	3610.2	3610.2	3610.2
1.1.4	其他流入	0.0	0.0	0.0	0.0	0.0	0.0	0.0	0.0	0.0	0.0	0.0
1.1.5	回收流动资金	1200.0	0.0	0.0	0.0	0.0	0.0	0.0	0.0	0.0	0.0	0.0
1.2	现金流出	402666.0	0.0	5862.2	11724.4	11724.4	14092.3	15116.9	15429.1	17567.0	17928.2	19325.4
1.2.1	经营成本	145374.9	0.0	2252.0	4504.1	4504.1	5864.1	5864.1	5864.1	5864.1	5864.1	7224.1
1.2.2	增值税进项税额	0.0	0.0	0.0	0.0	0.0	0.0	0.0	0.0	0.0	0.0	0.0
1.2.3	营业税金及附加	9740.2	0.0	0.0	0.0	0.0	0.0	498.2	577.6	577.6	577.6	577.6
1.2.4	增值税	148016.6	0.0	3610.2	7220.3	7220.3	7220.3	7220.3	7220.3	7220.3	7220.3	7220.3
1.2.5	所得税	99534.2	0.0	0.0	0.0	0.0	1007.8	1534.2	1767.1	3905.0	4266.2	4303.3
1.2.6	其他流出	0.0	0.0	0.0	0.0	0.0	0.0	0.0	0.0	0.0	0.0	0.0
2	投资活动净现金流量	-273207.7	-109283.1	-163924.6	0.0	0.0	0.0	0.0	0.0	0.0	0.0	0.0
2.1	现金流入	0.0	0.0	0.0	0.0	0.0	0.0	0.0	0.0	0.0	0.0	0.0
2.2	现金流出	273207.7	109283.1	163924.6	0.0	0.0	0.0	0.0	0.0	0.0	0.0	0.0
2.2.1	建设投资	272007.7	108803.1	163204.6	0.0	0.0	0.0	0.0	0.0	0.0	0.0	0.0
2.2.2	维持运营投资	0.0	0.0	0.0	0.0	0.0	0.0	0.0	0.0	0.0	0.0	0.0
2.2.3	流动资金	1200.0	480.0	720.0	0.0	0.0	0.0	0.0	0.0	0.0	0.0	0.0
2.2.4	其他流出	0.0	0.0	0.0	0.0	0.0	0.0	0.0	0.0	0.0	0.0	0.0

第6章 风电场财务评价

续表

序号	项目	生产经营期											
		第11年	第12年	第13年	第14年	第15年	第16年	第17年	第18年	第19年	第20年	第21年	第22年
1	经营活动净现金流量	33598.8	33203.2	33137.7	33137.7	32117.7	32117.7	29910.5	27703.2	27703.2	27703.2	27703.2	28903.2
1.1	现金流入	53303.0	53303.0	53303.0	53303.0	53303.0	53303.0	53303.0	53303.0	53303.0	53303.0	53303.0	54503.0
1.1.1	营业收入	42472.5	42472.5	42472.5	42472.5	42472.5	42472.5	42472.5	42472.5	42472.5	42472.5	42472.5	42472.5
1.1.2	增值税销项税额	7220.3	7220.3	7220.3	7220.3	7220.3	7220.3	7220.3	7220.3	7220.3	7220.3	7220.3	7220.3
1.1.3	补贴收入	3610.2	3610.2	3610.2	3610.2	3610.2	3610.2	3610.2	3610.2	3610.2	3610.2	3610.2	3610.2
1.1.4	其他流入	0.0	0.0	0.0	0.0	0.0	0.0	0.0	0.0	0.0	0.0	0.0	0.0
1.1.5	回收流动资金	0.0	0.0	0.0	0.0	0.0	0.0	0.0	0.0	0.0	0.0	0.0	1200.0
1.2	现金流出	19704.2	20099.7	20165.2	20165.2	21185.3	21185.3	23392.5	25599.7	25599.7	25599.7	25599.7	25599.7
1.2.1	经营成本	7224.1	7224.1	7224.1	7224.1	8584.2	8584.2	8584.2	8584.2	8584.2	8584.2	8584.2	8584.2
1.2.2	增值税进项税额	0.0	0.0	0.0	0.0	0.0	0.0	0.0	0.0	0.0	0.0	0.0	0.0
1.2.3	营业税金及附加	577.6	577.6	577.6	577.6	577.6	577.6	577.6	577.6	577.6	577.6	577.6	577.6
1.2.4	增值税	7220.3	7220.3	7220.3	7220.3	7220.3	7220.3	7220.3	7220.3	7220.3	7220.3	7220.3	7220.3
1.2.5	所得税	4682.1	5077.7	5143.1	5143.1	4803.1	4803.1	7010.4	9217.6	9217.6	9217.6	9217.6	9217.6
1.2.6	其他流出	0.0	0.0	0.0	0.0	0.0	0.0	0.0	0.0	0.0	0.0	0.0	0.0
2	投资活动净现金流量	0.0	0.0	0.0	0.0	0.0	0.0	0.0	0.0	0.0	0.0	0.0	0.0
2.1	现金流入	0.0	0.0	0.0	0.0	0.0	0.0	0.0	0.0	0.0	0.0	0.0	0.0
2.2	现金流出	0.0	0.0	0.0	0.0	0.0	0.0	0.0	0.0	0.0	0.0	0.0	0.0
2.2.1	建设投资	0.0	0.0	0.0	0.0	0.0	0.0	0.0	0.0	0.0	0.0	0.0	0.0
2.2.2	维持运营投资	0.0	0.0	0.0	0.0	0.0	0.0	0.0	0.0	0.0	0.0	0.0	0.0
2.2.3	流动资金	0.0	0.0	0.0	0.0	0.0	0.0	0.0	0.0	0.0	0.0	0.0	0.0
2.2.4	其他流出	0.0	0.0	0.0	0.0	0.0	0.0	0.0	0.0	0.0	0.0	0.0	0.0

6.2 陆上风电场财务评价实例分析

续表

序号	项目	合计	建设期		生产经营期							
			第1年	第2年	第3年	第4年	第5年	第6年	第7年	第8年	第9年	第10年
3	筹资活动净现金流量	−152357.8	109283.1	157744.3	−53377.0	−43688.3	−41393.4	−37509.0	−36636.9	−34564.4	−34094.9	−32686.6
3.1	现金流入	273207.7	109283.1	163924.6	0.0	0.0	0.0	0.0	0.0	0.0	0.0	0.0
3.1.1	项目资本投入	56121.9	22471.0	33650.9	0.0	0.0	0.0	0.0	0.0	0.0	0.0	0.0
3.1.2	建设投资借款	216245.8	86476.0	129769.7	0.0	0.0	0.0	0.0	0.0	0.0	0.0	0.0
3.1.3	流动资金借款	840.0	336.0	504.0	0.0	0.0	0.0	0.0	0.0	0.0	0.0	0.0
3.1.4	债券	0.0	0.0	0.0	0.0	0.0	0.0	0.0	0.0	0.0	0.0	0.0
3.1.5	短期借款	0.0	0.0	0.0	0.0	0.0	0.0	0.0	0.0	0.0	0.0	0.0
3.1.6	其他流入	0.0	0.0	0.0	0.0	0.0	0.0	0.0	0.0	0.0	0.0	0.0
3.2	现金流出	425565.5	0.0	6180.3	53377.0	43688.3	41393.4	37509.0	36636.9	34564.4	34094.9	32686.6
3.2.1	各种利息支出	78795.2	0.0	6180.3	14660.0	12526.5	10887.8	9292.2	7846.4	6363.1	4918.3	3409.7
3.2.2	偿还债务本金	223047.6	0.0	0.0	32572.8	25017.7	24361.4	22072.7	22646.3	22057.2	23032.4	23132.7
3.2.3	流动资金本金偿还	840.0	0.0	0.0	0.0	0.0	0.0	0.0	0.0	0.0	0.0	0.0
3.2.4	应付利润（股利分配）	122882.7	0.0	0.0	6144.1	6144.1	6144.1	6144.1	6144.1	6144.1	6144.1	6144.1
3.2.5	其他流出	0.0	0.0	0.0	0.0	0.0	0.0	0.0	0.0	0.0	0.0	0.0
4	净现金流量	278810.9	16414.1	16414.1	−8188.2	1500.4	1427.5	1173.2	1236.9	1171.5	1279.8	1291.0
5	累计盈余资金		16414.1	16414.1	8225.9	9726.3	11153.8	12327.0	13564.0	14735.5	16015.3	17306.3

第6章 风电场财务评价

续表

序号	项目	生产经营期 第11年	第12年	第13年	第14年	第15年	第16年	第17年	第18年	第19年	第20年	第21年	第22年
3	筹资活动净现金流量	-32194.1	-10455.3	-6194.5	-6194.5	-6194.5	-6194.5	-6194.5	-6194.5	-6194.5	-6194.5	-6194.5	-7034.5
3.1	现金流入	0.0	0.0	0.0	0.0	0.0	0.0	0.0	0.0	0.0	0.0	0.0	0.0
3.1.1	项目资本金投入	0.0	0.0	0.0	0.0	0.0	0.0	0.0	0.0	0.0	0.0	0.0	0.0
3.1.2	建设投资借款	0.0	0.0	0.0	0.0	0.0	0.0	0.0	0.0	0.0	0.0	0.0	0.0
3.1.3	流动资金借款	0.0	0.0	0.0	0.0	0.0	0.0	0.0	0.0	0.0	0.0	0.0	0.0
3.1.4	债券	0.0	0.0	0.0	0.0	0.0	0.0	0.0	0.0	0.0	0.0	0.0	0.0
3.1.5	短期借款	0.0	0.0	0.0	0.0	0.0	0.0	0.0	0.0	0.0	0.0	0.0	0.0
3.1.6	其他流入	0.0	0.0	0.0	0.0	0.0	0.0	0.0	0.0	0.0	0.0	0.0	0.0
3.2	现金流出	32194.1	10455.3	6194.5	6194.5	6194.5	6194.5	6194.5	6194.5	6194.5	6194.5	6194.5	7034.5
3.2.1	各种利息支出	1894.5	312.3	50.4	50.4	50.4	50.4	50.4	50.4	50.4	50.4	50.4	50.4
3.2.2	偿还债务本金	24155.5	3998.9	0.0	0.0	0.0	0.0	0.0	0.0	0.0	0.0	0.0	0.0
3.2.3	流动资金本金偿还	0.0	0.0	0.0	0.0	0.0	0.0	0.0	0.0	0.0	0.0	0.0	840.0
3.2.4	应付利润（股利分配）	6144.1	6144.1	6144.1	6144.1	6144.1	6144.1	6144.1	6144.1	6144.1	6144.1	6144.1	6144.1
3.2.5	其他流出	0.0	0.0	0.0	0.0	0.0	0.0	0.0	0.0	0.0	0.0	0.0	0.0
4	净现金流量	1404.6	22747.9	26943.2	26943.2	25923.2	25923.2	23715.9	21508.7	21508.7	21508.7	21508.7	21868.7
5	累计盈余资金	18710.9	41458.8	68402.0	95345.2	121268.4	147191.6	170907.5	192416.2	213924.9	235433.6	256942.3	278810.9

6.2 陆上风电场财务评价实例分析

表 6-6　资产负债表

单位：万元

序号	项目	建设期 第 1 年	建设期 第 2 年	生产经营期 第 3 年	第 4 年	第 5 年	第 6 年	第 7 年	第 8 年	第 9 年	第 10 年	第 11 年
1	资产	112115.2	287594.7	261748.5	245591.0	229360.6	212875.8	196454.9	179968.4	163590.3	147223.4	130970.1
1.1	流动资产总值	480.0	17614.1	9425.9	10926.3	12353.8	13527.0	14764.0	15935.5	17215.3	18506.3	19910.9
1.1.1	流动资产	480.0	1200.0	1200.0	1200.0	1200.0	1200.0	1200.0	1200.0	1200.0	1200.0	1200.0
1.1.2	累计盈余资金	0.0	16414.1	8225.9	9726.3	11153.8	12327.0	13564.0	14735.5	16015.3	17306.3	18710.9
1.2	在建工程	111635.2	269980.6	0.0	0.0	0.0	0.0	0.0	0.0	0.0	0.0	0.0
1.3	固定资产净值	0.0	0.0	252322.6	234664.7	217006.8	199348.8	181690.9	164033.0	146375.0	128717.1	111059.1
1.4	无形及递延资产净值	0.0	0.0	0.0	0.0	0.0	0.0	0.0	0.0	0.0	0.0	0.0
1.5	可抵扣增值税形成的资产	0.0	0.0	26263.5	26263.5	26263.5	26263.5	26263.5	26263.5	26263.5	26263.5	26263.5
2	负债及所有者权益	112115.2	287594.7	261748.5	245591.0	229360.6	212875.8	196454.9	179968.4	163590.3	147223.4	130970.1
2.1	流动负债总额	0.0	0.0	0.0	0.0	0.0	0.0	0.0	0.0	0.0	0.0	0.0
2.1.1	短期借款	0.0	0.0	0.0	0.0	0.0	0.0	0.0	0.0	0.0	0.0	0.0
2.1.2	其他	0.0	0.0	0.0	0.0	0.0	0.0	0.0	0.0	0.0	0.0	0.0
2.2	建设投资借款	89308.1	223047.6	190474.8	165457.2	141095.8	119023.1	96376.7	74319.5	51287.1	28154.3	3998.9
2.3	流动资金借款	336.0	840.0	840.0	840.0	840.0	840.0	840.0	840.0	840.0	840.0	840.0
2.4	负债小计	89644.1	223887.6	191314.8	166297.2	141935.8	119863.1	97216.7	75159.5	52127.1	28994.3	4838.9
2.5	所有者权益	22471.0	63707.0	70433.7	79293.8	87424.8	93012.8	99238.1	104808.9	111463.2	118229.0	126131.2
2.5.1	资本金	22471.0	56121.9	56121.9	56121.9	56121.9	56121.9	56121.9	56121.9	56121.9	56121.9	56121.9
2.5.2	资本公积金	0.0	0.0	0.0	0.0	0.0	0.0	0.0	0.0	0.0	0.0	0.0
2.5.3	累计盈余公积金	0.0	758.5	2045.6	3546.0	4973.5	6146.7	7383.7	8555.2	9835.0	11126.0	12530.7
2.5.4	累计未分配利润	0.0	6826.6	12266.2	19625.9	26329.3	30744.1	35732.5	40131.8	45506.3	50981.1	57478.6
	资产负债率/%	80.0	77.8	73.1	67.7	61.9	56.3	49.5	41.8	31.9	19.7	3.7

第6章 风电场财务评价

续表

序号	项 目	生 产 经 营 期										
		第12年	第13年	第14年	第15年	第16年	第17年	第18年	第19年	第20年	第21年	第22年
1	资产	136060.0	145345.3	154630.6	162895.8	171161.0	186048.0	207556.7	229065.4	250574.0	272082.7	292751.4
1.1	流动资产总值	42658.8	69602.0	96545.2	122468.4	148391.6	172107.5	193616.2	215124.9	236633.6	258142.3	278810.9
1.1.1	流动资产	1200.0	1200.0	1200.0	1200.0	1200.0	1200.0	1200.0	1200.0	1200.0	1200.0	0.0
1.1.2	累计盈余资金	41458.8	68402.0	95345.2	121268.4	147191.6	170907.5	192416.2	213924.9	235433.6	256942.3	278810.9
1.2	在建工程	0.0	0.0	0.0	0.0	0.0	0.0	0.0	0.0	0.0	0.0	0.0
1.3	固定资产净值	93401.2	75743.3	58085.3	40427.4	22769.4	0.0	13940.5	13940.5	13940.5	13940.5	13940.5
1.4	无形及递延资产净值	0.0	0.0	0.0	0.0	0.0	13940.5	0.0	0.0	0.0	0.0	0.0
1.5	可抵扣增值税形成的资产	26263.5	26263.5	26263.5	26263.5	26263.5	26263.5	26263.5	26263.5	26263.5	26263.5	26263.5
2	负债及所有者权益	136060.0	145345.3	154630.6	162895.8	171161.0	186048.0	207556.7	229065.4	250574.0	272082.7	292751.4
2.1	流动负债总额	0.0	0.0	0.0	0.0	0.0	0.0	0.0	0.0	0.0	0.0	0.0
2.1.1	短期借款	0.0	0.0	0.0	0.0	0.0	0.0	0.0	0.0	0.0	0.0	0.0
2.1.2	其他	0.0	0.0	0.0	0.0	0.0	0.0	0.0	0.0	0.0	0.0	0.0
2.2	建设投资借款	840.0	840.0	840.0	840.0	840.0	840.0	840.0	840.0	840.0	840.0	0.0
2.3	流动资金借款	840.0	840.0	840.0	840.0	840.0	840.0	840.0	840.0	840.0	840.0	0.0
2.4	负债小计	840.0	840.0	840.0	840.0	840.0	840.0	840.0	840.0	840.0	840.0	0.0
2.5	所有者权益	135220.0	144505.3	153790.6	162055.8	170321.0	185208.0	206716.7	228225.4	249734.0	271242.7	292751.4
2.5.1	资本金	56121.9	56121.9	56121.9	56121.9	56121.9	56121.9	56121.9	56121.9	56121.9	56121.9	56121.9
2.5.2	资本公积金	0.0	0.0	0.0	0.0	0.0	0.0	0.0	0.0	0.0	0.0	0.0
2.5.3	累计盈余公积金	14053.9	15596.9	17139.8	18580.8	20021.7	22124.8	24890.1	27655.4	30420.7	33185.9	35951.2
2.5.4	累计未分配利润	65044.2	72786.5	80528.8	87353.1	94177.4	106961.3	125704.7	144448.1	163191.5	181934.9	200678.3
	资产负债率/%	0.6	0.6	0.5	0.5	0.5	0.5	0.4	0.4	0.3	0.3	0.0

6.2 陆上风电场财务评价实例分析

表 6-7 项目投资现金流量表

单位：万元

序号	项 目	合计	建设期		生产经营期							
			第1年	第2年	第3年	第4年	第5年	第6年	第7年	第8年	第9年	第10年
1	现金流入	1120982.9	0.0	28456.6	56913.1	56913.1	56913.1	53799.1	53303.0	53303.0	53303.0	53303.0
1.1	发电销售收入	1018702.4	0.0	24846.4	49692.8	49692.8	49692.8	49692.8	49692.8	49692.8	49692.8	49692.8
1.2	补贴收入	87140.0	0.0	3610.2	7220.3	7220.3	7220.3	4106.3	3610.2	3610.2	3610.2	3610.2
1.3	回收固定资产余值	13940.5	0.0	0.0	0.0	0.0	0.0	0.0	0.0	0.0	0.0	0.0
1.4	回收流动资金	1200.0	0.0	0.0	0.0	0.0	0.0	0.0	0.0	0.0	0.0	0.0
2	现金流出	576339.4	109283.1	169786.8	11724.4	11724.4	13084.4	13582.7	13662.1	13662.1	13662.1	15022.1
2.1	建设投资	272007.7	108803.1	163204.6	0.0	0.0	0.0	0.0	0.0	0.0	0.0	0.0
2.2	流动资金	1200.0	480.0	720.0	0.0	0.0	0.0	0.0	0.0	0.0	0.0	0.0
2.3	经营成本	145374.9	0.0	2252.0	4504.1	4504.1	5864.1	5864.1	5864.1	5864.1	5864.1	7224.1
2.4	增值税	148016.6	0.0	3610.2	7220.3	7220.3	7220.3	7220.3	7220.3	7220.3	7220.3	7220.3
2.5	营业税金及附加	9740.2	0.0	0.0	0.0	0.0	0.0	498.2	577.6	577.6	577.6	577.6
2.6	维持运营投资	0.0	0.0	0.0	0.0	0.0	0.0	0.0	0.0	0.0	0.0	0.0
3	所得税前净现金流量	544643.5	−109283.1	−141330.3	45188.7	45188.7	43828.7	40216.5	39640.9	39640.9	39640.9	38280.9
4	累计所得税前净现金流量		−109283.1	−250613.3	−205424.6	−160235.9	−116407.2	−76190.7	−36549.8	3091.1	42732.0	81012.9
5	调整所得税	108414.6	0.0	0.0	0.0	0.0	3271.3	2819.8	2747.9	5495.7	5495.7	5155.7
6	所得税后净现金流量	436228.8	−109283.1	−141330.3	45188.7	45188.7	40557.3	37396.7	36893.0	34145.2	34145.2	33125.1
7	累计所得税后净现金流量		−109283.1	−250613.3	−205424.6	−160235.9	−119678.5	−82281.9	−45388.8	−11243.7	22901.5	56026.6

续表

序号	项目	生产经营期											
		第11年	第12年	第13年	第14年	第15年	第16年	第17年	第18年	第19年	第20年	第21年	第22年
1	现金流入	53303.0	53303.0	53303.0	53303.0	53303.0	53303.0	53303.0	53303.0	53303.0	53303.0	53303.0	68443.4
1.1	发电销售收入	49692.8	49692.8	49692.8	49692.8	49692.8	49692.8	49692.8	49692.8	49692.8	49692.8	49692.8	49692.8
1.2	补贴收入	3610.2	3610.2	3610.2	3610.2	3610.2	3610.2	3610.2	3610.2	3610.2	3610.2	3610.2	3610.2
1.3	回收固定资产余值	0.0	0.0	0.0	0.0	0.0	0.0	0.0	0.0	0.0	0.0	0.0	13940.5
1.4	回收流动资金	0.0	0.0	0.0	0.0	0.0	0.0	0.0	0.0	0.0	0.0	0.0	1200.0
2	现金流出	15022.1	15022.1	15022.1	15022.1	16382.1	16382.1	16382.1	16382.1	16382.1	16382.1	16382.1	16382.1
2.1	建设投资	0.0	0.0	0.0	0.0	0.0	0.0	0.0	0.0	0.0	0.0	0.0	0.0
2.2	流动资金	0.0	0.0	0.0	0.0	0.0	0.0	0.0	0.0	0.0	0.0	0.0	0.0
2.3	经营成本	7224.1	7224.1	7224.1	7224.1	8584.2	8584.2	8584.2	8584.2	8584.2	8584.2	8584.2	8584.2
2.4	增值税	7220.3	7220.3	7220.3	7220.3	7220.3	7220.3	7220.3	7220.3	7220.3	7220.3	7220.3	7220.3
2.5	营业税金及附加	577.6	577.6	577.6	577.6	577.6	577.6	577.6	577.6	577.6	577.6	577.6	577.6
2.6	维持运营投资	0.0	0.0	0.0	0.0	0.0	0.0	0.0	0.0	0.0	0.0	0.0	0.0
3	所得税前净现金流量	38280.9	38280.9	38280.9	38280.9	36920.8	36920.8	36920.8	36920.8	36920.8	36920.8	36920.8	52061.3
4	累计所得税前净现金流量	119293.8	157574.6	195855.5	234136.4	271057.2	307978.0	344898.8	381819.7	418740.5	455661.3	492582.2	544643.5
5	调整所得税	5155.7	5155.7	5155.7	5155.7	4815.7	4815.7	7023.0	9230.2	9230.2	9230.2	9230.2	9230.2
6	所得税后净现金流量	33125.1	33125.1	33125.1	33125.1	32105.1	32105.1	29897.9	27690.6	27690.6	27690.6	27690.6	42831.1
7	累计所得税后净现金流量	89151.8	122276.9	154402.0	188527.2	220632.3	252737.4	282635.3	310325.9	338016.5	365707.1	393397.7	436228.8

6.2 陆上风电场财务评价实例分析

表 6-8 项目资本金现金流量表

单位：万元

序号	项 目	合计	建设期		生 产 经 营 期							
			第1年	第2年	第3年	第4年	第5年	第6年	第7年	第8年	第9年	第10年
1	现金流入	1120982.9	0.0	28456.6	56913.1	56913.1	56913.1	53799.1	53303.0	53303.0	53303.0	53303.0
1.1	发电销售收入	1018702.4	0.0	24846.4	49692.8	49692.8	49692.8	49692.8	49692.8	49692.8	49692.8	49692.8
1.2	补贴收入	87140.0	0.0	3610.2	7220.3	7220.3	7220.3	4106.3	3610.2	3610.2	3610.2	3610.2
1.3	回收固定资产余值	13940.5	0.0	0.0	0.0	0.0	0.0	0.0	0.0	0.0	0.0	0.0
1.4	回收流动资金	1200.0	0.0	0.0	0.0	0.0	0.0	0.0	0.0	0.0	0.0	0.0
2	现金流出	760630.7	22471.0	45693.3	58957.2	49268.6	49341.5	46481.8	45921.9	45987.3	45879.0	45867.8
2.1	项目资本金	56121.9	22471.0	33650.9	0.0	0.0	0.0	0.0	0.0	0.0	0.0	0.0
2.2	借款本金偿还	223047.6	0.0	0.0	32572.8	25017.7	24361.4	22072.7	22646.3	22057.2	23032.4	23132.7
2.3	借款利息支付	78795.2	0.0	6180.3	14660.0	12526.5	10887.8	9292.2	7846.4	6363.1	4918.3	3409.7
2.4	经营成本	145374.9	0.0	2252.0	4504.1	4504.1	5864.1	5864.1	5864.1	5864.1	5864.1	7224.1
2.5	增值税	148016.6	0.0	3610.2	7220.3	7220.3	7220.3	7220.3	7220.3	7220.3	7220.3	7220.3
2.6	营业税金及附加	9740.2	0.0	0.0	0.0	0.0	0.0	498.2	577.6	577.6	577.6	577.6
2.7	所得税	99534.2	0.0	0.0	0.0	0.0	1007.8	1534.2	1767.1	3905.0	4266.2	4303.3
2.8	维持运营投资	0.0	0.0	0.0	0.0	0.0	0.0	0.0	0.0	0.0	0.0	0.0
3	净现金流量	360352.2	-22471.0	-17236.8	-2044.1	7644.6	7571.6	7317.3	7381.1	7315.6	7424.0	7435.1

续表

序号	项 目	第11年	第12年	第13年	第14年	第15年	第16年	第17年	第18年	第19年	第20年	第21年	第22年
1	现金流入	53303.0	53303.0	53303.0	53303.0	53303.0	53303.0	53303.0	53303.0	53303.0	53303.0	53303.0	68443.4
1.1	发电销售收入	49692.8	49692.8	49692.8	49692.8	49692.8	49692.8	49692.8	49692.8	49692.8	49692.8	49692.8	49692.8
1.2	补贴收入	3610.2	3610.2	3610.2	3610.2	3610.2	3610.2	3610.2	3610.2	3610.2	3610.2	3610.2	3610.2
1.3	回收固定资产余值	0.0	0.0	0.0	0.0	0.0	0.0	0.0	0.0	0.0	0.0	0.0	13940.5
1.4	回收流动资金	0.0	0.0	0.0	0.0	0.0	0.0	0.0	0.0	0.0	0.0	0.0	1200.0
2	现金流出	45754.2	24410.9	20215.6	20215.6	21235.7	21235.7	23442.9	25650.1	25650.1	25650.1	25650.1	25650.1
2.1	项目资本金支付	0.0	0.0	0.0	0.0	0.0	0.0	0.0	0.0	0.0	0.0	0.0	0.0
2.2	借款本金偿还	24155.5	3998.9	0.0	0.0	0.0	0.0	0.0	0.0	0.0	0.0	0.0	0.0
2.3	借款利息支付	1894.5	312.3	50.4	50.4	50.4	50.4	50.4	50.4	50.4	50.4	50.4	50.4
2.4	经营成本	7224.1	7224.1	7224.1	7224.1	8584.2	8584.2	8584.2	8584.2	8584.2	8584.2	8584.2	8584.2
2.5	增值税	7220.3	7220.3	7220.3	7220.3	7220.3	7220.3	7220.3	7220.3	7220.3	7220.3	7220.3	7220.3
2.6	营业税金及附加	577.6	577.6	577.6	577.6	577.6	577.6	577.6	577.6	577.6	577.6	577.6	577.6
2.7	所得税	4682.1	5077.7	5143.1	5143.1	4803.1	4803.1	7010.4	9217.6	9217.6	9217.6	9217.6	9217.6
2.8	维持运营投资	0.0	0.0	0.0	0.0	0.0	0.0	0.0	0.0	0.0	0.0	0.0	0.0
3	净现金流量	7548.8	28892.0	33087.3	33087.3	32067.3	32067.3	29860.1	27652.8	27652.8	27652.8	27652.8	42793.3

经具体测算，该风电场工程项目的财务盈利能力指标分别为，投资回收期为 8.4 年（所得税后），总投资收益率为 9.36%，投资利税率为 9.26%，资本金净利润率为 31.4%，全部投资财务内部收益率（所得税前、税后）分别为 14.35%、12.75%，资本金财务内部收益率为 21.06%。由此说明，该项目具有较好的盈利能力。

6.2.4 敏感性分析

风电场工程项目财务评价敏感性分析，一般主要考虑固定资产投资、发电量等不确定性因素单独变化时对财务内部收益率等财务指标的影响。从国内风电场的实际建设资料看，风电场固定资产投资增加幅度一般不超过 5%。就该风电场工程项目而言，考虑到机组设备招标情况变化的可能性，对投资变化±5%、±10% 的情况进行了敏感性分析；在上网电量计算中，对各种影响因素考虑较充分，敏感性分析时对上网电量变化幅度按±5% 考虑，同时也计算了上网电量变化±10% 对财务指标的影响。该项目财务敏感性分析结果见表 6-9。

表 6-9 财务敏感性分析表

项目		财务内部收益率/%		标杆上网电价[元·(kW·h)$^{-1}$]
		全部投资（所得税后）	资本金	
基本方案		12.75	21.06	0.54
投资变化率	10%	11.04	17.00	0.54
	5%	11.86	18.93	0.54
	−5%	13.72	23.42	0.54
	−10%	14.79	26.05	0.54
电量变化率	10%	14.64	25.70	0.54
	5%	13.70	23.37	0.54
	−5%	11.79	18.76	0.54
	−10%	10.82	16.47	0.54

从敏感性分析表中可以看出，在风电场固定资产投资不变的情况下，上网电量分别增减 5% 及 10%，财务内部收益变化较大，但全部投资财务内部收益率均大于 10%，资本金财务内部收益率均大于 16%。在上网电量不变的情况下，当风电场固定资产投资增减 5% 及 10% 时，财务内部收益变化也较大，但全部投资财务内部收益率均大于 10%，资本金财务内部收益率均大于 16%。由此可见，该项目抗风险能力较强。

6.2.5 财务评价结论

以上财务评价结果表明，该陆上风电场按Ⅱ类资源区风电标杆上网电价 0.54 元/(kW·h) 测算，项目贷款偿还期为 11.3 年，满足还贷要求；投资回收期为 8.4 年（所得税后），总投资收益率为 9.36%，投资利税率为 9.32%，资本金净利润率为 31.4%，全部投资财务内部收益率（所得税前、税后）分别为 14.35%、12.75%，资本金财务内部收益率为 21.06%，大于 8% 的基准收益率，项目具有较好的盈利能力。财务评价指标汇总表见表 6-10。敏感性分析结果表明，该项目的抗风险能力较强。

表 6-10 财务指标汇总表

序号	名称	单位	指标
1	装机容量	MW	400.0
2	运行期年上网电量	万 kW·h	92023.7
3	总投资(不含流动资金)	万元	278809.6
3.1	固定资产投资	万元	272007.7
3.2	建设期利息	万元	6801.9
4	流动资金	万元	1200.0
5	标杆上网电价	元/(kW·h)	0.54
6	发电销售收入总额	万元	1018702.4
7	总成本费用	万元	489039.1
8	实交增值税总额	万元	60876.5
9	营业税金及附加总额	万元	9740.2
10	发电利润总额	万元	459046.4
11	财务内部收益率		
11.1	全部投资(所得税前)	%	14.35
11.2	全部投资(所得税后)	%	12.75
11.3	资本金	%	21.06
12	总投资收益率	%	9.36
13	投资利税率	%	9.32
14	资本金净利润率	%	31.4
15	投资回收期(所得税后)	年	8.4
16	借款偿还期	年	11.3
17	最大资产负债率	%	80.0

综上,该陆上风电场财务评价可行。

6.3 海上风电场财务评价实例分析

海上风电项目有许多吸引人的地方,较之陆上的风,海上的风更强、更稳定。例如,离海岸线 10～15km 处的海上,风速会增加 20%～25%。由于风电场的风速对产能以至单位度电成本都有着至关重要的影响,更大的海风有着更大的资源优势。同时,与陆上的风相比,海上的风湍流更小,进而可以降低风力机的疲劳荷载,延长其服务寿命。风力机寿命的延长意味着风电场发电成本的减少。海洋对风的阻碍作用小,海上的风切变更小,这意味着海上项目可以不需要更高的塔架,从而在一定程度上降低工程施工难度和项目投资。此外,海上风电项目一般使用 2MW 或者更大容量的机组,机组尺寸更大,因此其经济性也会更好。

与陆上风电项目相比,海上风电场环境上往往更容易被接受。原因为:①海上风电场具有不占地的特点;②其噪声影响相对较小,对陆上风力机来说,为减少噪声污染,制造时工作的叶尖速比往往低于其最优值,而海上风力机系统则可设计运行在更高的速度下,有时会高 10%,使系统空气动力效率更高;③对人们的视觉影响相对较小,因此海上风机有可能采用两叶片设计以替代传统的三叶片设计,这不但可以减轻机组重量,还能提高空气动力效率。

由于海上风电项目的这些特点,近年来海上风力发电得到了较快的发展。本节以某海上风电场工程建设项目为例,就其财务评价的内容进行具体分析。

6.3 海上风电场财务评价实例分析

该海上风电场项目安装20台单机容量5MW的风力发电机组，总装机容量100MW。其正常运行期年上网电量为32000万kW·h，年等效满负荷小时数3200h。项目于第1年年初开工，建设期2年，生产经营期28年，计算期30年。

6.3.1 财务效益和费用估算

6.3.1.1 财务投资和资金筹措

1. 固定资产静态投资

根据工程概算，该项目固定资产静态投资160531.2万元。其分年度投资为：第1年64212.5万元，第2年96318.7万元。静态投资为16053元/kW，5.02元/(kW·h)。

2. 建设期利息

该项目长期贷款利率6.55%，建设期2年，经计算，建设期利息4002.8万元。

3. 流动资金

该项目的生产流动资金按50元/kW计算，共500万元，流动资金总额的40%使用资本金，60%从银行贷款，其年利率按6.0%计算。流动资金随机组投产投入使用，利息计入发电成本，本金在计算期末一次回收。

4. 项目总投资

将以上固定资产静态投资、建设期利息和流动资金数据相加，得到该项目总投资为165034万元。

5. 建设资金来源

该项目建设资金来源为资本金和银行贷款。其中，资本金33106.8万元（含流动资金部分），占总投资（不含流动资金）的20%，资本金不还本付息。贷款资金131927.2万元（含流动资金贷款），采用机组投产后按年等额返还本金及相应利息的原则，其中，建设期不还本，年利率6.55%，贷款按复利计息。

投资计划与资金筹措表见表6-11。

表6-11　　　　　　　　　投资计划与资金筹措表　　　　　　　　　单位：万元

序号	项目	合计	第1年	第2年
1	项目投入总资金	165034.0	65883.9	99150.1
1.1	固定资产投资	160531.2	64212.5	96318.7
1.2	建设期利息	4002.8	1671.4	2331.4
1.3	流动资金	500.0	0.0	500.0
2	资金筹措	165034.0	65883.9	99150.1
2.1	资本金	33106.8	13176.8	19930.0
	其中：用于流动资金	200.0	0.0	200.0
2.2	借款	131927.2	52707.1	79220.1
2.2.1	长期借款	131627.2	52707.1	78920.1
	其中：本金	127624.4	51035.7	76588.7
2.2.2	流动资金借款	300.0	0.0	300.0
2.3	其他短期借款	0.0	0.0	0.0
2.4	其他	0.0	0.0	0.0

6.3.1.2 总成本费用

该项目发电成本主要包括折旧费、修理费、职工工资及福利费、材料费、保险费、海域使用费、摊销费、利息支出及其他费用。各项成本计算如下。

1. 折旧费

$$折旧费 = 固定资产价值 \times 综合折旧率$$

$$固定资产价值 = 固定资产静态投资 + 建设期利息$$

$$综合折旧率 = \frac{1-预计净残值率}{折旧年限} \times 100\%$$

该项目的固定资产价值形成率按100%计算，其固定资产价值为164534万元。综合折旧年限按15年计算，净残值率为5%。

2. 修理费

$$修理费 = 固定资产静态投资 \times 修理费率$$

考虑到设备可靠性随使用年限的变化，该项目的修理费率正常投产后前2年取0.5%，之后的10年取1.5%，剩余年份取2.0%。

3. 职工工资及福利费等

$$职工工资及福利费等 = 编制定员 \times 职工年平均工资 \times (1+职工福利费率 + 劳保统筹费率 + 住房基金率)$$

该项目编制定员30人，职工人均年工资按6万元计算，职工福利费按工资总额的14%计算，劳保统筹费按工资总额的28%计算，住房基金按工资总额的10%计算。

4. 材料费

$$材料费 = 风电场装机容量 \times 材料费定额$$

根据该项目的具体情况，材料费定额取15元/kW。

5. 保险费

该项目保险费按固定资产价值的0.4%计算。

6. 海域使用费

该项目正常运行期年海域使用费取100万元/年。

7. 摊销费

该项目暂不考虑无形和递延资产，因此摊销费也暂不考虑。

8. 其他费用

$$其他费用 = 风电场装机容量 \times 其他费用定额$$

其他费用定额取30元/kW。

9. 利息支出

利息支出的计算分为建设期和正常运营期，建设期第2年折旧费的70%用于利息支出，正常运营期的利息支出用于偿还当年的应计利息（含流动资金贷款利息）。因此，建设期的利息支出按折旧费的70%进行计算，正常运营期的利息支出按当年的应计利息进行计算，当年利息计入生产成本。

根据以上计算方法，可求得各项成本费用估算结果，并逐项相加，即可得到该海上风

6.3 海上风电场财务评价实例分析

电场工程项目的总成本费用,再扣去其中的折旧费、摊销费和利息支出,即得该项目的发电经营成本。各项具体计算结果见表6-12。

表6-12中,对建设期第2年按一半机组进入投产发电考虑,除利息支出和摊销费外的全部费用均按正常运营年份的一半进行计算,而该项目折旧年限最后一年的折旧费也按正常运营年份的一半进行计算。

6.3.1.3 发电效益

1. 上网电价

目前,我国尚未正式出台海上风电项目上网电价确定办法,一般是通过项目特许权招标确定上网电价。参照陆上风电项目资本金内部收益率8%测算,该项目含税上网电价为0.796元/(kW·h),不含税上网电价为0.680元/(kW·h)。

2. 销售收入

$$发电销售收入 = 上网电量 \times 上网电价$$

经测算,该项目正常运营期内年上网电量为32000万kW·h,其中建设期第2年的初期发电量16000万kW·h,据此,该项目计算期内发电销售收入总额为725952万元。

3. 税金

(1) 增值税。根据财税〔2008〕156号《关于资源综合利用及其他产品增值税政策的通知》有关规定,该项目增值税实行即征即退50%的政策。增值税税率为17%,以不含增值税收入的发电收入为计算基数,返还的增值税以增值税税额扣除抵扣的增值税税额为计算基数。另外,根据财税〔2008〕170号《财政部国家税务总局关于全国实施增值税转型改革若干问题的通知》有关规定,自2009年1月1日起,允许企业购进机器设备等固定资产的进项税金可以在销项税金中抵扣。该项目实际可抵扣固定资产进项税额约8163万元,自项目投产后逐年抵扣,直至抵扣完毕。

(2) 营业税金及附加。营业税金及附加包括城市维护建设税和教育费附加,以增值税税额扣除抵扣的增值税税额为计算基数。本项目城市维护建设税税率取5%,教育费附加费率取4%。

(3) 所得税。所得税按应纳税所得额计算,该项目的应纳税所得额为发电利润扣除免税的补贴收入后的余额。风力发电新建项目属于公共基础设施项目企业所得税优惠的项目,根据国税发〔2009〕80号《国家税务总局关于实施国家重点扶持的公共基础设施项目企业所得税优惠问题的通知》,所得税实行"减三免三"的优惠政策,即其投资经营的所得,自该项目取得第一笔生产经营收入所属纳税年度起,第1~第3年免征企业所得税,第4~第6年减半征收企业所得税(12.5%),第6~第20年所得税按照25%征收。

该项目计算期内实际缴纳增值税105480.2万元,营业税金及附加8758.5万元,所得税73248.7万元。

4. 利润及分配

$$发电利润 = 发电收入 - 发电成本 - 销售税金附加 - 实缴增值税$$
$$实缴纳增值税 = 增值税 - 补贴收入(免税+应税)$$
$$应纳税所得额 = 利润总额 - 补贴收入(免税) - 弥补以前年度亏损$$

第6章 风电场财务评价

表6-12 总成本费用表

单位：万元

序号	项目	合计	建设期		生产经营期										
			第1年	第2年	第3年	第4年	第5年	第6年	第7年	第8年	第9年	第10年	第11年	第12年	第13年	第14年
1	电站发电成本	362049.1	0.0	9999.6	21344.5	20865.5	21991.8	21512.8	21033.8	20554.9	20075.9	19597.0	19118.0	18639.0	18160.0	17681.0
1.1	折旧费	156307.3	0.0	5210.2	10420.5	10420.5	10420.5	10420.5	10420.5	10420.5	10420.5	10420.5	10420.5	10420.5	10420.5	10420.5
1.2	固定修理费	77456.3	0.0	401.3	802.7	802.7	2408.0	2408.0	2408.0	2408.0	2408.0	2408.0	2408.0	2408.0	2408.0	2408.0
1.3	工资福利等	7797.6	0.0	136.8	273.6	273.6	273.6	273.6	273.6	273.6	273.6	273.6	273.6	273.6	273.6	273.6
1.4	保险费	18756.9	0.0	329.1	658.1	658.1	658.1	658.1	658.1	658.1	658.1	658.1	658.1	658.1	658.1	658.1
1.5	材料费	4275.0	0.0	75.0	150.0	150.0	150.0	150.0	150.0	150.0	150.0	150.0	150.0	150.0	150.0	150.0
1.6	海域使用费	2850.0	0.0	50.0	100.0	100.0	100.0	100.0	100.0	100.0	100.0	100.0	100.0	100.0	100.0	100.0
1.7	其他费用	8550.0	0.0	150.0	300.0	300.0	300.0	300.0	300.0	300.0	300.0	300.0	300.0	300.0	300.0	300.0
1.8	利息支出	86055.9	0.0	3647.2	8639.6	8160.6	7681.6	7202.6	6723.7	6244.7	5765.7	5286.8	4807.8	4328.8	3849.8	3370.8
1.9	摊销费	0.0	0.0	0.0	0.0	0.0	0.0	0.0	0.0	0.0	0.0	0.0	0.0	0.0	0.0	0.0
2	经营成本	119685.8	0.0	1142.2	2284.4	2284.4	3889.7	3889.7	3889.7	3889.7	3889.7	3889.7	3889.7	3889.7	3889.7	3889.7

序号	项目	第15年	第16年	第17年	第18年	第19年	第20年	生产经营期								
								第21年	第22年	第23年	第24年	第25年	第26年	第27年	第28年	第29年	第30年
1	电站发电成本	18004.7	17525.7	11836.5	6147.3	5668.3	5189.3	4710.4	4710.4	4710.4	4710.4	4710.4	4710.4	4710.4	4710.4	4710.4	4710.4
1.1	折旧费	10420.5	10420.5	5210.2	0.0	0.0	0.0	0.0	0.0	0.0	0.0	0.0	0.0	0.0	0.0	0.0	0.0
1.2	固定修理费	3210.6	3210.6	3210.6	3210.6	3210.6	3210.6	3210.6	3210.6	3210.6	3210.6	3210.6	3210.6	3210.6	3210.6	3210.6	3210.6
1.3	工资福利等	273.6	273.6	273.6	273.6	273.6	273.6	273.6	273.6	273.6	273.6	273.6	273.6	273.6	273.6	273.6	273.6
1.4	保险费	658.1	658.1	658.1	658.1	658.1	658.1	658.1	658.1	658.1	658.1	658.1	658.1	658.1	658.1	658.1	658.1
1.5	材料费	150.0	150.0	150.0	150.0	150.0	150.0	150.0	150.0	150.0	150.0	150.0	150.0	150.0	150.0	150.0	150.0
1.6	海域使用费	100.0	100.0	100.0	100.0	100.0	100.0	100.0	100.0	100.0	100.0	100.0	100.0	100.0	100.0	100.0	100.0
1.7	其他费用	300.0	300.0	300.0	300.0	300.0	300.0	300.0	300.0	300.0	300.0	300.0	300.0	300.0	300.0	300.0	300.0
1.8	利息支出	2891.8	2412.9	1933.9	1454.9	975.9	496.9	18.0	18.0	18.0	18.0	18.0	18.0	18.0	18.0	18.0	18.0
1.9	摊销费	0.0	0.0	0.0	0.0	0.0	0.0	0.0	0.0	0.0	0.0	0.0	0.0	0.0	0.0	0.0	0.0
2	经营成本	4692.4	4692.4	4692.4	4692.4	4692.4	4692.4	4692.4	4692.4	4692.4	4692.4	4692.4	4692.4	4692.4	4692.4	4692.4	4692.4

6.3 海上风电场财务评价实例分析

净利润＝发电利润－所得税

息税前利润＝发电利润＋利息支出＋所得税

息税折旧摊销前利润＝息税前利润＋折旧费＋摊销费

补贴收入的发放方式是先发放免税的补贴收入，再发放应税的补贴收入。其中，免税的补贴收入即抵扣的增值税税额，从投产第1年开始逐年发放，每年发放额度为当年的增值税，直至抵扣完毕；应税的补贴收入则为返还的增值税，由于增值税一般实行即征即退50%的政策，因此返还的增值税以扣除抵扣增值税税额后的剩余增值税额为基数计算。

税后利润提取10%的法定盈余公积金后，剩余部分为可分配利润，再扣除分配给投资者的应付利润，即为未分配利润。分配给投资者的应付利润自该项目正常运营第1年起，逐年等额进行分配。经具体计算，该项目计算期内发电利润总额为306485.8万元，净利润为233237.1万元。该海上风电场工程项目的发电收入、税金、利润与利润分配计算结果见表6-13。

6.3.2 偿债能力分析

1. 还贷平衡计算

该海上风电场工程项目的贷款按等额还本、利息照付方式偿还，贷款本金采用发电未分配利润、折旧费、摊销费偿还，利息进入当年财务费用。

计算结果表明，该工程在开工后20年内可还清固定资产本息，即贷款偿还期20年（含建设期）。项目的利息备付率第2年最小为1.07，此后逐渐增大，前10年中除第1年无发电收入外，第2年至第9年的平均利息备付率为1.39；偿债备付率为投产后各年均不小于1，前10年中第2年至第9年的平均值为2.42。贷款还本付息计算结果见表6-14。

2. 资金来源与运用

经具体计算，结果表明，该项目从建设期第2年开始出现资金盈余，计算期内累计盈余资金为212085.7万元。财务计划现金流量计算结果见表6-15。

3. 资产负债分析

计算结果表明，该项目仅在建设期负债率较高（高峰值达80%），随着机组投产发电，资产负债率逐渐下降，第20年后长期贷款本息全部还清，资产负债率低至0.2%以下。由此说明，该项目财务风险较低，偿债能力较强。

资产负债表见表6-16。

6.3.3 盈利能力分析

盈利能力分析的指标包括投资回收期、总投资利润率、投资利税率、资本金净利润率、财务内部收益率、财务净现值等。

经测算，在含税上网电价为0.796元/(kW·h)的情况下，该项目投资回收期为9.9年（所得税后），总投资收益率为8.63%，投资利税率为7.82%，资本金净利润率为24.9%。全部投资财务内部收益率分别为12.22%（所得税前）和10.85%（所得税后）；资本金财务内部收益率为21.97%。以上各项指标说明在含税上网电价下，该项目具有一定盈利能力。

项目全部投资现金流量表及资本金现金流量表见表6-17及表6-18。

第 6 章 风电场财务评价

表 6-13 利润与利润分配表

单位：万元

序号	项目	合计	建设期 第1年	建设期 第2年	生产经营期 第3年	第4年	第5年	第6年	第7年	第8年	第9年	第10年	第11年	第12年	第13年	第14年
	上网容量/MW		0.0	50.0	100.0	100.0	100.0	100.0	100.0	100.0	100.0	100.0	100.0	100.0	100.0	100.0
	上网电量/(万kW·h)	725952.0	0.0	16000.0	32000.0	32000.0	32000.0	32000.0	32000.0	32000.0	32000.0	32000.0	32000.0	32000.0	32000.0	32000.0
	上网电价/[元·(kW·h)$^{-1}$]		0.000	0.796	0.796	0.796	0.796	0.796	0.796	0.796	0.796	0.796	0.796	0.796	0.796	0.796
1	发电销售收入	725952.0	0.0	12736.0	25472.0	25472.0	25472.0	25472.0	25472.0	25472.0	25472.0	25472.0	25472.0	25472.0	25472.0	25472.0
2	增值税	105480.2	0.0	1850.5	3701.1	3701.1	3701.1	3701.1	3701.1	3701.1	3701.1	3701.1	3701.1	3701.1	3701.1	3701.1
3	营业税金及附加	8758.5	0.0	0.0	0.0	98.1	333.1	333.1	333.1	333.1	333.1	333.1	333.1	333.1	333.1	333.1
3.1	城市维护建设税	4865.9	0.0	0.0	0.0	54.5	185.1	185.1	185.1	185.1	185.1	185.1	185.1	185.1	185.1	185.1
3.2	教育费附加	3892.7	0.0	0.0	0.0	43.6	148.0	148.0	148.0	148.0	148.0	148.0	148.0	148.0	148.0	148.0
4	发电成本费用	362049.71	0.0	9999.6	21344.5	20865.5	21991.8	21512.8	21033.8	20554.9	20075.9	19597.0	19118.0	18639.0	18160.0	17681.0
5	补贴收入（应税）	48658.6	0.0	0.0	0.0	544.8	1850.5	1850.5	1850.5	1850.5	1850.5	1850.5	1850.5	1850.5	1850.5	1850.5
6	利润总额	306485.8	0.0	2736.4	4127.5	3963.6	1296.6	1775.5	2254.5	2733.5	3212.5	3691.4	4170.4	4649.4	5128.4	5607.3
7	弥补以前年度亏损	0.0	0.0	0.0	0.0	0.0	0.0	0.0	0.0	0.0	0.0	0.0	0.0	0.0	0.0	0.0
8	应补税所得额	298322.8	0.0	0.0	426.5	1352.2	1296.6	1775.5	2254.5	2733.5	3212.5	3691.4	4170.4	4649.4	5128.4	5607.3
9	所得税	73248.7	0.0	885.9	0.0	0.0	162.1	221.9	281.8	683.4	803.1	922.9	1042.6	1162.3	1282.1	1401.8
10	补贴收入（免税）	8163.0	0.0	1850.5	3701.1	2611.4	0.0	0.0	0.0	0.0	0.0	0.0	0.0	0.0	0.0	0.0
11	净利润	233237.1	0.0	2736.4	4127.5	3963.6	1134.5	1553.6	1972.7	2050.1	2409.4	2768.6	3127.8	3487.0	3846.3	4205.5
12	提取法定盈余公积金	23323.7	0.0	273.6	412.8	396.4	113.4	155.4	197.3	205.0	240.9	276.9	312.8	348.7	384.6	420.6
13	可供投资者分配的利润	209913.4	0.0	2462.7	3714.8	3567.3	1021.0	1398.2	1775.4	1845.1	2168.4	2491.7	2815.0	3138.3	3461.6	3785.0
14	应付利润	46030.5	0.0	0.0	1677.4	1677.4	1677.4	1677.4	1677.4	1677.4	1677.4	1677.4	1677.4	1677.4	1677.4	1677.4
15	未分配利润	163882.9	0.0	2462.7	2037.4	1889.9	1021.0	1398.2	98.1	167.8	491.1	814.4	1137.7	1461.0	1784.3	2107.6
16	累计未分配利润		0.0	2462.7	4500.2	6390.1	6390.1	6390.1	6488.2	6655.9	7147.0	7961.4	9099.1	10560.0	12344.3	14451.9
17	息税前利润	392541.7	0.0	6383.6	12767.1	12124.2	8978.2	8978.2	8978.2	8978.2	8978.2	8978.2	8978.2	8978.2	8978.2	8978.2
18	息税折旧摊销前利润	548849.1	0.0	11593.8	23187.6	22544.7	19398.7	19398.7	19398.7	19398.7	19398.7	19398.7	19398.7	19398.7	19398.7	19398.7

6.3 海上风电场财务评价实例分析

续表

序号	项 目	生 产 经 营 期 第15年	第16年	第17年	第18年	第19年	第20年	第21年	第22年	第23年	第24年	第25年	第26年	第27年	第28年	第29年	第30年
	上网容量/MW	100.0	100.0	100.0	100.0	100.0	100.0	100.0	100.0	100.0	100.0	100.0	100.0	100.0	100.0	100.0	100.0
	上网电量/(万kW·h)	32000.0	32000.0	32000.0	32000.0	32000.0	32000.0	32000.0	32000.0	32000.0	32000.0	32000.0	32000.0	32000.0	32000.0	32000.0	32000.0
	上网电价/[元·(kW·h)⁻¹]	0.796	0.796	0.796	0.796	0.796	0.796	0.796	0.796	0.796	0.796	0.796	0.796	0.796	0.796	0.796	0.796
1	发电销售收入	25472.0	25472.0	25472.0	25472.0	25472.0	25472.0	25472.0	25472.0	25472.0	25472.0	25472.0	25472.0	25472.0	25472.0	25472.0	25472.0
2	增值税	3701.1	3701.1	3701.1	3701.1	3701.1	3701.1	3701.1	3701.1	3701.1	3701.1	3701.1	3701.1	3701.1	3701.1	3701.1	3701.1
3	营业税金及附加	333.1	333.1	333.1	333.1	333.1	333.1	333.1	333.1	333.1	333.1	333.1	333.1	333.1	333.1	333.1	333.1
3.1	城市维护建设税	185.1	185.1	185.1	185.1	185.1	185.1	185.1	185.1	185.1	185.1	185.1	185.1	185.1	185.1	185.1	185.1
3.2	教育费附加	148.0	148.0	148.0	148.0	148.0	148.0	148.0	148.0	148.0	148.0	148.0	148.0	148.0	148.0	148.0	148.0
4	发电成本费用	18004.7	17525.7	11836.5	6147.3	5668.3	5189.3	4710.4	4710.4	4710.4	4710.4	4710.4	4710.4	4710.4	4710.4	4710.4	4710.4
5	补贴收入(应税)	1850.5	1850.5	1850.5	1850.5	1850.5	1850.5	1850.5	1850.5	1850.5	1850.5	1850.5	1850.5	1850.5	1850.5	1850.5	1850.5
6	利润总额	5283.7	5762.7	11451.9	17141.1	17620.1	18099.1	18578.0	18578.0	18578.0	18578.0	18578.0	18578.0	18578.0	18578.0	18578.0	18578.0
7	弥补以前年度亏损	0.0	0.0	0.0	0.0	0.0	0.0	0.0	0.0	0.0	0.0	0.0	0.0	0.0	0.0	0.0	0.0
8	应纳税所得额	5283.7	5762.7	11451.9	17141.1	17620.1	18099.1	18578.0	18578.0	18578.0	18578.0	18578.0	18578.0	18578.0	18578.0	18578.0	18578.0
9	所得税	1320.9	1440.7	2863.0	4285.3	4405.0	4524.8	4644.5	4644.5	4644.5	4644.5	4644.5	4644.5	4644.5	4644.5	4644.5	4644.5
10	补贴收入(免税)	0.0	0.0	0.0	0.0	0.0	0.0	0.0	0.0	0.0	0.0	0.0	0.0	0.0	0.0	0.0	0.0
11	净利润	3962.8	4322.0	8588.9	12855.8	13215.1	13574.3	13933.5	13933.5	13933.5	13933.5	13933.5	13933.5	13933.5	13933.5	13933.5	13933.5
12	提取法定盈余公积金	396.3	432.2	858.9	1285.6	1321.5	1357.4	1393.4	1393.4	1393.4	1393.4	1393.4	1393.4	1393.4	1393.4	1393.4	1393.4
13	可供投资者分配的利润	3566.5	3889.8	7730.0	11570.3	11893.6	12216.9	12540.2	12540.2	12540.2	12540.2	12540.2	12540.2	12540.2	12540.2	12540.2	12540.2
14	应付利润	1677.4	1677.4	1677.4	1677.4	1677.4	1677.4	1677.4	1677.4	1677.4	1677.4	1677.4	1677.4	1677.4	1677.4	1677.4	1677.4
15	未分配利润	1889.1	2212.4	6052.7	9892.9	10216.2	10539.5	10862.8	10862.8	10862.8	10862.8	10862.8	10862.8	10862.8	10862.8	10862.8	10862.8
16	累计未分配利润	16341.1	18553.5	24606.2	34499.1	44715.3	55254.8	66117.6	76980.4	87843.2	98706.1	109568.9	120431.7	131294.5	142157.3	153020.3	163882.9
17	息税前利润	8175.5	8175.5	13385.8	18596.0	18596.0	18596.0	18596.0	18596.0	18596.0	18596.0	18596.0	18596.0	18596.0	18596.0	18596.0	18596.0
18	息税折旧摊销前利润	18596.0	18596.0	18596.0	18596.0	18596.0	18596.0	18596.0	18596.0	18596.0	18596.0	18596.0	18596.0	18596.0	18596.0	18596.0	18596.0

表 6-14 借款还本付息表

单位：万元

序号	项目	第1年	第2年	第3年	第4年	第5年	第6年	第7年	第8年	第9年	第10年
1	借款及还本付息										
1.1	年初借款本息累计	0.0	52707.1	131627.2	124314.5	117001.8	109689.1	102376.3	95063.6	87750.9	80438.2
1.1.1	本金	0.0	51035.7	127624.4	124314.5	117001.8	109689.1	102376.3	95063.6	87750.9	80438.2
1.1.2	建设期利息	1671.4	1671.4	4002.8	0.0	0.0	0.0	0.0	0.0	0.0	1.0
1.2	本年借款	51035.7	76588.7	0.0	0.0	0.0	0.0	0.0	0.0	0.0	1.0
1.3	本年应计利息	1671.4	5960.6	8621.6	8142.6	7663.6	7184.6	6705.7	6226.7	5747.7	5268.8
1.4	本年还本付息	0.0	3629.2	15934.3	15455.3	14976.3	14497.4	14018.4	13539.4	13060.4	12581.5
1.4.1	本年付息	0.0	3629.2	8621.6	8142.6	7663.6	7184.6	6705.7	6226.7	5747.7	5268.8
1.4.2	本年还本	0.0	0.0	7312.7	7312.7	7312.7	7312.7	7312.7	7312.7	7312.7	7312.7
2	偿还借款的资金来源										
2.1	还贷利润	0.0	0.0	4500.2	1889.9	0.0	0.0	98.1	167.8	491.1	814.4
2.2	还贷折旧	0.0	0.0	11983.6	10420.5	10420.5	10420.5	10420.5	10420.5	10420.5	10420.5
2.3	还贷摊销	0.0	0.0	0.0	0.0	0.0	0.0	0.0	0.0	0.0	0.0
2.4	计入成本的利息支出	0.0	3629.2	8621.6	8142.6	7663.6	7184.6	6705.7	6226.7	5747.7	5268.8
2.5	偿债基金补充	0.0	0.0	0.0	0.0	0.0	0.0	0.0	0.0	0.0	0.0
2.6	合计	0.0	3629.2	25105.3	20453.0	18084.1	17605.2	17224.2	16814.9	16659.3	16503.6
3	偿债基金	0.0	0.0	9171.0	14168.7	17276.5	20384.2	23590.1	26865.6	30464.5	34386.6
4	利息备付率（ICR）	0.00	1.07	1.48	1.49	1.17	1.25	1.34	1.44	1.56	1.70
5	偿债备付率（DSCR）	0.00	1.00	1.58	1.92	2.15	2.41	2.68	2.98	3.33	3.73

6.3 海上风电场财务评价实例分析

续表

序号	项 目	第11年	第12年	第13年	第14年	第15年	第16年	第17年	第18年	第19年	第20年
1	借款及还本付息										
1.1	年初借款本息累计	73126.4	65813.7	58501.0	51188.3	43875.5	36562.8	29250.1	21937.4	14624.6	7311.9
1.1.1	本金	73126.4	65813.7	58501.0	51188.3	43875.5	36562.8	29250.1	21937.4	14624.6	7311.9
1.1.2	建设期利息	0.0	0.0	0.0	0.0	0.0	0.0	0.0	0.0	0.0	0.0
1.2	本年借款	0.0	0.0	0.0	0.0	0.0	0.0	0.0	0.0	0.0	0.0
1.3	本年应计利息	4789.8	4310.8	3831.8	3352.8	2873.8	2394.9	1915.9	1436.9	957.9	478.9
1.4	本年还本付息	12102.5	11623.5	11144.5	10665.6	10186.6	9707.6	9228.6	8749.6	8270.6	7790.9
1.4.1	本年付息	4789.8	4310.8	3831.8	3352.8	2873.8	2394.9	1915.9	1436.9	957.9	478.9
1.4.2	本年还本	7312.7	7312.7	7312.7	7312.7	7312.7	7312.7	7312.7	7312.7	7312.7	7311.9
2	偿还借款的资金来源										
2.1	还贷利润	1137.7	1461.0	1784.3	2107.6	1889.1	2212.4	6052.7	9892.9	10216.2	10539.5
2.2	还贷折旧	10420.5	10420.5	10420.5	10420.5	10420.5	10420.5	5210.2	0.0	0.0	0.0
2.3	还贷摊销	0.0	0.0	0.0	0.0	0.0	0.0	0.0	0.0	0.0	0.0
2.4	计入成本的利息支出	4789.8	4310.8	3831.8	3352.8	2873.8	2394.9	1915.9	1436.9	957.9	478.9
2.5	偿债基金补充	0.0	0.0	0.0	0.0	0.0	0.0	0.0	0.0	0.0	0.0
2.6	合计	16347.9	16192.3	16036.6	15880.9	15183.5	15027.8	13178.8	11329.8	11174.1	11018.5
3	偿债基金	38632.0	43200.8	48092.8	53308.2	58305.1	63625.3	67575.5	70155.7	73059.2	76286.8
4	利息备付率（ICR）	1.87	2.08	2.34	2.68	2.84	3.41	6.99	12.94	19.41	38.83
5	偿债备付率（DSCR）	4.19	1.39	1.44	1.49	1.49	1.55	1.43	1.29	1.35	1.41

表6-15 财务计划现金流量表

单位：万元

序号	项目	合计	建设期		生产经营期											
			第1年	第2年	第3年	第4年	第5年	第6年	第7年	第8年	第9年	第10年	第11年	第12年	第13年	第14年
1	经营活动净现金流量	476100.3	0.0	11593.8	23187.6	22544.7	19236.6	19176.7	19116.9	18715.3	18595.5	18475.8	18356.1	18236.3	18116.6	17996.8
1.1	现金流入	783273.6	0.0	14586.5	29173.1	28628.2	27322.5	27322.5	27322.5	27322.5	27322.5	27322.5	27322.5	27322.5	27322.5	27322.5
1.1.1	营业收入	620470.7	0.0	10885.5	21770.9	21770.9	21770.9	21770.9	21770.9	21770.9	21770.9	21770.9	21770.9	21770.9	21770.9	21770.9
1.1.2	增值税销项税额	105481.3	0.0	1850.5	3701.1	3701.1	3701.1	3701.1	3701.1	3701.1	3701.1	3701.1	3701.1	3701.1	3701.1	3701.1
1.1.3	补贴收入	56820.8	0.0	1850.5	3701.1	3156.2	1850.5	1850.5	1850.5	1850.5	1850.5	1850.5	1850.5	1850.5	1850.5	1850.5
1.1.4	其他流入	0.0	0.0	0.0	0.0	0.0	0.0	0.0	0.0	0.0	0.0	0.0	0.0	0.0	0.0	0.0
1.1.5	回收流动资金	500.0	0.0	0.0	0.0	0.0	0.0	0.0	0.0	0.0	0.0	0.0	0.0	0.0	0.0	0.0
1.2	现金流出	307173.3	0.0	2992.7	5985.5	6083.5	8085.9	8145.8	8205.7	8607.2	8727.0	8846.7	8966.5	9086.2	9206.3	9325.7
1.2.1	经营成本	119685.8	0.0	1142.2	2284.4	2284.4	3889.7	3889.7	3889.7	3889.7	3889.7	3889.7	3889.7	3889.7	3889.7	3889.7
1.2.2	增值税进项税额	8758.5	0.0	0.0	0.0	98.1	0.0	0.0	0.0	0.0	0.0	0.0	0.0	0.0	0.0	0.0
1.2.3	营业税及附加	105480.2	0.0	1850.5	3701.1	3701.1	3701.1	3701.1	3701.1	3701.1	3701.1	3701.1	3701.1	3701.1	3701.1	3701.1
1.2.4	增值税	73248.7	0.0	0.0	0.0	0.0	333.1	333.1	333.1	333.1	333.1	333.1	333.1	333.1	333.1	333.1
1.2.5	所得税		0.0	0.0	0.0	0.0	162.1	221.9	281.8	683.4	803.1	922.9	1042.6	1162.3	1282.1	1401.8
1.2.6	其他流出	0.0	0.0	0.0	0.0	0.0	0.0	0.0	0.0	0.0	0.0	0.0	0.0	0.0	0.0	0.0
2	投资活动净现金流量	-161031.2	-64212.5	-96818.7	0.0	0.0	0.0	0.0	0.0	0.0	0.0	0.0	0.0	0.0	0.0	0.0
2.1	现金流入	0.0	0.0	0.0	0.0	0.0	0.0	0.0	0.0	0.0	0.0	0.0	0.0	0.0	0.0	0.0
2.2	现金流出	161031.2	64212.5	96818.7	0.0	0.0	0.0	0.0	0.0	0.0	0.0	0.0	0.0	0.0	0.0	0.0
2.2.1	建设投资	160531.2	64212.5	96318.7	0.0	0.0	0.0	0.0	0.0	0.0	0.0	0.0	0.0	0.0	0.0	0.0
2.2.2	维持运营投资	0.0	0.0	0.0	0.0	0.0	0.0	0.0	0.0	0.0	0.0	0.0	0.0	0.0	0.0	0.0
2.2.3	流动资金	500.0	0.0	500.0	0.0	0.0	0.0	0.0	0.0	0.0	0.0	0.0	0.0	0.0	0.0	0.0
2.2.4	其他流出	0.0	0.0	0.0	0.0	0.0	0.0	0.0	0.0	0.0	0.0	0.0	0.0	0.0	0.0	0.0

6.3 海上风电场财务评价实例分析

续表

序号	项目	生产经营期															
		第15年	第16年	第17年	第18年	第19年	第20年	第21年	第22年	第23年	第24年	第25年	第26年	第27年	第28年	第29年	第30年
1	经营活动净现金流量	17275.1	17155.3	15733.0	14310.7	14191.0	14071.2	13951.5	13951.5	13951.5	13951.5	13951.5	13951.5	13951.5	13951.5	13951.5	14451.5
1.1	现金流入	27322.5	27322.5	27322.5	27322.5	27322.5	27322.5	27322.5	27322.5	27322.5	27322.5	27322.5	27322.5	27322.5	27322.5	27322.5	27822.5
1.1.1	营业收入	21770.9	21770.9	21770.9	21770.9	21770.9	21770.9	21770.9	21770.9	21770.9	21770.9	21770.9	21770.9	21770.9	21770.9	21770.9	21770.9
1.1.2	增值税销项税额	3701.1	3701.1	3701.1	3701.1	3701.1	3701.1	3701.1	3701.1	3701.1	3701.1	3701.1	3701.1	3701.1	3701.1	3701.1	3701.1
1.1.3	补贴收入	1850.5	1850.5	1850.5	1850.5	1850.5	1850.5	1850.5	1850.5	1850.5	1850.5	1850.5	1850.5	1850.5	1850.5	1850.5	1850.5
1.1.4	其他流入	0.0	0.0	0.0	0.0	0.0	0.0	0.0	0.0	0.0	0.0	0.0	0.0	0.0	0.0	0.0	0.0
1.1.5	回收流动资金	0.0	0.0	0.0	0.0	0.0	0.0	0.0	0.0	0.0	0.0	0.0	0.0	0.0	0.0	0.0	500.0
1.2	现金流出	10047.4	10167.2	11589.5	13011.8	13131.5	13251.3	13371.0	13371.0	13371.0	13371.0	13371.0	13371.0	13371.0	13371.0	13371.0	13371.0
1.2.1	经营成本	4692.4	4692.4	4692.4	4692.4	4692.4	4692.4	4692.4	4692.4	4692.4	4692.4	4692.4	4692.4	4692.4	4692.4	4692.4	4692.4
1.2.2	增值税进项税额	0.0	0.0	0.0	0.0	0.0	0.0	0.0	0.0	0.0	0.0	0.0	0.0	0.0	0.0	0.0	0.0
1.2.3	营业税金及附加	333.1	333.1	333.1	333.1	333.1	333.1	333.1	333.1	333.1	333.1	333.1	333.1	333.1	333.1	333.1	333.1
1.2.4	增值税	3701.1	3701.1	3701.1	3701.1	3701.1	3701.1	3701.1	3701.1	3701.1	3701.1	3701.1	3701.1	3701.1	3701.1	3701.1	3701.1
1.2.5	所得税	1320.9	1440.7	2863.0	4285.3	4405.0	4524.8	4644.5	4644.5	4644.5	4644.5	4644.5	4644.5	4644.5	4644.5	4644.5	4644.5
1.2.6	其他流出	0.0	0.0	0.0	0.0	0.0	0.0	0.0	0.0	0.0	0.0	0.0	0.0	0.0	0.0	0.0	0.0
2	投资活动净现金流量	0.0	0.0	0.0	0.0	0.0	0.0	0.0	0.0	0.0	0.0	0.0	0.0	0.0	0.0	0.0	0.0
2.1	现金流入	0.0	0.0	0.0	0.0	0.0	0.0	0.0	0.0	0.0	0.0	0.0	0.0	0.0	0.0	0.0	0.0
2.2	现金流出	0.0	0.0	0.0	0.0	0.0	0.0	0.0	0.0	0.0	0.0	0.0	0.0	0.0	0.0	0.0	0.0
2.2.1	建设投资	0.0	0.0	0.0	0.0	0.0	0.0	0.0	0.0	0.0	0.0	0.0	0.0	0.0	0.0	0.0	0.0
2.2.2	维持运营投资	0.0	0.0	0.0	0.0	0.0	0.0	0.0	0.0	0.0	0.0	0.0	0.0	0.0	0.0	0.0	0.0
2.2.3	流动资金	0.0	0.0	0.0	0.0	0.0	0.0	0.0	0.0	0.0	0.0	0.0	0.0	0.0	0.0	0.0	0.0
2.2.4	其他流出	0.0	0.0	0.0	0.0	0.0	0.0	0.0	0.0	0.0	0.0	0.0	0.0	0.0	0.0	0.0	0.0

第6章 风电场财务评价

续表

序号	项目	合计	建设期		生产经营期										
			第1年	第2年	第3年	第4年	第5年	第6年	第7年	第8年	第9年	第10年	第11年	第12年	第13年	第14年
3	筹资活动净现金流量	-102983.4	64212.5	93171.5	-17629.7	-17150.7	-16015.4	-15913.6	-15713.7	-15234.7	-14755.8	-14276.8	-13797.9	-13318.9	-12839.9	-12360.9
3.1	现金流入	161031.2	64212.5	96818.7	0.0	0.0	0.0	0.0	0.0	0.0	0.0	0.0	0.0	0.0	0.0	0.0
3.1.1	项目资本金投入	33106.8	13176.8	19930.0	0.0	0.0	0.0	0.0	0.0	0.0	0.0	0.0	0.0	0.0	0.0	0.0
3.1.2	建设投资借款	127624.4	51035.7	76588.7	0.0	0.0	0.0	0.0	0.0	0.0	0.0	0.0	0.0	0.0	0.0	0.0
3.1.3	流动资金	300.0	0.0	300.0	0.0	0.0	0.0	0.0	0.0	0.0	0.0	0.0	0.0	0.0	0.0	0.0
3.1.4	债券	0.0	0.0	0.0	0.0	0.0	0.0	0.0	0.0	0.0	0.0	0.0	0.0	0.0	0.0	0.0
3.1.5	短期借款	0.0	0.0	0.0	0.0	0.0	0.0	0.0	0.0	0.0	0.0	0.0	0.0	0.0	0.0	0.0
3.1.6	其他流入	0.0	0.0	0.0	0.0	0.0	0.0	0.0	0.0	0.0	0.0	0.0	0.0	0.0	0.0	0.0
3.2	现金流出	264014.6	0.0	3647.2	17629.7	17150.7	16015.4	15913.6	15713.7	15234.7	14755.8	14276.8	13797.9	13318.9	12839.9	12360.9
3.2.1	各种利息支出	86055.9	0.0	3647.2	8639.6	8160.6	7681.6	7202.6	6723.7	6244.7	5765.7	5286.8	4807.8	4328.8	3849.8	3370.8
3.2.2	偿还债务本金	131628.2	0.0	0.0	7312.7	7312.7	7312.7	7312.7	7312.7	7312.7	7312.7	7312.7	7312.7	7312.7	7312.7	7312.7
3.2.3	流动资金本金偿还	300.0	0.0	0.0	0.0	0.0	0.0	0.0	0.0	0.0	0.0	0.0	0.0	0.0	0.0	0.0
3.2.4	应付利润（股利分配）	46030.5	0.0	0.0	1677.4	1677.4	1021.0	1398.2	1677.4	1677.4	1677.4	1677.4	1677.4	1677.4	1677.4	1677.4
3.2.5	其他流出	0.0	0.0	0.0	0.0	0.0	0.0	0.0	0.0	0.0	0.0	0.0	0.0	0.0	0.0	0.0
4	净现金流量	212085.9	0.0	7946.6	5557.9	5394.0	3221.5	3263.1	3403.1	3480.5	3839.8	4199.0	4558.2	4917.4	5276.7	5635.9
5	累计盈余资金		0.0	7946.6	13504.6	18898.6	22119.8	25383.0	28786.1	32266.4	36106.2	40305.2	44863.4	49780.8	55057.5	60693.4

6.3 海上风电场财务评价实例分析

续表

序号	项目	生 产 经 营 期															
		第15年	第16年	第17年	第18年	第19年	第20年	第21年	第22年	第23年	第24年	第25年	第26年	第27年	第28年	第29年	第30年
3	筹资活动净现金流量	-11881.9	-11402.9	-10924.0	-10445.0	-9966.0	-9486.2	-1695.4	-1695.4	-1695.4	-1695.4	-1695.4	-1695.4	-1695.4	-1695.4	-1695.4	-1995.4
3.1	现金流入	0.0	0.0	0.0	0.0	0.0	0.0	0.0	0.0	0.0	0.0	0.0	0.0	0.0	0.0	0.0	0.0
3.1.1	项目资本金投入	0.0	0.0	0.0	0.0	0.0	0.0	0.0	0.0	0.0	0.0	0.0	0.0	0.0	0.0	0.0	0.0
3.1.2	建设投资借款	0.0	0.0	0.0	0.0	0.0	0.0	0.0	0.0	0.0	0.0	0.0	0.0	0.0	0.0	0.0	0.0
3.1.3	流动资金借款	0.0	0.0	0.0	0.0	0.0	0.0	0.0	0.0	0.0	0.0	0.0	0.0	0.0	0.0	0.0	0.0
3.1.4	债券	0.0	0.0	0.0	0.0	0.0	0.0	0.0	0.0	0.0	0.0	0.0	0.0	0.0	0.0	0.0	0.0
3.1.5	短期借款	0.0	0.0	0.0	0.0	0.0	0.0	0.0	0.0	0.0	0.0	0.0	0.0	0.0	0.0	0.0	0.0
3.1.6	其他流入	0.0	0.0	0.0	0.0	0.0	0.0	0.0	0.0	0.0	0.0	0.0	0.0	0.0	0.0	0.0	0.0
3.2	现金流出	11881.9	11402.9	10924.0	10445.0	9966.0	9486.2	1695.4	1695.4	1695.4	1695.4	1695.4	1695.4	1695.4	1695.4	1695.4	1995.4
3.2.1	各种利息支出	2891.8	2412.9	1933.9	1454.9	975.9	496.9	18.0	18.0	18.0	18.0	18.0	18.0	18.0	18.0	18.0	18.0
3.2.2	偿还债务本金	7312.7	7312.7	7312.7	7312.7	7312.7	7311.9	0.0	0.0	0.0	0.0	0.0	0.0	0.0	0.0	0.0	0.0
3.2.3	流动资金本金偿还	0.0	0.0	0.0	0.0	0.0	0.0	0.0	0.0	0.0	0.0	0.0	0.0	0.0	0.0	0.0	300.0
3.2.4	应付利润（股利分配）	1677.4	1677.4	1677.4	1677.4	1677.4	1677.4	1677.4	1677.4	1677.4	1677.4	1677.4	1677.4	1677.4	1677.4	1677.4	1677.4
3.2.5	其他流出	0.0	0.0	0.0	0.0	0.0	0.0	0.0	0.0	0.0	0.0	0.0	0.0	0.0	0.0	0.0	0.0
4	净现金流量	5393.2	5752.4	4809.1	3865.8	4225.0	4585.0	12256.2	12256.2	12256.2	12256.2	12256.2	12256.2	12256.2	12256.2	12256.2	12456.2
5	累计盈余资金	66086.6	71839.0	76648.1	80513.9	84738.9	89323.9	101580.1	113836.3	126092.5	138348.7	150604.9	162861.1	175117.3	187373.5	199629.7	212085.9

表 6-16 资产负债表 单位：万元

序号	项目	建设期 第1年	建设期 第2年	生产经营期 第3年	第4年	第5年	第6年	第7年	第8年	第9年	第10年	第11年	第12年	第13年	第14年	第15年
1	资产	65883.9	167770.4	162907.9	157881.4	150682.2	143524.8	136507.4	129567.4	122986.8	116766.3	110904.0	105401.0	100257.2	95472.6	90445.3
1.1	流动资产总值	0.0	8446.6	14004.6	19398.6	22619.8	25883.0	29286.1	6726.7	10566.5	14765.4	19323.6	24241.1	29517.8	35153.7	40546.9
1.1.1	流动资产	0.0	500.0	500.0	500.0	500.0	500.0	500.0	500.0	500.0	500.0	500.0	500.0	500.0	500.0	500.0
1.1.2	累计盈余资金	0.0	7946.6	13504.6	18898.6	22119.8	25383.0	28786.1	6226.7	10066.5	14265.4	18823.6	23741.1	29017.8	34653.7	40046.9
1.2	在建工程	65883.9	159323.8	0.0	0.0	0.0	0.0	0.0	0.0	0.0	0.0	0.0	0.0	0.0	0.0	0.0
1.3	固定资产净值	0.0	0.0	148903.3	138482.8	128062.3	117641.8	107221.8	96800.9	86380.4	75959.9	65539.4	55118.9	44698.4	34277.9	23857.4
1.4	无形及递延资产净值	0.0	0.0	0.0	0.0	0.0	0.0	0.0	0.0	0.0	0.0	0.0	0.0	0.0	0.0	0.0
1.5	可抵扣增值税形成的资产	0.0	0.0	8163.0	8163.0	8163.0	8163.0	8163.0	8163.0	8163.0	8163.0	8163.0	8163.0	8163.0	8163.0	8163.0
2	负债及所有者权益	65883.9	167770.4	162907.9	157881.4	150682.2	143524.8	136507.4	129567.4	122986.8	116766.3	110904.0	105401.0	100257.2	95472.6	90445.3
2.1	流动负债总额	0.0	0.0	0.0	0.0	0.0	0.0	0.0	0.0	0.0	0.0	0.0	0.0	0.0	0.0	0.0
2.1.1	短期借款	0.0	0.0	0.0	0.0	0.0	0.0	0.0	0.0	0.0	0.0	0.0	0.0	0.0	0.0	0.0
2.1.2	其他	0.0	0.0	0.0	0.0	0.0	0.0	0.0	0.0	0.0	0.0	0.0	0.0	0.0	0.0	0.0
2.2	建设投资借款	52707.1	131627.2	124314.5	117001.8	109689.1	102376.3	95063.6	87750.9	80438.2	73126.4	65813.7	58501.0	51188.3	43875.5	36562.8
2.3	流动资金借款	0.0	300.0	300.0	300.0	300.0	300.0	300.0	300.0	300.0	300.0	300.0	300.0	300.0	300.0	300.0
2.4	负债小计	52707.1	131927.2	124614.5	117301.8	109989.1	102676.3	95363.6	88050.9	80738.2	73426.4	66113.7	58801.0	51488.3	44175.5	36862.8
2.5	所有者权益	13176.8	35843.2	38293.4	40579.7	40693.1	40848.5	41143.8	41516.6	42248.6	43339.8	44790.3	46600.0	48768.9	51297.0	53582.5
2.5.1	资本金	13176.8	33106.8	33106.8	33106.8	33106.8	33106.8	33106.8	33106.8	33106.8	33106.8	33106.8	33106.8	33106.8	33106.8	33106.8
2.5.2	资本公积金	0.0	0.0	0.0	0.0	0.0	0.0	0.0	0.0	0.0	0.0	0.0	0.0	0.0	0.0	0.0
2.5.3	累计盈余公积金	0.0	273.6	686.4	1082.8	1196.2	1351.6	1548.8	1753.8	1994.8	2271.6	2584.4	2933.1	3317.8	3738.3	4134.6
2.5.4	累计未分配利润	0.0	2462.7	4500.2	6390.1	6390.1	6390.1	6488.2	6655.9	7147.0	7961.4	9099.1	10560.0	12344.3	14451.9	16341.1
	资产负债率/%	80.0	78.6	76.5	74.3	73.0	71.5	69.9	68.0	65.6	62.9	59.6	55.8	51.4	46.3	40.8

6.3 海上风电场财务评价实例分析

续表

序号	项目	生产经营期														
		第16年	第17年	第18年	第19年	第20年	第21年	第22年	第23年	第24年	第25年	第26年	第27年	第28年	第29年	第30年
1	资产	85777.2	85376.0	89241.8	93466.8	98051.8	110308.0	122564.1	134820.3	147076.5	159332.6	171588.8	183844.9	196101.1	208357.3	220313.4
1.1	流动资产总值	46299.3	51108.4	54974.1	59199.1	63784.2	76040.3	88296.5	100552.6	112808.8	125065.0	137321.1	149577.3	161833.4	174089.6	186045.7
1.1.1	流动资产	500.0	500.0	500.0	500.0	500.0	500.0	500.0	500.0	500.0	500.0	500.0	500.0	500.0	500.0	0.0
1.1.2	累计盈余资金	45799.3	50608.4	54474.1	58699.1	63284.2	75540.3	87796.5	100052.6	112308.8	124565.0	136821.1	149077.3	161333.4	173589.6	186045.7
1.2	在建工程	0.0	0.0	0.0	0.0	0.0	0.0	0.0	0.0	0.0	0.0	0.0	0.0	0.0	0.0	0.0
1.3	固定资产净值	13436.9	8226.7	8226.7	8226.7	8226.7	8226.7	8226.7	8226.7	8226.7	8226.7	8226.7	8226.7	8226.7	8226.7	8226.7
1.4	无形及递延资产净值	0.0	0.0	0.0	0.0	0.0	0.0	0.0	0.0	0.0	0.0	0.0	0.0	0.0	0.0	0.0
1.5	可抵扣增值税形成的资产	8163.0	8163.0	8163.0	8163.0	8163.0	8163.0	8163.0	8163.0	8163.0	8163.0	8163.0	8163.0	8163.0	8163.0	8163.0
2	负债及所有者权益	85777.2	85376.0	89241.8	93466.8	98051.8	110308.0	122564.1	134820.3	147076.5	159332.6	171588.8	183844.9	196101.1	208357.3	220313.4
2.1	流动负债总额	0.0	0.0	0.0	0.0	0.0	0.0	0.0	0.0	0.0	0.0	0.0	0.0	0.0	0.0	0.0
2.1.1	短期借款	0.0	0.0	0.0	0.0	0.0	0.0	0.0	0.0	0.0	0.0	0.0	0.0	0.0	0.0	0.0
2.1.2	其他	0.0	0.0	0.0	0.0	0.0	0.0	0.0	0.0	0.0	0.0	0.0	0.0	0.0	0.0	0.0
2.2	建设投资借款	29250.1	21937.4	14624.6	7311.9	0.0	0.0	0.0	0.0	0.0	0.0	0.0	0.0	0.0	0.0	0.0
2.3	流动资金借款	300.0	300.0	300.0	300.0	300.0	300.0	300.0	300.0	300.0	300.0	300.0	300.0	300.0	300.0	0.0
2.4	负债小计	29550.1	22237.4	14924.6	7611.9	300.0	300.0	300.0	300.0	300.0	300.0	300.0	300.0	300.0	300.0	0.0
2.5	所有者权益	56227.1	63138.7	74317.1	85854.9	97751.8	110008.0	122264.1	134520.3	146776.5	159032.6	171288.8	183544.9	195801.1	208057.3	220313.4
2.5.1	资本金	33106.8	33106.8	33106.8	33106.8	33106.8	33106.8	33106.8	33106.8	33106.8	33106.8	33106.8	33106.8	33106.8	33106.8	33106.8
2.5.2	资本公积金	0.0	0.0	0.0	0.0	0.0	0.0	0.0	0.0	0.0	0.0	0.0	0.0	0.0	0.0	0.0
2.5.3	累计盈余公积金	4566.8	5425.7	6711.3	8032.8	9390.2	10783.5	12176.9	13570.2	14963.6	16357.0	17750.3	19143.7	20537.0	21930.4	23323.7
2.5.4	累计未分配利润	18553.5	24606.2	34499.1	44715.3	55254.8	66117.6	76980.4	87843.2	98706.1	109568.9	120431.7	131294.5	142157.3	153020.1	163882.9
	资产负债率 %	34.4	26.0	16.7	8.1	0.3	0.3	0.2	0.2	0.2	0.2	0.2	0.2	0.2	0.1	0.0

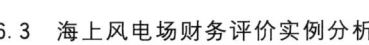

表6-17 项目投资现金流量表

单位：万元

序号	项　目	合计	建设期		生产经营期										
			第1年	第2年	第3年	第4年	第5年	第6年	第7年	第8年	第9年	第10年	第11年	第12年	第13年	第14年
1	现金流入	791500.3	0.0	14586.5	29173.1	28628.2	27322.5	27322.5	27322.5	27322.5	27322.5	27322.5	27322.5	27322.5	27322.5	27322.5
1.1	发电销售收入	725952.0	0.0	12736.0	25472.0	25472.0	25472.0	25472.0	25472.0	25472.0	25472.0	25472.0	25472.0	25472.0	25472.0	25472.0
1.2	补贴收入	56821.6	0.0	1850.5	3701.1	3156.2	1850.5	1850.5	1850.5	1850.5	1850.5	1850.5	1850.5	1850.5	1850.5	1850.5
1.3	回收固定资产余值	8226.7	0.0	0.0	0.0	0.0	0.0	0.0	0.0	0.0	0.0	0.0	0.0	0.0	0.0	0.0
1.4	回收流动资金	500.0	0.0	0.0	0.0	0.0	0.0	0.0	0.0	0.0	0.0	0.0	0.0	0.0	0.0	0.0
2	现金流出	394955.9	64212.5	99811.4	5985.5	6083.5	7923.9	7923.9	7923.9	7923.9	7923.9	7923.9	7923.9	7923.9	7923.9	7923.9
2.1	建设投资	160531.2	64212.5	96318.7	0.0	0.0	0.0	0.0	0.0	0.0	0.0	0.0	0.0	0.0	0.0	0.0
2.2	流动资金	500.0	0.0	500.0	0.0	0.0	0.0	0.0	0.0	0.0	0.0	0.0	0.0	0.0	0.0	0.0
2.3	经营成本	119686.4	0.0	1142.2	2284.4	2284.4	3889.7	3889.7	3889.7	3889.7	3889.7	3889.7	3889.7	3889.7	3889.7	3889.7
2.4	增值税	105480.2	0.0	1850.5	3701.1	3701.1	3701.1	3701.1	3701.1	3701.1	3701.1	3701.1	3701.1	3701.1	3701.1	3701.1
2.5	营业税金及附加	8758.5	0.0	0.0	0.0	98.1	333.1	333.1	333.1	333.1	333.1	333.1	333.1	333.1	333.1	333.1
2.6	维持运营投资	0.0	0.0	0.0	0.0	0.0	0.0	0.0	0.0	0.0	0.0	0.0	0.0	0.0	0.0	0.0
3	所得税前净现金流量	396544.6	−64212.5	−85224.9	23187.6	22544.7	19398.7	19398.7	19398.7	19398.7	19398.7	19398.7	19398.7	19398.7	19398.7	19398.7
4	累计所得税前净现金流量		−64212.5	−149437.4	−126249.8	−103705.1	−84306.4	−64907.7	−45509.1	−26110.4	−6711.7	12686.9	32085.6	51484.3	70883.0	90281.6
5	调整所得税	86949.9	0.0	0.0	0.0	0.0	1122.3	1122.3	1122.3	2244.5	2244.5	2244.5	2244.5	2244.5	2244.5	2244.5
6	所得税后净现金流量	309594.3	−64212.5	−85224.9	23187.6	22544.7	18276.4	18276.4	18276.4	17154.1	17154.1	17154.1	17154.1	17154.1	17154.1	17154.1
7	累计所得税后净现金流量		−64212.5	−149437.4	−126249.8	−103705.1	−85428.7	−67152.3	−48875.9	−31721.8	−14567.6	2586.5	19740.6	36894.7	54048.9	71203.0

6.3 海上风电场财务评价实例分析

续表

序号	项目	生产经营期															
		第15年	第16年	第17年	第18年	第19年	第20年	第21年	第22年	第23年	第24年	第25年	第26年	第27年	第28年	第29年	第30年
1	现金流入	27322.5	27322.5	27322.5	27322.5	27322.5	27322.5	27322.5	27322.5	27322.5	27322.5	27322.5	27322.5	27322.5	27322.5	27322.5	36049.2
1.1	发电销售收入	25472.0	25472.0	25472.0	25472.0	25472.0	25472.0	25472.0	25472.0	25472.0	25472.0	25472.0	25472.0	25472.0	25472.0	25472.0	25472.0
1.2	补贴收入	1850.5	1850.5	1850.5	1850.5	1850.5	1850.5	1850.5	1850.5	1850.5	1850.5	1850.5	1850.5	1850.5	1850.5	1850.5	1850.5
1.3	回收固定资产余值	0.0	0.0	0.0	0.0	0.0	0.0	0.0	0.0	0.0	0.0	0.0	0.0	0.0	0.0	0.0	8226.7
1.4	回收流动资金	0.0	0.0	0.0	0.0	0.0	0.0	0.0	0.0	0.0	0.0	0.0	0.0	0.0	0.0	0.0	500.0
2	现金流出	8726.5	8726.5	8726.5	8726.5	8726.5	8726.5	8726.5	8726.5	8726.5	8726.5	8726.5	8726.5	8726.5	8726.5	8726.5	8726.5
2.1	建设投资	0.0	0.0	0.0	0.0	0.0	0.0	0.0	0.0	0.0	0.0	0.0	0.0	0.0	0.0	0.0	0.0
2.2	流动资金	0.0	0.0	0.0	0.0	0.0	0.0	0.0	0.0	0.0	0.0	0.0	0.0	0.0	0.0	0.0	0.0
2.3	经营成本	4692.4	4692.4	4692.4	4692.4	4692.4	4692.4	4692.4	4692.4	4692.4	4692.4	4692.4	4692.4	4692.4	4692.4	4692.4	4692.4
2.4	增值税	3701.1	3701.1	3701.1	3701.1	3701.1	3701.1	3701.1	3701.1	3701.1	3701.1	3701.1	3701.1	3701.1	3701.1	3701.1	3701.1
2.5	营业税金及附加	333.1	333.1	333.1	333.1	333.1	333.1	333.1	333.1	333.1	333.1	333.1	333.1	333.1	333.1	333.1	333.1
2.6	维持运营投资	0.0	0.0	0.0	0.0	0.0	0.0	0.0	0.0	0.0	0.0	0.0	0.0	0.0	0.0	0.0	0.0
3	所得税前净现金流量	18596.0	18596.0	18596.0	18596.0	18596.0	18596.0	18596.0	18596.0	18596.0	18596.0	18596.0	18596.0	18596.0	18596.0	18596.0	27322.7
4	累计所得税前净现金流量	108877.6	127473.6	146069.7	164665.7	183261.7	201857.7	220453.7	239049.7	257645.8	276241.8	294837.8	313433.8	332029.8	350625.8	369221.8	396544.6
5	调整所得税	2043.9	2043.9	3346.4	4649.0	4649.0	4649.0	4649.0	4649.0	4649.0	4649.0	4649.0	4649.0	4649.0	4649.0	4649.0	4649.0
6	所得税后净现金流量	16552.1	16552.1	15249.6	13947.0	13947.0	13947.0	13947.0	13947.0	13947.0	13947.0	13947.0	13947.0	13947.0	13947.0	13947.0	22673.7
7	累计所得税后净现金流量	87755.1	104307.3	119556.8	133503.8	147450.9	161397.9	175344.9	189291.9	203238.9	217185.9	231132.9	245079.9	259026.9	272974.0	286921.0	309594.7

第6章 风电场财务评价

表6-18 项目资本金现金流量表

单位：万元

序号	项目	合计	建设期		生产经营期										
			第1年	第2年	第3年	第4年	第5年	第6年	第7年	第8年	第9年	第10年	第11年	第12年	第13年	第14年
1	现金流入	791500.3	0.0	14586.5	29173.1	28628.2	27322.5	27322.5	27322.5	27322.5	27322.5	27322.5	27322.5	27322.5	27322.5	27322.5
1.1	发电销售收入	725952.0	0.0	12736.5	25472.0	25472.0	25472.0	25472.0	25472.0	25472.0	25472.0	25472.0	25472.0	25472.0	25472.0	25472.0
1.2	补贴收入	56821.6	0.0	1850.5	3701.1	3156.2	1850.5	1850.5	1850.5	1850.5	1850.5	1850.5	1850.5	1850.5	1850.5	1850.5
1.3	回收固定资产余值	8226.7	0.0	0.0	0.0	0.0	0.0	0.0	0.0	0.0	0.0	0.0	0.0	0.0	0.0	0.0
1.4	回收流动资金	500.0	0.0	0.0	0.0	0.0	0.0	0.0	0.0	0.0	0.0	0.0	0.0	0.0	0.0	0.0
2	现金流出	557964.2	13176.8	26569.9	21937.8	21556.8	23080.3	22661.2	22242.1	22164.6	21805.4	21446.2	21087.0	20727.7	20368.5	20009.3
2.1	项目资本金	33106.8	13176.8	19930.0	0.0	0.0	0.0	0.0	0.0	0.0	0.0	0.0	0.0	0.0	0.0	0.0
2.2	借款本金偿还	131628.2	0.0	0.0	7312.7	7312.7	7312.7	7312.7	7312.7	7312.7	7312.7	7312.7	7312.7	7312.7	7312.7	7312.7
2.3	借款利息支付	86055.9	0.0	3647.2	8639.6	8160.6	7681.6	7202.6	6723.7	6244.7	5765.7	5286.8	4807.8	4328.8	3849.8	3370.8
2.4	经营成本	119685.8	0.0	1142.2	2284.4	2284.4	3889.7	3889.7	3889.7	3889.7	3889.7	3889.7	3889.7	3889.7	3889.7	3889.7
2.5	增值税	105480.2	0.0	1850.5	3701.1	3701.1	3701.1	3701.1	3701.1	3701.1	3701.1	3701.1	3701.1	3701.1	3701.1	3701.1
2.6	营业税金及附加	8758.5	0.0	0.0	0.0	98.1	333.1	333.1	333.1	333.1	333.1	333.1	333.1	333.1	333.1	333.1
2.7	所得税	73248.7	0.0	0.0	0.0	0.0	162.1	221.9	281.8	683.4	803.1	922.9	1042.6	1162.3	1282.1	1401.8
2.8	维持运营投资	0.0	0.0	0.0	0.0	0.0	0.0	0.0	0.0	0.0	0.0	0.0	0.0	0.0	0.0	0.0
3	净现金流量	233536.1	−13176.8	−11983.4	7235.3	7071.4	4242.3	4661.4	5080.5	5157.9	5517.1	5876.3	6235.6	6594.8	6954.0	7313.3

6.3 海上风电场财务评价实例分析

续表

序号	项目	生产经营期 第15年	第16年	第17年	第18年	第19年	第20年	第21年	第22年	第23年	第24年	第25年	第26年	第27年	第28年	第29年	第30年
1	现金流入	27322.5	27322.5	27322.5	27322.5	27322.5	27322.5	27322.5	27322.5	27322.5	27322.5	27322.5	27322.5	27322.5	27322.5	27322.5	36049.2
1.1	发电销售收入	25472.0	25472.0	25472.0	25472.0	25472.0	25472.0	25472.0	25472.0	25472.0	25472.0	25472.0	25472.0	25472.0	25472.0	25472.0	25472.0
1.2	补贴收入	1850.5	1850.5	1850.5	1850.5	1850.5	1850.5	1850.5	1850.5	1850.5	1850.5	1850.5	1850.5	1850.5	1850.5	1850.5	1850.5
1.3	回收固定资产余值	0.0	0.0	0.0	0.0	0.0	0.0	0.0	0.0	0.0	0.0	0.0	0.0	0.0	0.0	0.0	8226.7
1.4	回收流动资金	0.0	0.0	0.0	0.0	0.0	0.0	0.0	0.0	0.0	0.0	0.0	0.0	0.0	0.0	0.0	500.0
2	现金流出	20252.0	19892.8	20836.1	21779.4	21420.2	21060.1	13389.0	13389.0	13389.0	13389.0	13389.0	13389.0	13389.0	13389.0	13389.0	13389.0
2.1	项目资本金	0.0	0.0	0.0	0.0	0.0	0.0	0.0	0.0	0.0	0.0	0.0	0.0	0.0	0.0	0.0	0.0
2.2	借款本金偿还	7312.7	7312.7	7312.7	7312.7	7312.7	7311.9	0.0	0.0	0.0	0.0	0.0	0.0	0.0	0.0	0.0	0.0
2.3	借款利息支付	2891.8	2412.9	1933.9	1454.9	975.9	496.9	18.0	18.0	18.0	18.0	18.0	18.0	18.0	18.0	18.0	18.0
2.4	经营成本	4692.4	4692.4	4692.4	4692.4	4692.4	4692.4	4692.4	4692.4	4692.4	4692.4	4692.4	4692.4	4692.4	4692.4	4692.4	4692.4
2.5	增值税	3701.1	3701.1	3701.1	3701.1	3701.1	3701.1	3701.1	3701.1	3701.1	3701.1	3701.1	3701.1	3701.1	3701.1	3701.1	3701.1
2.6	营业税金及附加	333.1	333.1	333.1	333.1	333.1	333.1	333.1	333.1	333.1	333.1	333.1	333.1	333.1	333.1	333.1	333.1
2.7	所得税	1320.9	1440.7	2863.0	4285.3	4405.0	4524.8	4644.5	4644.5	4644.5	4644.5	4644.5	4644.5	4644.5	4644.5	4644.5	4644.5
2.8	维持运营投资	0.0	0.0	0.0	0.0	0.0	0.0	0.0	0.0	0.0	0.0	0.0	0.0	0.0	0.0	0.0	0.0
3	净现金流量	7070.5	7429.8	6486.4	5543.1	5902.4	6262.4	13933.5	13933.5	13933.5	13933.5	13933.5	13933.5	13933.5	13933.5	13933.5	22660.2

6.3.4 敏感性分析

风电场工程项目财务评价敏感性分析,主要考虑固定资产投资、发电量等不确定性因素单独变化时财务内部收益率等财务指标的变化。从国内风电场的实际建设资料看,风电场固定资产投资增加幅度一般不超过5%,考虑到机组设备招标情况变化的可能性,对该项目投资变化±5%、±10%的情况进行敏感性分析;对上网电量变化也按±5%、±10%的变化情形进行分析。

敏感性分析结果见表6-19。

表6.19 财务敏感性分析表

项 目		财务内部收益率/%		标杆上网电价 /[元·(kW·h)$^{-1}$]
		全部投资(所得税后)	资本金	
基本方案		10.85	21.97	0.796
投资变化率	10%	9.45	16.16	0.796
	5%	10.12	18.81	0.796
	−5%	11.66	25.73	0.796
	−10%	12.54	30.20	0.796
电量变化率	10%	14.24	39.28	0.796
	5%	13.39	34.66	0.796
	−5%	11.69	25.93	0.796
	−10%	10.83	21.92	0.796

从表6-19中可以看出,该海上风电场在固定资产投资不变的情况下,上网电量分别增减5%及10%,财务内部收益变化较大,但全部投资财务内部收益率均大于10%,资本金财务内部收益率均大于21%。在上网电量不变的情况下,当固定资产投资增减5%及10%时,财务内部收益变化也较大,但全部投资财务内部收益率均大于9%,资本金财务内部收益率均大于16%。由此可见,该项目抗风险能力较强。

6.3.5 财务评价结论

以上财务评价的结果表明,在含税上网电价为0.796元/(kW·h)的情况下,该海上风电场工程项目投资回收期为9.9年(所得税后),投资利税率为7.82%,资本金净利润率为24.9%。全部投资财务内部收益率为12.22%(所得税前);资本金财务内部收益率为21.97%。说明在含税上网电价下,该项目具有一定盈利能力。财务评价指标汇总表见表6-20。敏感性分析的结果表明,该项目具有较强的抗风险能力。

表6-20 财务指标汇总表

序 号	名 称	单 位	指 标
1	装机容量	MW	100.0
2	总投资	万元	165034.0
2.1	固定资产投资	万元	160531.2

6.3 海上风电场财务评价实例分析

续表

序 号	名 称	单 位	指 标
2.2	建设期利息	万元	4002.8
2.3	流动资金	万元	500.0
3	运行期年上网电量	万 kW·h	32000.0
4	标杆上网电价（含增值税）	元·(kW·h)$^{-1}$	0.796
5	发电销售收入总额	万元	725952.0
6	总成本费用	万元	362049.1
7	实交增值税总额	万元	48658.6
8	销售税金附加总额	万元	8758.5
9	发电利润总额	万元	306485.8
10	财务内部收益率		
10.1	全部投资（所得税前）	%	12.22
10.2	全部投资（所得税后）	%	10.85
10.3	资本金	%	21.97
11	财务净现值		
11.1	全部投资（所得税前 $i_c=7\%$）	万元	74894.16
11.2	全部投资（所得税后 $i_c=7\%$）	万元	50321.24
11.3	资本金（$i_c=8\%$）	万元	47039.87
12	总投资收益率	%	8.63
13	投资利税率	%	7.82
14	资本金净利润率	%	24.9
15	投资回收期（所得税后）	年	9.9
16	借款偿还期	年	20.0
17	最大资产负债率	%	80.0

综上，该海上风电场财务评价可行。

第7章 风电场国民经济评价与社会效果分析

7.1 概 述

7.1.1 国民经济评价的主要目的

财务评价是站在企业的角度依据现行财务数据对项目的财务效益作出分析评价，以此作为决定项目取舍的依据是不够的。

国民经济评价（又称经济费用效益分析）是从资源合理配置的角度分析项目投资的经济效率和对社会福利所做出的贡献，评价项目的经济合理性。其目的在于把有限的资源用于最需要的投资项目上，使全社会可用于投资的有限资源能得以合理配置和有效利用，使国民经济能持续稳定地发展。国民经济评价与财务评价一起，共同组成投资项目或技术方案的经济评价。对于财务现金流量不能全面、真实地反映其经济价值而需要进行经济费用效益分析的项目，应将经济费用效益分析的结论作为项目决策的主要依据之一。

在加强和完善宏观调控，建立社会主义市场经济体制的过程中，必须重视建设项目的经济费用效益分析。这是因为，首先，经济费用效益分析是项目评价方法体系的重要组成部分，市场分析、技术方案分析、财务分析、环境影响分析、组织机构分析和社会评价都不能代替经济费用效益分析的功能和作用。其次，经济费用效益分析是市场经济体制下政府对公共项目进行分析评价的重要方法，是市场经济国家政府部门干预投资活动的重要手段。此外，在新的投资体制下，国家在对建设项目进行审批和核准时，其重点放在项目的外部效果和公共性方面，而经济费用效益分析强调从资源配置经济效率的角度分析项目的外部效果，通过经济费用效益分析以及费用效果分析的方法判断建设项目的经济合理性，因此，经济费用效益分析是政府审批和核准项目的重要依据。

通过项目的经济费用效益分析，可以实现以下目的：

（1）全面识别整个社会为项目付出的代价以及项目为提高社会福利所做出的贡献，从而评价项目的经济合理性。

（2）分析项目的经济费用效益流量与财务现金流量存在的差别，以及造成这些差别的原因，进而提出相关的政策调整建议。

（3）对于市场化运作的基础设施等项目，通过经济费用效益分析来论证项目的经济价值，为制定财务方案提供依据。

（4）分析各利益相关者为项目付出的代价及获得的效益，通过对受损者及受益者的经济费用效益分析，为社会评价提供依据。

7.1.2 国民经济评价的适用项目类型

根据《建设项目经济评价方法与参数（第三版）》（国家发展改革委、建设部，中国计划出版社，2006）的规定，对于财务价格扭曲，不能真实反映项目产出的经济价值，财务成本不能包含项目对资源的全部消耗，财务效益不能包含项目产出的全部经济效果的项目，需要进行经济费用效益分析。

1. 经济学角度

具体而言，从经济学角度考虑，经济费用效益分析的适用项目类型包括：

（1）具有垄断特征的项目，如电力、电信、交通运输等。这类项目存在规模效益递增的产业特征，企业一般不会按照帕累托最优规则进行运作。所谓帕累托最优是指关于资源配置的一种状态，在这种状态下，市场的供求均衡形成的均衡价格引导社会资源进行有效配置，使生产者利润最大化的产品产量组合恰好与消费者效用最大化的产品消费量组合相一致，因而使社会福利最大化。而对于具有垄断特征的项目来说，企业特殊的垄断地位将会导致市场配置资源失效。

（2）产出具有公共产品特征的项目。此类项目提供的产品或服务在同一时间内可以被共同消费，具有消费的非排他性和消费的非竞争性特征。所谓消费的非排他性是指未花钱购买公共产品的人不能被排除在此产品或服务的消费之外。而消费的非竞争性则是指一人消费一种公共产品并不以牺牲其他人的消费为代价。由于市场价格机制只有通过将那些不愿意付费的消费者排除在该物品的消费之外才能得以有效运作，因此市场机制对公共产品项目的资源配置失灵。

（3）外部效果明显的项目。外部效果是指一个个体或厂商的行为对另一个体或厂商产生了影响，而该影响的行为主体又没有负相应的责任或没有获得应有报酬的现象。产生外部效果的行为主体由于不受预算约束，因此常常不考虑外部效果结果承受者的损益情况。于是，这类行为主体在其行为过程中常常会低效率甚至无效率地使用资源，造成消费者剩余与生产者剩余的损失及市场失灵。

（4）涉及国家控制的战略性资源开发及国家经济安全的项目。这类项目往往具有公共性、外部效果等综合特征，不能完全依靠市场配置资源。

（5）受过度行政干预的项目。政府对经济活动的干预如果干扰了正常的经济活动效率，也是导致市场失灵的重要因素。

2. 投资管理角度

从投资管理的角度考虑，将经济费用效益分析的适用项目划分为以下几种类型：

（1）政府预算内投资（包括国债资金）的用于关系国家安全、国土开发和市场不能有效配置资源的公益性项目和公共基础设施建设项目、保护和改善生态环境项目、重大战略性资源开发项目。

（2）政府各类专项建设基金投资的用于交通运输、农林水利等基础设施、基础产业建设项目。

（3）利用国际金融组织和外国政府贷款，需要政府主权信用担保的项目。

（4）法律法规规定的其他政府性资金投资的建设项目。

（5）企业投资建设的涉及国家经济安全、影响环境资源、公共利益、可能出现垄断、涉及整体布局等公共性问题，需要政府核准的建设项目。

7.1.3 国民经济评价与财务评价的关系

国民经济评价与财务评价一起，共同组成投资项目或技术方案的经济评价。两者之间既有区别，又有联系。

1. 评价的角度不同

财务评价是站在项目的角度上，按照微观利润最大化的原则分析项目的直接财务费用和效益，从而判断项目的财务可行性。

国民经济评价是站在整个国民经济的角度上，按照社会福利最大化的原则分析项目的费用和效益，以判断项目的经济合理性。

2. 费用和效益的界定范围不同

财务评价以项目系统为边界，根据项目的实际现金流量确定其财务费用和效益。凡是由系统内流出的现金流量都是财务费用，凡是流向系统内部的现金流量都是财务效益。

国民经济评价以国民经济系统为边界考察项目的经济费用和效益。任何导致社会最终产品或服务减少的都是经济费用，任何导致社会最终产品或服务增加的都是经济效益。

由于两种评价的角度及费用效益界定的边界不同，有些在财务评价中视为费用的项目，如税金、国内贷款利息等，在国民经济评价中不作为费用处理。同样，在财务评价中视为效益的项目，如补贴等，在国民经济评价中不作为效益处理。站在国民经济系统的视角上，这些现金流既没有使得社会最终产品减少，又没有使得其增加，只是在系统内部作了一下转移。国民经济评价与财务评价的区别见表7-1。

表7-1　　　　　　　　国民经济评价与财务评价的区别

项目	财务评价	国民经济评价
评价的角度不同	以企业净收入最大化为最优	资源最优配置，国民经济收入最大
费用和效益的范围	只考虑项目的直接货币支出和收入	除考虑直接经济效果外，还要考虑间接效果（定量、定性）
费用和效益划分不同	根据项目的实际收支来确定	企业利润、工资作为国民收入，税金和国内贷款利息视为国民经济内部转移支付
采用的价格不同	市场实际价格	根据机会成本和供求关系确定影子价格
采用的贴现率不同	采用因行业而异的基准贴现率	采用国家统一测定的社会贴现率
采用的汇率不同	官方汇率	国家统一测定的影子汇率
采用的工资不同	当地通常的工资水平	影子工资

由于财务评价和国民经济评价的区别，可能出现同一项目的财务评价结论与国民经济评价结论不一致的情况。则判别方法为：

（1）财务评价和国民经济评价结论均可行，项目应予通过；反之，应予以否定。

（2）财务评价结论可行，国民经济评价结论不可行，项目一般应予以否定。

（3）对于关系公共利益、国家安全和市场不能有效配置资源的经济和社会发展项目，如果国民经济评价结论可行，但财务评价不可行，应重新考虑方案，必要时提出经济优惠措施的建议，使项目具有财务上的生存能力。

7.2 经济效益和费用的识别与估算

7.2.1 经济效益和费用的识别

在经济费用效益分析中,应尽可能全面地识别建设项目的经济效益和费用,并需要注意以下几个方面。

1. 主要分析要点

对建设项目所涉及的所有社会成员的有关费用和效益进行识别和计算,全面分析项目投资及运营活动耗用资源的真实价值以及项目为社会成员福利的实际增加所做出的贡献。

(1) 分析体现在项目实体本身的直接费用和效益以及项目引起的其他组织、机构和个人发生的各种外部费用和效益。

(2) 分析项目的近期影响以及项目可能带来的中期、远期影响。

(3) 分析与项目主要目标直接联系的直接费用和效益以及各种间接费用和效益。

(4) 分析具有物质载体的有形费用和效益以及各种无形费用和效益。

2. 识别原则

(1) 增量分析原则。项目经济费用效益分析应建立在增量效益和费用识别的基础上,不应考虑沉没成本和已实现的效益。应按照"有无对比"增量分析的原则,将项目的实施效果与无项目情况下可能发生的情况进行对比分析作为计算机会成本或增量效益的依据。

(2) 考虑关联效果原则。应考虑项目投资可能产生的其他关联效应。

(3) 以本国居民作为分析对象的原则。对于跨越国界,对本国之外的其他社会成员产生影响的项目,应重点分析对本国公民新增的效益和费用。项目对本国以外社会群体所产生的效果应进行单独陈述。

(4) 剔除转移支付原则。转移支付代表购买力的转移行为,接受转移支付的一方所获得的效益与付出方所产生的费用相等,转移支付行为本身没有导致新增资源的发生。在经济费用效益分析中,税赋、补贴、借款和利息属于转移支付,一般不再计算转移支付的影响。

3. 转移支付的处理原则

一些税收和补贴可能会影响市场价格水平,导致包括税收和补贴的财务价格可能并不反映真实的经济成本和效益。在经济费用效益分析中,转移支付的处理应区别对待:

(1) 剔除企业所得税或补贴对财务价格的影响。

(2) 一些税收、补贴或罚款往往是用于校正项目外部效果的一种重要手段,这类转移支付不可剔除,可以用于计算外部效果。

(3) 项目投入与产出中流转税应具体问题具体处理。

4. 计算期选择

项目费用与效益识别的时间范围应足以包含项目所产生的全部重要费用和效益,而不应仅根据有关财务核算规定确定。如财务分析的计算期可根据投资各方的合作期进行计算,而经济费用效益分析不受此限制。

5. 对外部效果的识别进行评估

应对项目外部效果的识别是否适当进行评估，防止漏算或重复计算。对于项目的投入或产出可能产生的第二级乘数波及效应，在经济费用效益分析中一般不予考虑。

7.2.2 经济效益和费用的估算原则

对于建设项目投资所造成的经济效益和费用，应在利益相关者分析的基础上研究在特定社会背景条件下相关利益主体获得的收益及付出的代价，计算项目相关的经济效益和费用。

(1) 支付意愿（Willingness To Pay，WTP）原则。项目产出物的正面效果计算遵循支付意愿原则，用于分析社会成员为项目所产生的效益愿意支付的价值。

(2) 受偿意愿（Willingness To Accept，WTA）原则。项目产出物的负面效果计算遵循接受补偿意愿原则，用于分析社会成员为接受这种不利影响所得到补偿的价值。

(3) 机会成本原则。项目投入的经济费用计算应遵循机会成本的原则，用于分析项目所占用的所有资源的机会成本。机会成本应按资源的其他最有效利用所产生的效益计算。

(4) 实际价值计算原则。项目经济费用效益分析应对所有费用和效益采用反映资源真实价值的实际价格进行计算，不考虑通货膨胀的影响，但应考虑相对价格变动。

7.2.3 影子价格及其计算

经济费用效益分析中投入物及产出物使用的能够真实反映其真实经济价值的计算价格称为影子价格。它是指在一定的经济结构中，以线性规划方法计算的（应用线性规划把资源和价格联系起来）反映资源最优利用的价格。影子价格是一种虚拟价格，且随着经济结构的变化而变化。影子价格的确定，不仅取决于某一社会折现率下的国内生产价格体系，还取决于国际市场价格、影子汇率、货物稀缺程度及供求关系等诸多因素。

1. 具有市场价格的投入和产出

对于具有市场价格的投入和产出，影子价格的计算应符合以下要求：

(1) 可外贸货物的投入和产出的影子价格应以口岸价格为基础进行计算，以反映其价格取值具有国际竞争力。具体计算公式为

出口产出的影子价格（出厂价）＝离岸价（FOB）×影子汇率－出口费用 (7-1)

进口投入的影子价格（到厂价）＝到岸价（CIF）×影子汇率＋进口费用 (7-2)

式中　离岸价（Free On Board，FOB）——出口货物运抵我国出口口岸交货的价格；

到岸价（Cost，Insurance & Freight，CIF）——进口货物运抵我国进口口岸交货的价格，包括货物进口的货价、运抵我国口岸之前所发生的境外的运费和保险费；

进口费用、出口费用——进出口环节在国内所发生的所有相关费用，包括运输费用、储运、装卸、运输保险等各种费用支出以及物流环节的各种损失、损耗等。

(2) 非外贸货物的投入和产出的影子价格应根据下列要求计算：

1) 如果项目处于竞争性市场环境中，应采用市场价格作为计算项目投入或产出影子价格的依据。

2) 如果项目的投入或产出的规模很大，项目的实施将足以影响其市场价格，导致有项目和无项目两者情况下市场价格不一致，在项目评价中，取两者的平均值作为测算影子价格的依据。

(3) 影子价格计算中，对于消费税、增值税、营业税等流转税，应根据产品在整个市场中发挥的作用分别计入或不计入影子价格。

2. 不具有市场价格的产出效果

对于项目的产出效果不具有市场价格，应遵循消费者支付意愿和接受补偿意愿的原则，按下列方法测算其影子价格：

(1) 采用显示偏好的方法，通过其他相关市场价格信号间接估算产出效果的影子价格。

(2) 利用陈述偏好的意愿调查方法，分析调查对象的支付意愿或接受补偿的意愿，推断出项目影响效果的影子价格。

3. 劳动力、土地及项目投入的自然资源等特殊投入物

对于劳动力、土地及项目投入的自然资源等特殊投入物，其影子价格计算应按以下方法计算：

(1) 项目因使用劳动力所付的工资是项目实施所付的代价。劳动力的影子工资等于劳动力的机会成本与因劳动力转移而引起的新增资源消耗之和。即

$$\text{劳动力的影子工资} = \text{劳动力的机会成本} + \text{新增资源消耗} \quad (7-3)$$

式中　劳动力的机会成本——拟建项目占用的人力资源由于在本项目使用而不能再用于其他地方或享受闲暇时间而被迫放弃的价值，应根据项目所在地的人力资源市场及劳动力就业状况确定；

　　　新增资源消耗——劳动力在本项目新就业或由其他就业岗位转移到本项目而发生的经济资源消耗，而这种消耗与劳动者生活水平的提高无关，在分析中应根据劳动力就业的转移成本测算。

劳动力的机会成本按下列原则分析确定：

1) 过去受雇于别处，由于本项目实施而转移过来的人员，其影子工资应等于使其放弃过去就业机会的工资（含工资性福利）及支付的税金之和。

2) 对于自愿失业人员，劳动力的影子工资应等于本项目的使用所支付的税后净工资额，以反映边际工人投入到劳动力市场所必须支付的金额。

3) 对于非自愿失业人员，劳动力的影子工资应反映他们为了工作而放弃休闲愿意接受的最低工资额，其数值应低于本项目的使用所支付的税后净工资并大于支付的最低生活保障收入。当缺少相关信息时，可以按非自愿失业人员接受的最低生活保障收入和税后净工资率的平均值近似测算。

(2) 土地是一种重要的资源，项目占用的土地无论是否支付费用，均应计算其影子价格。土地影子价格是指建设项目使用土地资源而使社会付出的代价。在经济费用效益分析中以土地影子价格计算土地费用。土地影子价格计算公式为

$$\text{土地影子价格} = \text{土地机会成本} + \text{新增资源消耗} \quad (7-4)$$

式中　土地机会成本——按拟建项目占用土地而使国民经济为此放弃的该土地最佳替代用

途的净效益计算;

新增资源消耗——包括拆迁补偿费、农民安置补助费等。

在实践中,土地平整等开发成本通常计入工程建设费用中,在土地影子价格中不再重复计算。

土地影子价格与项目占用土地的地理位置、取得方式以及项目情况有关。

1) 对于通过招标、拍卖和挂牌出让方式取得使用权的国有土地,其影子价格按财务价格计算。

2) 对于通过划拨、双方协议方式取得使用权的土地,应分析价格优惠或扭曲情况,参照公平市场交易价格调整或类比计算其影子价格。

3) 对于经济开发区优惠出让使用权的国有土地,应参照当地土地市场交易价格类比确定其影子价格;当难以用市场交易价格类比方法确定土地影子价格时,可采用收益现值法或以开发投资应得收益加土地开发成本确定;而当采用收益现值法确定土地影子价格时,应以社会折现率对土地的未来收益和费用进行折现。

当建设项目占用农村土地时,土地征收补偿费中的土地补偿费及青苗补偿费应视为土地机会成本;地上附着物补偿费及安置补助费应视为新增资源消耗;征地管理费、耕地占用税、耕地开垦费、土地管理费等其他费用应视为转移支付,不列为费用。在确定土地补偿费、青苗补偿费、安置补助费时,如果与农民进行了充分的协商,能够保证农民的应得利益,可直接按财务成本确定土地影子价格;如果存在征地费用优惠,或在征地过程中缺乏充分协商,导致土地征收补偿费低于市场定价,不能充分保证农民利益,应参照当地正常土地征收补偿费标准调整土地影子价格。

(3) 项目投入的自然资源,是指自然形成的,在一定的经济、技术条件下可以被开发利用以提高人们生活福利水平和生存能力,并同时具有某种稀缺性的实物性资源的总称,包括土地资源、森林资源、矿产资源和水资源等。项目经济费用效益分析将自然资源分为资源资产和非资产性资源,在影子价格的计算中,只考虑资源资产。资源资产是指所有权已经界定,或者随着项目的实施可以界定,所有者能够有效控制并能够在目前或可预见的未来产生预期经济效益的自然资源。资源资产属于经济资产范畴,包括土地资产、森林资产、矿产资产、水资产等。经济费用效益分析中,项目的建设和运营需要投入的自然资源使项目投资所付出的代价要用资源的经济价值而不是市场价格表示,可以用项目投入物的替代方案的成本、对这些资源资产用于其他用途的机会成本等进行分析测算。

(4) 对于涉及外汇收支的项目,如果存在明显的迹象表明本国货币对外币的比价存在扭曲现象,在将外汇折算成本币时应采用影子汇率。影子汇率就是外汇的影子价格,它是指用于对外贸货物和服务进行经济费用效益分析的外币的经济价格,应能正确反映外汇的经济价值,公式为

$$影子汇率 = 外汇牌价 \times 影子汇率换算系数 \tag{7-5}$$

其中,影子汇率换算系数是一个重要的通用参数,由国家统一测定发布。

7.2.4 经济费用效益流量表

建设项目的经济费用效益分析应在经济费用和经济效益识别和计算的基础上,编制项

7.2 经济效益和费用的识别与估算

目投资经济费用效益流量表,用以计算经济费用效益分析指标,分析项目投资的经济效率,见表7-2。

表7-2　　　　　　　　　项目投资经济费用效益流量表　　　　　　　　单位:万元

序号	项目	合计	计算期					
			第1年	第2年	第3年	第4年	……	第n年
1	效益流量							
1.1	项目直接效益							
1.2	资产余值回收							
1.3	项目间接效益							
2	费用流量							
2.1	建设投资							
2.2	维持运营投资							
2.3	流动资金							
2.4	经营费用							
2.5	项目间接费用							
3	净效益流量(1-2)							

注　计算指标:经济内部收益率,%;经济净现值,%。

编制经济费用效益流量表的方法有两种:①按照经济费用效益识别和计算的原则和方法直接编制;②在财务分析的基础上,将财务现金流量调整转换为反映真正资源变动状况的经济费用效益流量。

1. 直接进行经济费用效益识别和计算

直接进行经济费用效益识别和计算的基本步骤如下:

(1) 对于项目的各种投入物,应按照机会成本的原则计算其经济价值。

(2) 识别项目产出物可能带来的各种影响效果。

(3) 对于具有市场价格的产出物,以市场价格为基础计算其经济价值。

(4) 对于没有市场价格的产出效果,应按照支付意愿及接受补偿意愿原则计算其经济价值。

(5) 对于难以进行货币量化的产出效果,应尽可能地采用其他量纲进行量化。难以量化的,进行定性描述,以全面反映项目的产出效果。

2. 在财务分析基础上进行经济费用效益流量的识别和计算

在财务分析基础上进行经济费用效益流量的识别和计算的基本步骤如下:

(1) 剔除财务现金流量中的通货膨胀因素,得到以实价表示的财务现金流量。

(2) 剔除运营期财务现金流量中不反映真实资源流量变动状况的转移支付因素。

(3) 用影子价格和影子汇率调整建设投资各项组成,并剔除其费用中的转移支付项目。

(4) 调整流动资金,将流动资产和流动负债中不反映实际资源耗费的有关现金、应收、应付、预收、预付款项从流动资金中剔除。

（5）调整经营费用，用影子价格调整主要原材料、燃料及动力费用、工资及福利费等。

（6）调整营业收入，对于有市场价格的产出物，以市场价格为基础计算其影子价格；对于没有市场价格的产出效果，按支付意愿或接受补偿意愿的原则计算其影子价格。

（7）对于可货币化的外部效果，应将货币化的外部效果计入经济效益费用流量；对于难以货币化的外部效果，应尽可能采用其他量纲进行量化。难以量化的，进行定性描述，以全面反映项目的产出效果。

7.3 经济费用效益分析指标

1. 经济净现值

经济净现值（Economic Net Present Value，ENPV）是指按社会折现率将项目计算期内各年的经济净效益流量折现到建设期初的现值之和，计算公式为

$$ENPV = \sum_{t=1}^{n} (B-C)_t (1+i_s)^{-t} \tag{7-6}$$

式中　B——经济效益流量；

　　　C——经济费用流量；

$(B-C)_t$——第 t 期的经济净效益流量；

　　　i_s——社会折现率；

　　　n——项目计算期；

$ENPV$——经济净现值。

在经济费用效益分析中，如果所求得的经济净现值 $ENPV$ 大于等于 0，表明项目或方案可以达到符合社会折现率的效率水平，该项目或方案从经济资源配置的角度可以被接受。

2. 经济内部收益率

经济内部收益率（Economic Internal Rate of Return，EIRR）是指能使项目计算期内经济净效益流量现值累计等于零时的折现率，即 $EIRR$ 作为折现率使下式成立

$$\sum_{t=1}^{n} (B-C)_t (1+EIRR)^{-t} = 0 \tag{7-7}$$

式中　各项符号意义同式（7-6）。

求得 $EIRR$ 后，应与社会折现率 i_s 比较，如果 $EIRR \geqslant i_s$，项目资源配置的经济效率达到了可以被接受的水平。

3. 经济效益费用比

经济效益费用比（Ratio of Economic Benefit to Cost，R_{BC}）是指项目在计算期内效益流量的现值与费用流量的现值之比，计算公式为

$$R_{BC}=\frac{\sum_{t=1}^{n}B_{t}(1+i_{s})^{-t}}{\sum_{t=1}^{n}C_{t}(1+i_{s})^{-t}} \qquad (7-8)$$

式中 B_t——第 t 期的经济效益；

C_t——第 t 期的经济费用。

如果项目的经济效益费用比 $R_{BC}>1$，表明项目资源配置的经济效率达到了可以被接受的水平。

7.4 区域经济与宏观经济影响分析

7.4.1 与一般经济费用效益分析的关系

在进行工程建设项目经济评价时，对于特别重大的建设项目，还应辅以区域经济与宏观经济影响分析方法进行国民经济评价。

区域经济影响分析是指从区域经济的角度出发，分析项目对所在区域乃至更大范围的经济发展的影响。其目的在于通过分析促进资源的有效开发利用和人力、物力、财力的合理配置，使部门之间、企业之间、生产性建设和非生产性建设之间在地区分布上协调组合，提高社会经济效果，保持良好的生态环境，促进地区开发建设顺利进行。

宏观经济影响分析是指从国民经济整体的角度出发，分析项目对国家宏观经济各方面的影响。其目的在于通过分析判断国家承担项目投资建设的能力，项目对国民经济总量增长和结构改善的贡献，项目对劳动就业、收入分配、物价变化等方面的影响，以及项目可能存在的风险，从而选择有利的投资机会和开始建设的时机，促进项目开发建设顺利进行，实现生产力在宏观范围内合理布局，推动国民经济协调发展。

对于直接影响范围限于局部区域的特大型项目应进行区域经济影响分析，直接影响国家经济全局的项目应进行宏观经济影响分析。

特大型风电场建设项目的区域经济与宏观经济影响分析与一般经济费用效益分析之间既有相同之处，又有很大区别。相同之处表现在，两者都是着眼于项目对经济整体的影响。分析项目可能带来的各方面效益和需要的各种投入，均旨在促进资源优化配置实现社会福利最大化。两者之间的区别则主要表现在以下方面：

（1）一般项目经济分析的核心是费用效益分析，即从全社会角度出发，考察项目能否有利于资源最优化配置并实现国民收入（社会福利）最大增长，主要是通过货物影子价格、影子工资、影子汇率和社会折现率等经济参数分析、计算项目对国民经济的净贡献，评价项目的经济合理性。一般经济费用效益分析中，通常通过采用考虑资金时间价值的社会折现率来体现动态分析要求，但费用和效益的加总仍然基于现行价格和评价价格的不变性，同时假定了时间因素的不变性，仅以社会折现率指标对费用和效益进行时间贴现，实际上没有完全体现动态特征。对于特大型建设项目因其建设周期相当长，资源的供求关系变化很大，在建设期间巨大的物力、人力和财力的投入有可能改变资源供求格局，以致当工程投产时所面临的经济态势已经完全改变了。一般经济费用效益分析的假设和分析方法显然已不适用，需要进行多方面的分析和考虑。特大型建设项目的效益也是多方面的。既包括正效益，也包括负效益。如果仅用社会折现率一个指标，无法反映效益的真实性。

（2）一般项目的经济费用效益分析将国际市场价格视为评价价格的比较基础，以此达到实现引导投资、调整产业结构的目的，这就有可能对我国特定的产业结构施加不利的影响。对特大型建设项目的宏观经济分析则要立足于我国的现实国情，具体情况具体分析。

（3）一般项目的经济费用效益分析可采用总量指标（如净产值、社会纯收入、国内生产总值）来衡量项目的经济效益。对特大型建设项目仅采用总量指标是不完全的，还需要进行结构分析才能真正把握项目的经济效益。

（4）一般项目经济费用效益分析忽略不同利益主体的偏好差异，认为只要项目有净效益，就必然对各利益主体都有利，不必考虑各利益主体之间的矛盾以及最终分配。对特大型建设项目而言，因其涉及的利益主体复杂，不仅包括中央政府或主管部门，而且包括项目所在地区的政府、居民、项目主持单位和受益单位等，彼此价值判断不同，因而要全面权衡，使各利益主体利益协调一致。

7.4.2 适用范围

区域经济与宏观经济影响分析主要适用于特大型建设项目的经济评价。这些特大型建设项目一般具备以下特征：

（1）在国民经济和社会发展中占有很重要的战略地位。
（2）建设工期或实施周期长。
（3）投资总额或人力、物力、财力的投入量大，而且年度投入量的分布非常不均匀。
（4）开始建设之前和项目完成之后国家经济发展水平有很大变化，潜在需求变化大，因而导致效益的突变性大。
（5）技术风险大。
（6）对生态环境会产生很大影响。
（7）对国家经济安全产生较大影响。

根据以上特大型建设项目的特征及现阶段的实际情况，应进行区域经济与宏观经济影响分析的特大型建设项目具体类型包括：①特大型基础设施项目，如铁路、高速公路、水利工程、港口等；②特大型资源开发项目，如油田开发，气田开发，其他矿藏开采，油、气长距离管道输送等；③特大型重型工业企业建设；④大规模区域开发项目；⑤特大型高科技攻关项目，如尖端科研国际合作项目，航空、航天、国防等高科技关键技术攻关项目等；⑥特大型生态保护工程等。

7.4.3 分析内容

特大型建设项目区域经济与宏观经济影响分析应立足于项目的实施能够促进和保障经济有序高效运行和可持续发展，分析重点应是项目与区域发展战略和国家长远规划的关系。分析内容应包括下列直接贡献和间接贡献、有利影响和不利影响。

（1）项目对区域经济或宏观经济的直接贡献。通常表现在促进经济增长，优化经济结构，提高居民收入，增加就业，减少贫困，扩大进出口，改善生态环境，增加地方或国家财政收入，保障国家经济安全等方面。

（2）项目对区域经济或宏观经济的间接贡献。通常表现在促进人口合理分布和流动，促进城市化，带动相关产业，克服经济瓶颈，促进经济社会均衡发展，提高居民生活质量，合理开发、有效利用资源，促进技术进步，提高产业国际竞争力等方面。

（3）项目可能产生的不利影响。包括：非有效占用土地资源、污染环境、损害生态平衡、危害历史文化遗产；出现供求关系与生产格局的失衡，引发通货膨胀；冲击地方传统经济；产生新的相对贫困阶层及隐性失业；对国家经济安全可能带来的不利影响等。

7.4.4 基本原则与指标体系

7.4.4.1 基本原则

1. 系统性原则

特大型建设项目本身就是一个系统，但从国民经济的全局来看，它又是国民经济这个大系统中的一个子系统。而一个子系统的产生与发展，对于原有的大系统内部结构和运行机制将会带来冲击。为了保证特大型建设项目的建设成功和国民经济系统稳定运行，对特大型建设项目一定要从全局的观点，用系统论的方法来分析其可能带来的各方面的影响，尤其是对区域经济和宏观经济的影响。

2. 综合性原则

特大型建设项目建设周期相当长、投资巨大、影响面广泛。它的建设和投产将给原有经济系统的结构（包括产业结构、投资结构、就业结构、供给结构、消费结构、价格体系和区域经济等）、状态、运行带来重大的变化，不仅影响到经济总量，而且影响到经济结构；不仅影响到资源开发，而且影响到资源利用及人力、物力、财力配置；不仅对局部区域有影响，而且对国民经济整体产生影响。因此，特大型建设项目区域经济和宏观经济影响分析要坚持综合性原则进行综合分析，不能仅分析某一方面的影响而忽略其他。

3. 定量分析与定性分析相结合的原则

特大型建设项目对区域经济和宏观经济的影响，既包括实实在在的有形效果和经济效果，可以用价值型指标来量化，也包括大量的无形效果和非经济效果，难以用价值型指标进行量化。对于前者无疑要以定量分析为主，把握其数值大小；对于后者必须进行定性分析或进行比较性描述，或者用其他类型指标或指标体系进行描述或数量分析，以便对其作出准确评价，为项目决策提供充分依据。

7.4.4.2 指标体系

评价特大型建设项目对区域经济与宏观经济影响的指标体系由总量指标、结构指标、社会与环境指标和国力适应性指标构成。

1. 总量指标

总量指标用以反映项目对国民经济总量的贡献，包括增加值、净产值、社会纯收入等经济指标。由于特大型建设项目一般均为综合性项目，具有多种效益，具体计算时应根据项目发挥效益的类别逐项计算。

(1) 增加值是指常住单位生产过程创造的新增价值和固定资产的转移价值。就项目而言，增加值是指项目投产后对国民经济的净贡献，即每年形成的国内生产总值。可以按生产法计算，也可以按收入法计算。按生产法计算，增加值等于总产出减中间投入；按收入法计算，增加值等于劳动者报酬、生产税净额、固定资产折旧和营业盈余之和。对项目而言，按收入法计算较为方便，公式为

$$增加值 = 项目范围内全部劳动者报酬 + 固定资产折旧 + 生产税净额 + 营业盈余 \tag{7-9}$$

式中　生产税净额——各部门向政府支付的生产税与政府向各部门支付的生产补贴相抵之后的差额，其中，生产税是指政府对生产单位从事生产、销售和经营活动以及因从事这些活动使用某些生产要素所征收的各种税、附加费和规费；补贴是指政府对生产单位在生产和经营活动中由于政策性的原因而产生的亏损所给予的财政补贴，通常有国家财政对企业的政策性亏损补贴等；

　　　　营业盈余——常住单位创造的增加值扣除劳动者报酬、生产税净额和固定资产折旧后的余额，它相当于企业的营业利润加生产补贴，但要扣除从利润中开支的工资和福利等。

(2) 净产值是指项目全部效益扣除各项费用（不包括工资及附加费）后的余额。

(3) 社会纯收入是指净产值扣除工资及附加费后的余额。

增加值、净产值和社会纯收入的年值可分别由各自的总现值折算得到。

2. 结构指标

结构指标用以反映项目对经济结构的影响，包括影响力系数、三次产业结构、就业结构等指标。

(1) 影响力系数也称为带动度系数。指特大型建设项目所在的产业为满足社会需求增加产出，每增加一个单位最终需求时对国民经济各部门产生的增加产出的影响。计算公式为

$$影响力系数 = \frac{\sum_{i=1}^{n} b_{ij}}{\dfrac{\sum_{j=1}^{n}\sum_{i=1}^{n} b_{ij}}{n}} \tag{7-10}$$

式中　b_{ij}——投入产出分析理论中的列昂惕夫逆矩阵系数，也称为完全消耗系数，表示生产第 j 个部门的一个最终产品对第 i 个部门的完全消耗量，其中 i，$j=1,2,\cdots,n$；

　　　n——国民经济的产业部门总数。

如果项目所在产业的影响力系数大于 1，表示该产业部门增加产出对其他产业部门产出的影响程度超过社会平均水平，影响力系数越大，该产业部门对其他产业部门的带动作用越大，对经济增长的影响越大。

(2) 三次产业结构。可以各产业增加值计算，反映各产业在国内生产总值中所占份额。特大型建设项目建设前后产业结构的变化反映了项目对产业结构的影响。

(3) 就业结构。包括就业的产业结构和就业的知识结构等。前者指各产业就业人数的比例；后者指不同知识水平就业人数的比例。特大型建设项目建设前后就业结构的变化反映了项目对就业结构的影响。

3. 社会与环境指标

社会与环境指标用以反映项目对社会与环境的影响。主要包括就业效果指标、收益分配效果指标、资源合理利用指标和环境影响效果指标等。为了分析项目对贫困地区经济的贡献，可设置贫困地区收益分配比重指标。

(1) 就业效果指标。一般用项目单位投资带来的新增就业人数表示，也可用总就业效果表示。前者称为单位投资就业效果；后者又包括直接投资产生的直接就业效果和与该项目直接相关的其他项目的投资产生的间接就业效果。计算公式为

$$单位投资就业效果 = \frac{新增就业人数（包括本项目与相关项目）}{项目总投资（包括直接投资与间接投资）} \quad (人/万元) \qquad (7-11)$$

$$直接就业效果 = \frac{本项目新增的就业人数}{本项目的直接投资} \quad (人/万元) \qquad (7-12)$$

$$间接就业效果 = \frac{相关项目新增就业人数}{相关项目投资} \quad (人/万元) \qquad (7-13)$$

(2) 收益分配效果指标。用于分析检验项目收益在国家、地方、企业、职工间的分配比重是否合理，具体指标有

$$国家收益分配比重 = \frac{项目上缴国家的收益}{项目的总收益} \times 100\% \qquad (7-14)$$

$$地方收益分配比重 = \frac{项目上缴地方的收益}{项目的总收益} \times 100\% \qquad (7-15)$$

$$企业收益分配比重 = \frac{企业的收益}{项目的总收益} \times 100\% \qquad (7-16)$$

$$职工收益分配比重 = \frac{职工的收益}{项目的总收益} \times 100\% \qquad (7-17)$$

为体现国家对老、少、边、穷等贫困地区的重视，使这类地区的项目得以优先通过，也可设置贫困地区收益分配指标，通过对贫困地区赋予较高的收益分配权重判断其对贫困地区收益的贡献。

(3) 资源合理利用指标和环境影响效果指标。主要有节能效果指标、节约时间效果指标、节约用地效果指标、节约水资源效果指标等。

1) 节能效果以项目的综合能耗水平（可折合成年吨煤消耗）来反映。公式为

$$项目的综合能耗水平 = \frac{项目的综合能耗}{项目的净产值} \qquad (7-18)$$

如果项目的综合能耗水平低于社会平均能耗水平，则说明项目具有较好的节能效果。

2) 节约时间效果分析应结合具体项目进行。此类指标对交通运输类特大型建设项目尤其具有意义。

3) 节约用地效果以单位投资占地来反映。公式为

$$单位投资占地 = \frac{项目土地占用量}{项目总投资} \quad (m^2/万元) \qquad (7-19)$$

4) 节约用水效果以项目单位产值或产品耗水量来反映。公式为

$$项目单位产值耗水量 = \frac{项目总耗水量}{项目总产值} \quad (m^3/万元) \qquad (7-20)$$

项目单位产值耗水量与国家及地区规定的定额比较可判定项目的节水效果。对生产性项目应分别计算单位产品生产用水和项目人均耗水量，单位产品耗水量应与行业规定的定额进行比较。

4. 国力适应性指标

国力适应性指标用以反映国家的人力、物力、财力及自然资源等对特大型建设项目的承受能力。一般用项目使用的资源占全部资源总量的百分比或财政资金投入占财政收入或支出的百分比表示。

需要注意的是，特大型建设项目的国力承担能力评价需要结合国家未来经济发展的预测来进行。

以上各项指标应与国家统计部门的统计口径一致。

7.4.5 分析方法

对特大型建设项目进行区域经济与宏观经济影响分析，可将项目的总产出、总投入、资源、劳动力、进出口总额等作为区域经济或宏观经济的增量，通过建立各种既有科学依据，又反映项目特点的经济数学模型，分别计算有项目与无项目时的经济总量指标、经济结构指标、社会与环境指标、国力适应性指标，并根据有无对比原则进行分析。

7.5 风电场的社会环境效果分析

7.5.1 节能减排效益

随着石油和煤炭的大量开发，不可再生能源保有储量越来越少，终有枯竭的一天，因而新能源的开发已经提到了战略高度。《中华人民共和国可再生能源法》明确提出"国家鼓励和支持风能、太阳能、水能、生物质能和海洋能等非化石能源并网发电"。风能是清洁可再生能源，在风电生产过程中没有"三废"的产生，是环境效益最好的能源之一，是我国政府鼓励和支持发展的新能源。风电场项目建成后，可以提供大量的清洁电力替代常规火电，具有巨大的节能减排和生态环境效益。

以第 6 章 6.3 节实例分析中的海上风电场工程为例，其总装机容量 100MW，正常运行期年上网电量为 32000 万 kW·h。如果替代火电电源，且火电煤耗（标准煤）按每度电耗煤 320g 计算，该海上风电场建成投运后，每年可节约标准煤约 10.24 万 t，进而减少烟尘排放量约 1385.5t（除尘器效率取 99%），NO_2 排放量约 1183.7t，CO 排放量约 26.9t，CO_2 排放量约 30.8 万 t。有害物质排放量减少，减轻了环境污染。

7.5.2 其他社会效益

对风电场工程建设项目的社会环境效果的分析，除应考虑其显著的节能减排效益外，

还应考虑以下几方面的社会效益。

1. 可促进能源电力结构调整

风能资源属于可再生的清洁能源，风力发电符合我国产业政策和可持续发展战略。我国要求每个省（区）常规能源和可再生能源必须保持一定的比例。为确保长远能源平衡，保持能源发展的可持续性，在电网覆盖范围内适当利用风能资源是必要的。适当发展风力发电有利于增加可再生能源的比例，改善能源电力结构。

2. 可促进当地旅游业的发展

风电场不但可给地区电网提供电力，而且其本身也可成为旅游景点，促进当地旅游业的发展。

3. 可促进当地经济的发展

由于风电场的特性，其建设基本不占用农田，同时可避开居民区和现有设施，因此，风电场建设一般不会诱发与当地生产建设的矛盾。不仅如此，风电场工程项目的建设还可以促进地区相关产业，如建材、交通、设备制造业的大力发展，对扩大就业和发展第三产业将起到一定的促进作用，从而带动和促进地区国民经济的发展和社会进步。

7.5.3 风能利用的环境问题

风能是最清洁的能源之一，且风电场在将风能转换成电能的过程中不排放有害气体，不会对环境造成污染。但是，风电场的建设也可能带来一些环境问题，主要表现在以下三个方面。

1. 鸟类问题

鸟类和蝙蝠可能会与风力机发生碰撞。20 世纪 80 年代后期，风力机对鸟类的影响成为人们关注的问题。但是在很多情况下，通过详细的风电场规划可以减少和避免风力机危害鸟类的问题。一旦风电场的场址确定，就应该系统地调研风电场的开发对所关注鸟类的潜在影响。在讨论风力机对鸟类的影响问题时，对比考虑其他能源发电技术对环境的影响是符合逻辑的。例如，煤电厂引起的温室气体排放、酸雨以及酸雾对环境和生态系统有着更深远的影响，已经破坏了世界各地的许多湖泊、溪流和森林；由于全球变暖造成的气候模式变化对许多气候敏感物种威胁更大；核电厂除了核辐射废料的危险以外，其排放的热水还会对海洋生态环境有副作用。

世界范围内的风能团体都在尽力解决碰撞致死鸟类的问题。例如，美国风能协会（American Wind Energy Association，AWEA）和研究组织以及工业团体携手建立了一个环境问题别动队来解决上述问题。类似地，在英国，商务和工业部下属的能源技术支持小组也启动了一些活动，用于降低鸟类在风能项目中的死亡率。

2. 噪声污染

和其他旋转机械系统类似，风力机在运行中也会产生噪声。20 世纪 80 年代设计的风力机的噪声污染是一个严重问题。当时的风力机噪声很大，甚至能够干扰到距离十分遥远的人。风力机的噪声污染逐渐引起了环境团体、立法部门和风力机行业的更多关注。人们对风力机的设计做了许多修改，时至今日，风力机的噪声已经很小。

风力机能否安静地运行已经成为风能转换系统设计成功与否的重要判定标准。持续改进的风力机设计同时降低了机械噪声和气动噪声。机械噪声主要通过改进齿轮箱和传动部件，齿轮特殊抛光，采用柔软的半软内核和坚硬的表面等措施来降低。现代化设计风力机的冷却风扇低速运行也可以降低机械噪声。置于机舱上的运动部件，如发电机、齿轮箱等都采用隔音处理，可以降低其噪声通过塔架和叶片的传播。

3. 视觉影响

风电场开发的另外一个引起关注的环境问题是其对风景美观的影响。风力机是安装在开阔区域的高大构筑物，它们对当地视觉景观而言是非常突出的。在 2km 以外的地方，风力机都会进入人们的视野，有时即使在 5km 的距离处，人们仍会觉得风力机是非常突出的景观元素。因此，风力机应该自然而然地融入当地景观中去，使人们更容易从视觉上喜欢并接受它。

第8章 风电场建设资金与融资分析

融资，即资金筹措，是以一定的方式为某些特定活动筹集所需资金的各种活动的总称。随着现代市场经济的高度发展，资本市场也得到了高度发展，而项目的融资方式和融资技术也在不断发展。作为风电场工程建设项目技术经济分析的重要内容之一，项目融资研究应该从项目前期阶段开始，在明确融资主体的基础上分析项目的融资渠道和方式，研究提出项目的融资方案，确保项目建设实施所需的资金得到满足。

8.1 资金来源与筹措方式

8.1.1 融资主体的类型

融资主体是指进行融资活动、并承担融资责任和风险的项目法人单位。合理确定项目的融资主体有助于顺利筹措资金和降低债务偿还风险。一般来说，工程建设项目的融资主体包括两种类型，即以既有法人为融资主体和以新设法人为融资主体。

1. 既有法人融资

以既有法人为融资主体的融资方式具有以下基本特点：

（1）由既有法人发起项目、组织融资活动并承担融资责任和风险。

（2）建设项目所需的资金来源于既有法人内部融资、新增资本金和新增债务资金。

（3）新增债务资金依靠既有法人整体（包括拟建项目）的盈利能力来偿还，并以既有法人整体的资产和信用承担债务担保。

以既有法人融资方式筹集的债务资金用于项目投资，债务人就是既有法人。债权人可对既有法人的全部资产（包括拟建项目的资产）进行债务追索，因而债权人的债务风险较低。在这种融资方式下，不论项目未来的盈利能力如何，只要既有法人能够保证按期还本付息，银行就愿意提供信贷资金。因此，采用这种融资方式必须充分考虑既有法人整体的盈利能力和信用状况，分析可用于偿还债务的既有法人整体（包括拟建项目）的未来的净现金流量。

采用既有法人融资方式的建设项目，既可以是改扩建项目，也可以是非独立法人的新建项目。

2. 新设法人融资

新设法人融资是以新组建的具有独立法人资格的项目公司为融资主体的融资方式。采用新设法人融资方式的建设项目，项目法人大多是企业法人。社会公益性项目和某些基础设施项目也可能组建新的事业法人实施。新设法人融资方式具有以下基本特点：

（1）由项目发起人（企业或政府）发起组建新的具有独立法人资格的项目公司，由新组建的项目公司承担融资责任和风险。

(2) 建设项目所需资金的来源，可包括项目公司股东投入的资本金和项目公司承担的债务资金。

(3) 依靠项目自身的盈利能力来偿还债务。

(4) 一般以项目投资形成的资产、未来收益或权益作为融资担保的基础。

采用新设法人融资方式，项目发起人与新组建的项目公司分属不同的实体，项目的债务风险由新组建的项目公司承担。项目能否还贷取决于项目自身的盈利能力，因此必须认真分析项目自身的现金流量和盈利能力。

采用新设法人融资方式的建设项目一般是新建项目，但也可以是将既有法人的一部分资产剥离出去后重新组建新的项目法人的改扩建项目。

8.1.2 融资方式分类

在项目融资主体已经确定的情况下，采用何种融资方式进行投资项目资金筹措是项目融资研究的重要内容。目前采用的项目融资主要有权益融资和负债融资两种方式。

1. 权益融资

权益融资是指以所有者身份投入非负债性资金的方式进行的融资。权益资本是指项目投资人对项目净资产所拥有的所有权，包括投资人投入项目的资本金及项目建成后持续经营中形成的留存盈余，如资本公积、盈余公积和未分配利润等。资本金是项目建设单位在工商行政管理部门登记的注册资金，是项目投资人以实现盈利和社会效益为目的，用以进行生产经营、承担经济责任而投入的资金。为了明确产权关系、界定有限责任，必须建立投资项目资本金制度。

项目通过发行股票、吸收直接投资、留存盈余等方式筹集的资金都属于项目的所有者权益。权益融资具有以下特点：

(1) 权益融资筹措的资金具有永久性，没有到期日，无须归还。

(2) 没有固定的按期还本付息压力。

(3) 权益融资是负债融资的基础，是项目法人最基本的资金来源。

2. 负债融资

负债是投资项目所承担的、能以货币计量、将来需以资产或提供劳务方式偿还的债务。通过发行债券、借款、融资租赁等方式筹集的资金属于项目的负债。负债融资是指通过负债的方式从金融机构、证券市场等资本市场筹集各种债务资金的融资方式。负债融资是工程项目资金筹措的重要形式。

负债资金按其使用的期限可分为短期、中期和长期债务。短期债务的期限为1年（含1年）以内，中期债务的期限为1年以上（不含1年）、5年以下（含5年），长期债务的期限为5年（不含5年）以上。负债融资具有以下特点：

(1) 负债融资筹措的资金在使用上具有时间性限制，到期必须偿还。

(2) 无论项目的融资主体今后经营效果好坏，均需按期还本付息，从而形成企业的财务负担。

(3) 负债融资的资金成本一般比权益融资低，且不会分散投资者对企业权益的控制权。

项目资金筹措的主要方式如图 8-1 所示。

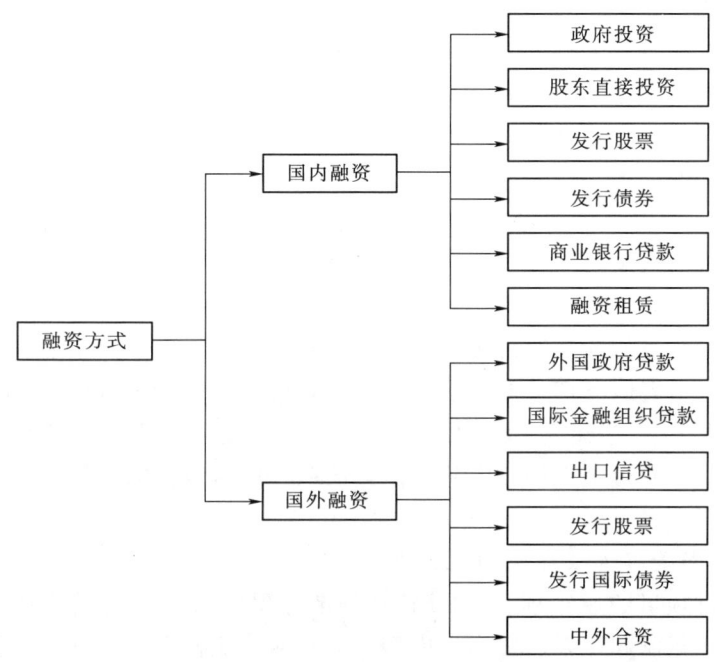

图 8-1 资金筹措的主要方式

目前，我国风电产业融资主要涉及中央、地方两级财政，发改委和环保部门，也涉及政策性银行、大型国有银行和中小股份制商业银行，以及世界银行（World Bank，WB）、国外商业银行、全球环境基金（Global Environment Facility，GEF）、亚洲开发银行（Asian Development Bank，ADB）、绿色环保信托投资基金等国外金融机构。风电场建设资金来源主要包括节能减排项目融资、中央和地方政府财政投资、基金、国债、企业投资、民营投资、外国政府和企业赠款、绿色信贷、信托、股权和债权投资、碳金融、融资租赁等渠道和模式。

应该指出，风电场建设项目的融资方案与投资估算、财务评价密切相关。一方面，融资方案必须满足投资估算确定的投资额及其使用计划对投资数额、时间和币种的要求；另一方面，不同方案融资后财务评价结论也是比选、确定融资方案的依据，而融资方案确定的项目资本金和债务资金的数额及相关融资条件又为进行资本金盈利能力分析、偿债能力分析和项目财务生存能力分析等财务评价提供了必需的基础数据。

8.1.3 国际金融机构节能减排项目下的项目融资子体系

国际金融机构贷款主要是指世界银行（WB）、亚洲开发银行（ADB）等国际金融组织为中国能源、交通、环保和公共事业等非盈利性项目提供的低息优惠贷款，其中，节能减排融资占有主要份额。这些节能减排融资主要目的就是要以最小的环境损失和较小的能源消耗来获得最大的社会福祉，实现经济与人口、资源、环境协调和谐发展。国际金融机构贷款可以较低成本解决一部分项目的长期建设资金，同时能够为引进国外先进风电设备制造、生产技术和管理经验创造条件，有助于中国提高风电场建设单位的工程建设和工程管理水平，为中国风电建设项目单位提供参与国际风电项目招投标、竞标及相关事务的机会，有助于其熟悉和适应国际风电产业运作的相关规则，为将来走出去开拓国外风电市场积累经验。节能减排项目下的融资是发展新能源和可再生能源的主要融资渠道之一，风电产业融资包含于其中，主要有以下 5 种项目融资模式。

1. WB/GEF 中国节能促进项目

WB/GEF 中国节能促进项目是我国政府与世界银行、全球环境基金共同实施的促进我国节能机制转换的大型国际合作项目。该项目分两期实施。项目一期主要是建立示范性的节能服务公司（Energy Service Company，ESCO），ESCO 是基于合同能源管理节能新机制运作并以营利为目的的专业化公司。项目二期的主要工作是：①建立 ESCO 技术支持和技术体制，成立节能服务产业委员会（ESCO Committee of China Energy Conservation Association，EMCA）；②建立 ESCO 商业贷款担保资金，实施 ESCO 贷款担保计划，该计划将 GEF 赠款 2200 万美元用于实施节能技改项目所需贷款的担保基金，增加 ESCO 获得商业贷款的机会。

2. GEF 中国节能融资项目（CHEEF）

作为节能促进项目的后续项目，GEF 中国节能融资项目目的是为促进节能减排、完善节能融资市场化机制和体系、提高大中型工业企业节能技术改造能力、加强政府节能政策及规划的制定和执行能力。该项目是目前我国在节能领域获得的最大的国际贷款和赠款项目。项目资金来源由世界银行（WB）的贷款和全球环境基金（GEF）1350 万美元赠款组成，通过中国进出口银行、华夏银行两家转贷银行，利用世界银行提供的贷款，并按 1∶1 比例配套资金，向国内重点节能行业的大中型企业提供节能技术改造项目贷款，支持国内企业开展节能技术改造。GEF 的赠款用于加强银行节能贷款业务能力，包括对转贷银行和其他商业银行业务启动、业务能力建设、节能贷款子项目的市场策划和开发、节能融资工具和风险管理工具的开发以及对财务、技术、社会和环境评估等方面的尽职调查等；支持国家节能政策研究和国家节能中心能力建设，以及对节能融资项目的监督、管理、审核和报告。

3. 中国节能减排融资项目（CHUEE）

中国节能减排融资项目是世界银行集团旗下的国际金融公司（International Finance Corporation，IFC）根据我国财政部的要求，在其"可持续商业创新"项目下，针对国内工商企业及事业单位提高能源效率、利用洁净能源及开发可再生能源项目而设计的一种新型的基于市场化运作的融资解决方案。该项目可划分为提供节能服务公司的合同能源管理类融资、终端用能企业节能技术改造项目类融资、设备供应商合作类融资、公共事业服务商合作类融资四类融资产品，适用于从事实施提高能源使用效率项目的单位或者提供产品设计、开发、应用、安装等实施能源效率项目服务的单位。通过 CHUEE 将商业银行、公用事业公司、能效设备供应商和节能服务公司联合起来，由 IFC 依据《损失分担协议》为合作银行提供一定损失分担担保和相关技术援助，鼓励其向节能减排项目提供融资，一般单笔贷款金额原则上不超 1600 万元，期限在 1～5 年（含）。CHUEE 旨在为我国境内在建筑、工业流程和其他能源最终应用方面显著改善能源生产、销售及消费等环节效率的项目、商品或服务提供投资，包括但不限于以下行业及领域：余热利用、工业工艺改造、节电项目、工业锅炉改造、天然气改造、建筑节能、可再生能源利用和其他清洁发展机制涵盖的项目，为其创建一个可持续的融资渠道，以达到减少我国温室气体排放的目的。根据目前的发展状况，CHUEE 下一步将与我国清洁发展机制基金（Clean Development Mechanism Fund，CDMF）等机构合作，提供更大的损失分担工具（CHUEE Ⅲ），为我国减排项目筹集 6 亿美元的贷款和 9 亿美元的投资；与省级节能减排专项资金合作，促进节能减排规模化发展；与相关政府部门合作，帮助我国设计碳交易融资产品；为更多的银行提供技术援助；继续进行产业和区域性的节能研究，为合作各方提供参考，协助相关政府部门制定节能减排和绿色信贷政策。

4. ADB 节能融资计划

2008 年 5 月，ADB 宣布了一项节能融资计划，将投入 8 亿元人民币（约合 1.15 亿美元）提供损失分担机制，为在我国进行的提高能源效率项目提供大力支持。开始阶段主要支持推广绿色节能建筑，并将现有建筑进行改造。ADB 还准备将其在提高能效和推广清洁能源方面的业务增加到每年 10 亿美元。这种损失分担机制，是 ADB 为接受国相关项目通过商业渠道融资提供担保，通常覆盖部分利息支付和本金的偿还，是一种具有三方共赢的商业模式。该计划也是 ADB "能源效率计划"的一部分，每年都计划向我国提供一定数量的环保低息贷款，并承诺为 8 万 kW 的风电项目提供长期低息优惠贷款，同时，还向项目单位提供专业培训，一方面能够提高项目单位的风电场建设水平，另一方面能够提高其对风电场的运营管理水平，与国际先进风电场缩短管理方面的差距。

8.1.4 风电项目融资子体系

1. 设立专项资金

2006 年 5 月 30 日起，财政部发布施行的财建〔2006〕237 号《可再生能源发展专项资金管理暂行办法》规定中央财政预算设立"可再生能源发展专项资金"，对专项资金的扶持重点、申报及审批、财务管理、考核监督等作出了全面规定，为可再生能源开发利用提供有财政贴息优惠的贷款；对列入可再生能源发展指导目标的项目提供税收优惠，加强了对可再生能源发展专项资金的管理，这项资金将重点扶持风力发电的推广应用。

为加快我国风电设备制造业的技术进步，促进风电产业发展，2008 年 8 月 20 日，财政部发布了财建〔2008〕476 号《风力发电设备产业化专项资金管理暂行办法》，规定了中央财政安排风电设备产业化专项资金的补助标准和资金使用范围，同时也明确产业化资金支持对象为我国境内从事风力发电设备生产制造的中资及中资控股企业。这一政策使国家支持由间接支持扩展到直接财政补贴；支持的对象也从开发商延伸到设备制造业。此政策的出台将激励企业对引进技术消化吸收提高自主创新能力，有利于促进风电设备国产化，尤其是核心技术的国产化，并且对整个风电产业发展具有非常积极的影响，对降低风力发电机组造价也起到一定作用。

2. 政府贷款和担保项目

政府贷款主要指外国政府贷款和我国政府贷款两种形式。

外国政府贷款指外国政府利用财政资金向我国政府提供具有两国经济援助性质的超长

期低利息率优惠贷款,是各类贷款中借款人融资成本最低的一种融资方式。政府贷款年利率一般在2%~3%之间,还贷期在30年左右,一般还有5~10年的还款宽限期。对于借款国来说,外国政府贷款属于主权外债,需要项目业主偿还,要由地方财政进行担保。政府贷款主要投放在以政府为主导的基础设施和环境保护等基础建设领域的项目建设。

我国政府贷款指政府优惠贷款(为扶持我国风电制造企业设备出口,向对方进口国提供的低息优惠贷款)、国家开发银行政策银行贷款、国家发改委技改项目贴息贷款和贷款项目基金等几种形式。其中,贷款项目基金作为一种政府贷款项目,主要借鉴了日本环保政府贷款方面的经验。日本发展环境保护技术和新能源技术,一方面解决了过去工业化时期造成的公害问题;另一方面也缓解了国内资源供需紧张的矛盾。并借助全球环境保护趋势,通过国际市场输出环境技术和成套设备,使得环保产业占有国际市场相当大的份额,这与其设立专业的贷款项目基金密不可分。

贷款项目基金主要帮助企业进行公害防治投资,对商业银行难以涉及的长期领域给予资金上的补充,不以高收益为目的,与税收激励、安全担保和政府贴息一起作为公共补贴制度。在这种模式中,商业银行通过为项目企业提供商业信贷以及与贷款项目基金搭桥合作,不仅获得信贷产生的利润,还可以从基金获得额外的中间业务收入,保证了项目的顺利开展并降低项目风险。贷款项目基金利用商业银行专业的金融咨询服务,与商业银行共同分享项目所产生的利润,获得长期稳定的收益。项目企业在政策刺激和商业银行与贷款项目基金帮助下,降低了融资成本和压力,使自身竞争力和获利能力得到明显的提高。大型风电场建设是专项资金的投资重点,是以中央、地方两级政府为投融资主体,中央和地方通过建立两级风险担保机制为风电场建设的政策性银行或商业银行贷款提供政府担保或提供其他方式的保证。

3. 资本市场融资

中国经过改革开放,经济取得巨大成功,中国在国债、社保基金、央企财务公司、证券基金方面已经形成相当规模,通过以深沪两市为主的一、二级市场以及各地的产权和期权交易市场,股市市值在2011年3月超过日本,位列全球第二,是包括风电企业在内的上市企业的重要融资平台。风电投资领域,国债以凭证式国债、无记名(实物)国债和记账式国债3种形式,通过"国债风电"计划下的风电场建设投资以及社保基金、央企财务公司、证券基金通过资本市场参与一级市场风电企业上市发行和二级市场上市的风电企业股权购买,实现对风电产业的投资。国债项目一般需要报送风电场建设项目的市场可行性研究报告、技术先进性报告、风能基础数据和风能评估报告、风电场中长期项目规划、投资收益分析报告、风险评估报告和项目投资国债资金安全分析报告等材料。

4. BOT 项目融资

BOT的含义为基础设施特许权,风电BOT项目投融资方式是表现为建造(Build)、运营(Operate)、移交(Transfer)三个主要阶段的一种项目投融资方式。国家或地方政府部门就某个风电场的基础设施建设项目与签约投资者(项目公司)通过签订特许权协议授予签约投资者特许期,在特许期内签约投资者承担该风电基础设施项目的投资、融资、建设、运营和维护等,并通过经营所得获取一定比例的回报,整个过程中政府部门具有对该风电场的基础设施的监督权和调控权。其经营所得部分用来偿还项目债务和回收项目的融资，包括项目建造、运营和维护的融资成本。特许期满，签约投资者将该风电场无偿或有偿（约定）移交给政府部门。由于风电 BOT 项目综合了多方面的社会、政治、经济因素，所以风电 BOT 项目融资表现出内涵丰富、管理范围广、管理方式灵活、效率较高的特点，是目前风电项目投融资模式和项目建设方式占比较大的一种主流模式。它的优势如下：

（1）通过 BOT 项目融资模式，风电场建设项目可减小向政府公共借款和直接投资的压力，减少财政负担，为民营资本和其他非央企企业等公众资本增加投资渠道。由于有公众资本的投资，商业银行对项目的要求就会更为严格，同时，公众资本为了减少风险，获得合理收益，对加强管理、控制造价、降低风电项目建设费用以及缩短建造期自觉地重视。通过市场化和特许权机制的双重作用规避和减少了政府在其不擅长的风电产业经营领域投资所带来的各种操作和市场风险，也可以使有迫切社会需求建设而政府暂时又无财力承担的风电基础设施项目提早建成，满足国家对可再生能源需求和调整能源结构的作用。

（2）BOT 项目融资模式对企业项目经营权和产权的明晰有严格的法律要求，从法律角度，BOT 项目融资模式法律文书的格式文本体系经过长期实践探索，目前从形式到内容都已十分成熟，十分适用于风电项目的融资运作和项目经营，有利于提高项目的运作效益。

从 BOT 项目融资还衍生出 BOO（建设、拥有、经营，投资者建设并拥有和经营风电基础项目，而不将该项目移交给政府）、BOOT（建设、拥有、经营、移交，是投资者将风电基础产业项目建成后，在特许期内拥有产权并行经营，到期后将项目移交给政府）和 TOT（移交、经营、移交，政府或企业将建设好的风电场项目一定期限的产权和经营权有偿转让给风电场投资人，由投资人进行建成后的运营管理，投资人在约定经营期内通过经营产生的利润收回投资和获利，并在约定经营期满后交还给政府或企业的一种项目融资方式）等三种项目融资类型。

5. 项目开发商自筹

项目开发商自筹是由一个项目开发商或联合其他几个开发商以共同组成风电场项目公司形式自己负责筹集风电场建设资金进行风电场建设。这种项目融资方式企业投资决策链条短、迅速，不需经过缓慢的融资审批程序，建设资金使用自主性强，项目进度易于控制，融资成本低，政策性风险和外汇汇率波动风险低，有助于降低项目的风险。项目建设周期较短、见效快，投资收益率比其他融资类项目高，但规模都不大。该融资方式常被有一定资金实力、更加注重项目建设进度和投资回报的企业所采用。

8.1.5 商业银行绿色信贷子体系

1. 商业银行传统绿色信贷

近年来，国内大多数商业银行坚持以国家产业政策和环保政策为导向强化信贷准入管理。对国家产业政策限制类介入的项目（企业）所存在的系统性风险及其贷款质量和贷款迁徙变化情况给予了足够的关注，建立了严格的贷后管理和风险定期排查制度，安排了逐步实施退出的行动方案；尤其是被列入退出类和低于国家标准的生产能力落后、不符合能

耗标准的双高企业，更是加快现有贷款的退出或清收转化进度。国家环境保护总局、中国人民银行、中国银行业监督管理委员会于 2007 年 7 月 12 日联合发布了环发〔2007〕108 号《关于落实环境保护政策法规防范信贷风险的意见》，正式推出商业银行绿色信贷。对从事研制污染治理设施、生态保护与建设，开发和利用新能源及可再生能源、发展循环经济生产的企业或组织，提供扶持性低利率绿色贷款，同时对污染源生产企业和污染源企业的新改扩建项目贷款进行限制，并采用惩罚性高利率的调控手段和信贷政策引导资金的合理流向。

这种融资方式所依据的绿色信贷标准由环保部、人民银行、银监会三部门制定，是遏制高耗能、高污染产业的盲目扩张，加快替代能源或产业的发展，实现信贷结构优化的重要授信原则。风电产业作为可再生能源最具商业开发潜力的能源产业，是绿色信贷较为理想的信贷目标，在风电场建设项目信贷业务中，通常采取由风电场项目开发商自筹 20%~30% 左右的项目启动资金，另外 70%~80% 从各商业银行进行固定资产绿色信贷，目前这类贷款是风电场建设的主要融资来源，占比约为 65%，并呈现持续增长的趋势，显现出风电建设资金来源对国家开发银行和商业银行长期固定资产贷款这一品种具有较强依赖程度。

但是，由于风电发电电价较高，风电项目多属于财务效益较低的项目，与国有商业银行更注重企业和项目的投资回报的信贷目的矛盾，商业银行贷款的风险管理客观上不利于风电项目利用信贷资金。又由于风电产业风机制造存在产能过剩问题，被国内商业银行视为风险比较高的行业，严重影响了商业银行提供授信的积极性，虽然对于 22 家具备批量生产兆瓦级机组能力的风力发电机组制造核心企业来说，授信风险相对较小，但是，目前商业银行为其提供的贷款期限一般为 5~8 年，最长不超过 10 年，与风电项目的经营期超过 15 年不匹配，提高了风电项目的规模化经营成本，导致电价难以下降，与传统能源价格相比竞争力较弱。

2. 商业银行理财产品或代售风电项目信托产品

大量闲置的民间资本一般只能通过二级市场购买风电上市公司流通股的形式实现对风电产业的投资，回报率远不及直接投资。但是，目前民间金融没有得到政府完全放开，受到很多限制，甚至会有被视为非法集资的嫌疑，因此亟待寻求获利出口，但是民间资本对风电行业本身不够熟悉，对项目的风险认识和项目管理经验不足，直接投资风电项目风险很大，如果借助政府或专业公司的引导，风电产业资本市场融资创新可视为民间资金的理想出口之一。商业银行与信托公司可以风电场建设项目为基础向社会发售信托理财产品，为风电场建设融资。或信托公司利用商业银行的中间桥梁作用，为民间资本设计出委托理财产品，将民间资本嵌入进风电场建设或风力发电机制造项目中，民间资本在项目中不仅取得贷出资金的放贷收益，还可以以产权投资人的身份获取产权投资收益，风电场因其风力发电机相对独立，容易进行经营拆分，很适合吸纳民营资本习惯的实物抵押形式的贷款和产权投资。

3. 商业银行链式金融产品

传统的融资业务主要考虑财务报表所反映的企业质量、企业所处的行业地位、企业领导管理者、担保和质押方式等，从市场、财务、管理要素对主体企业进行信用评级，是基于财务报表的主体企业授信，适合于同银行有长时间合作，还款和担保能力达到银行授信标准的单一企业，比如作为核心企业的大型风电场或大型风力发电机制造商。随着商业银行对风电产业链的认识和研究的逐步加深，适合风电产业链的风电供应链产品应运而生。这种产品应该不同于传统的绿色信贷，它具有明显的风电产业链特征，以大型风电场和大型风力发电机制造商为核心，从原料采购到生产加工再到经销，以及终端用户消费的融资行为，全方位地为产业链上的节点企业提供融资服务，涵盖生产、交易、消费的整个风电产业链的上中下游企业。

对于商业银行而言，首先要确定风电供应链中的核心企业，我国风电产业链呈现出双核心的特性，即以大型风力发电机制造商为核心的供应链和以大型风电场为核心的供应链。其次，以核心企业为出发点，为供应链上的节点企业提供相应的金融产品，以供应链为授信对象，尤其是对上下游的配套中小企业提供融资帮助。商业银行将银行信用融入整个风电产业链中，增强了产业链的商业信用，促进了上游尤其是关键零部件配套企业的融资能力，使其与核心企业更加紧密和协同，提高了整个供应链的竞争能力。同时，整个产业链的信用要远远大于单个配套企业的信用，更加符合商业银行的授信标准和风险控制标准，使得授信更加容易获得。商业银行风电供应链融资不仅可以使商业银行有效控制风电产业融资的系统和操作风险，同时，这种链式金融产品创新必然促进银行与风电核心企业间的紧密关系，使商业银行金融产品更适于风电产业链中为核心企业配套服务的非核心企业融资。

8.1.6 风电电力投资基金和企业债券融资子体系

近几年，随着股票一、二级市场和国债一、二级市场规模的急剧增长和发展速度的迅速提高，以及商业银行信贷规模的急剧膨胀，风电产业所获得的融资也迅速增加。但是结构性失衡日益加剧，我国风电行业融资表现为商业银行绿色信贷为主要融资工具的单一性特征，商业银行绿色信贷几乎占据了风电场建设融资总额的60%～80%。但我国在发展风电电力投资基金和风电企业债券市场方面比较缓慢。

风电电力投资基金是以风电场、风电电网建设为主要投资方向的专业投资基金。通过公开方式面向社会法人、企业集团和自然人发行风电电力投资基金受益凭证，定向募集数额较大、期限较长的风电场和风电电网建设资金，具有金融及风电行业专业知识和经验的风电投资管理机构进行经营、操作，用于风电场、风电电网建设或风电产业的产业结构调整等风电产业方向。风电电力投资基金具有募集渠道广，募集资金投向明确，募集效率高、成本低，风电投资风险分散，风电项目管理运营效益高、成本低、技术先进性强等特征和优势，适合于风电电力这种投资大、建设期长、专业技术性强、投资回收期长的新能源和可再生能源项目。发展风电电力投资基金可以将大批社会闲散资金集中起来，引导众多中小资本参与电力投资，并在一定程度上降低融资的成本和风险。

我国风电企业债券市场没有得到应有的发展。风电企业债券市场发展缓慢，商业银行在综合化经营、国际化混业经营方面尚处于探索阶段，对企业资本市场融资的运作模式、交易方式、技术手段等经验积累较少，这几方面因素导致风电企业债券市场融资渠道不畅，上市风电公司习惯性采取直接融资的方式展开融资活动，未能发挥作为上市公司能够在资本市场较为便利地发行企业债券的作用,从而影响其作为上市公司融资能力的发挥和资本结构的优化。据统计,2010年年底我国居民本外币储蓄存款总额达到30.33万亿元,发行风电电力债券基础十分坚实,而且在目前信贷规模控制环境和利率水平下,风电企业债券的利率低于商业银行授信的贷款利率,风电企业通过发行企业债券的筹资成本远低于信贷成本,可以节约大量财务费用。发行中长期风电电力企业债券和筹措风电场和风电电网建设资金对于风电企业来说具有巨大诱惑力。风电企业债券的信用等级评价是影响其企业债券发行成本的重要因素,风电行业作为新能源和可再生能源的重要部分,作为国家战略规划鼓励和支持方向,在这一方面具有很大的优势,债券信用评级所涉及的财务和还款能力指标符合发债基本要求,而且在信贷规模控制的大环境下,商业银行为调整盈利结构和信贷结构,也会对协助电力企业筹集企业发展的中长期和短期资金有很强的动力,风电企业债券将成为风电企业融资的重要融资方式。

8.1.7　风机设备融资租赁产品子体系

目前,我国新兴产业、科技型、成长性中小企业,由于实力较弱,达不到商业银行评级要求或抵押资产达不到条件,融资较为困难,影响了该类企业的发展。融资租赁是一种可以在较短时间内以较低成本把资金、技术和设备密切结合起来的融资方式,承租方将全部成本费用以租金形式分期偿付,减少了一次性固定资产的投资压力,还具有容易取得税收优惠、项目建设周期缩短、融资费用低、扩大市场份额等优点。商业银行通过设立融资租赁公司可以扩大资金出路、优化资产结构,以其专业技术人员和信贷管理人员为基础在对中小企业的信用管理和风险控制能力上都较传统信贷有较大提升。

目前我国融资租赁还处于起步阶段,交易量占全社会设备投资总额比例不到1.5%,而国际上平均在10%~15%之间。银监会2007年3月实施了《金融租赁公司管理办法》,并于2014年3月发布了新版,允许商业银行和金融投资机构设立租赁公司,未来中国融资租赁的空间巨大,极具发展潜力,商业银行在此大有作为。

风力发电机设备融资租赁是指风电设备租赁公司根据风电场建设项目开发商对风机设备的定向需求和对风机设备制造企业的选择,出资向风机设备制造商购买指定型号和技术参数的风机,并租给该开发商承租使用,开发商则定期向该风机设备租赁公司支付风机使用租金,在租赁期内风机的所有权归属该风机设备租赁公司所有。租赁期届满,风电设备承租人租金足额支付和履行完全部义务后,风电场项目开发商根据融资租赁合同的规定,有权免费或以约定价格获取风电设备的所有权。在整个过程中,风机设备租赁公司购买设备的实质是提供金融服务,风电场项目开发商是风机设备的实质购买人,开发商负责购买设备的实质性内容如风机制造商的选择、风机设备的型号、技术参数、购买合同条件的谈判、售后维护、设备保修期等,这些都由项目开发商享有和行使。风电设备租赁合同同其他融资租赁业务一样,一般为不可撤销合同,所有权、使用权及时效在租赁合同中有严格的确定。对于风机设备租赁公司来说,通过拥有风机设备的所有权使其基本经济利益得到保障。对于风电项目开发商来说,其优势在于风电场的运营维护和管理等专业性工作,能够比租赁公司使用风机设备获取更高的现金流和效率,项目开发商除去将稳定的收益用于缴纳租金外,还有扩张的边际机会。

8.1.8 碳金融及衍生品和电力期权市场子体系

风电金融衍生品的交易市场体系包括场内交易市场和场外交易市场两个基本市场。场内交易市场由交易所作为市场组织者,其基本特点是品种单一化、产品标准化、清算结算集中化、内控严格化、监管完善化,运行风险基本可控。场外交易市场则主要为机构投资者准备,投资者之间进行一对一的场外交易。其基本特点是品种多样化、产品定制化、清算结算只在交易双方进行,监管要求宽松。碳排放信用等的环保衍生品逐渐成为西方机构投资者热衷的新兴交易品种。纽约商业交易所控股有限公司(New York Mercantile Exchange,NYMEX)准备上市温室气体排放权期货产品和组建世界最大的环保衍生品交易所(Green Exchange),以利于促进世界环保问题解决。Green Exchange 上市的环保期货、期指、互换(Swap)合约涉及了包括风电在内的新能源和可再生能源的环境保护市场。

交易品种有欧洲的碳排放额度(European Union Allowances,EUAs)、清洁发展机制(Clean Development Mechanism,CDM)下的碳排放信用(Certified Emission Reduction,CERs),及通过美国的可再生能源的许可额度(Renewable Energy Certificates,RECs)。另外,欧洲气候交易所也是全球碳减排量的主要交易所,推出了碳减排权期货产品、对冲基金、环境产业投资基金等多种衍生环境金融工具和环境资金市场交易平台。

1. 清洁发展机制(CDM)

风电场项目投资收益率远低于火电项目,风电价格远高于火电价格,如果没有先进技术和额外的资金补充,风电缺乏市场竞争力,难以大规模商业化推广。我国风力发电之所以能成为可再生能源中最接近商业化和最有可能成为主流电源的可再生能源的技术之一,清洁发展机制项目发挥了巨大推动作用。依据《京都议定书》所设计的三种减排市场机制,持有较多排放权的企业将其碳排放权在市场上交易售出。金融机构为了应对气候变化的不确定性带来的风险,获得碳交易利润,设计了一系列基于碳排放权交易的金融衍生产品及结构性产品。目前,我国有很多节能减排项目的业主对碳金融交易缺乏了解和认识,更缺乏发现碳及其衍生产品价值的专业知识。从风电碳金融市场的供求双方来看,供给方有风电场项目开发商、碳交易基金、国际金融机构、商业银行等金融机构。需求方有减排成本较高或准备履约进行碳交易的企业、政府组织。金融机构进入风电碳金融交易市场在世界范围内起到中介作用,欧盟排放交易体系是目前世界最大的区域碳金融交易市场。我国以产权交易机构为依托,构建了我国的碳金融交易市场,主要包括北京产权交易所、上海联合产权交易所、天津排放权交易所、湖北环境资源交易所、昆明环境资源交易所、杭州产权交易所和广州环境资源交易所 7 家,集合了买卖双方以及经纪会员,在信息发布、市场发现、价格发现、交易撮合等方面发挥作用,开发和运作我国风电 CDM 项目。

我国风电场建设 CDM 项目的注册成功节省了大量的煤炭等化石燃料,有效降低温室气体排放,并为风电场建设项目业主带来相当可观的 CDM 收益,降低了我国风电场建设的投资成本,缩小风电价格与其他电价的差距,帮助风电场克服内部收益率低的障碍,促进了风电场建设项目顺利实现并网发电。目前,我国在联合国注册的 CDM 数量排名居首,其中风电项目占有较高比例,清洁生产机制在我国的风电等新能源和可再生能源项目领域市场前景广阔。例如 2006 年,作为国内首家推出能效贷款产品的兴业银行同 IFC 签署了

《能源效率融资项目合作协议》，由 IFC 向兴业银行提供 2 亿元人民币的本金损失分担，用于支持最高上限为 4.6 亿元人民币的信贷组合，兴业银行以 IFC 认定的节能、环保型企业和项目为依据进行授信，IFC 同时也为授信项目提供有偿的技术援助。能效贷款不仅在节能减排项目发挥传统信贷融资支持作用，而且能够帮助企业发现碳交易价值。

2. 电力期权交易

电力期权又称为电力选择权，指在某一特定的期限内电力期权购买者以事先约定的价格向期权售出方购买一定数量的电力商品合约、电力商品或服务的权利。在电力选择权合约的有效期内，电力期权购买者可以行使或转卖这种权利。电力期权交易分为场内期权交易和金融机构及大公司间直接进行的场外期权交易。影响风电期权定价的因素有风电场资产价格、风电期权敲定价格、合约期限、风电场资产价格波动率、拟派发红利和无风险利率的大小等，这些因素对不同种类风电选择权的影响各有不同。

8.2 资金成本分析

8.2.1 概述

8.2.1.1 资金成本的含义

资金成本是指项目为筹集和使用资金而支付的费用。资金成本一般包括资金筹集成本和资金使用成本两部分。

1. 资金筹集成本

资金筹集成本又称资金筹集费，是指在资金筹集过程中支付的各项费用，如发行股票、债券支付的印刷费，发行手续费，律师费，资信评估费，公证费，担保费，广告费等。资金筹集成本属于一次性费用，筹集次数越多，资金筹集费也就越大。

2. 资金使用成本

资金使用成本又称资金占用费，是指为占用资金而支付的费用，主要包括支付给股东的各种股息和红利、向债权人支付的贷款利息以及支付给其他债权人的各种利息费用等。资金使用成本一般与所筹集的资金多少以及使用时间的长短有关，具有经常性、定期性的特征，是资金成本的主要内容。

资金筹集成本与资金使用成本是有区别的，前者是在筹借资金时一次性支付的，在使用资金过程中不再发生，而后者在资金使用过程中多次、定期发生。

8.2.1.2 资金成本的性质

资金成本是一个重要的经济范畴，是在商品经济社会中由于资金所有权与资金使用权相分离而产生的。

（1）资金成本是资金使用者和中介机构支付的占用费和筹资费。作为资金的所有者，不会将资金无偿让给资金使用者去使用；而作为资金的使用者，也不能无偿地占用他人的资金。因此，项目筹集资金以后，资金的使用者暂时地取得了这些资金的使用价值，就要为资金所有者暂时地丧失其使用价值而付出代价，即承担资金成本。

（2）资金成本与资金的时间价值既有联系，又有区别。资金的时间价值反映了资金随

8.2 资金成本分析

着其运动的不断延续而不断增值，是一个时间函数，而资金成本除可以看作是时间的函数外，还表现为资金占用额的函数。

(3) 资金成本具有一般产品成本的基本属性。资金成本是企业的耗费，企业要为占用资金而付出代价、支付费用，而且这些代价或费用最终也要作为收益的扣除额来得到补偿。但是资金成本只有部分具有产品成本的性质，即一部分耗费计入产品成本，而另一部分则作为利润的分配，不能列入产品成本。

8.2.1.3 资金成本分析的意义

资金成本是企业财务管理中的一个重要概念，国际上将其列为一项财务标准。企业都希望以最小的资金成本获取所需的资金数额，分析资金成本有助于企业选择筹资方案，确定筹资结构以及最大限度地提高筹资的效益。资金成本的主要作用如下：

(1) 资金成本是选择资金来源、筹资方式的重要依据。企业筹集资金的方式多种多样，如发行股票、债券、银行借款等。不同的筹资方式，其资金成本也不尽相同。资金成本的高低可以作为比较各种筹资方式优缺点的一项依据，从而将挑选最小的资金成本作为选择筹资方式的重要依据。但是，不能把资金成本作为选择筹资方式的唯一依据。

(2) 资金成本是企业进行资金结构决策的基本依据。企业的资金结构一般是由借入资金与自有资金结合而成，这种组合有多种方案，如何寻求两者间的最佳组合，一般可通过计算综合资金成本作为企业决策的依据。因此，综合资金成本的高低是评价各个筹资方案组合，进行资金结构决策的基本依据。

(3) 资金成本是比较追加筹资方案的重要依据。企业为了扩大生产经营规模，增加所需资金，往往以边际资金成本作为依据。

(4) 资金成本是评价各种投资项目是否可行的一个重要尺度。在评价投资方案是否可行时，一般是以项目本身的投资收益率与其资金成本进行比较，如果投资项目的预期投资收益率高于其资金成本，则是可行的；反之，如果预期投资收益率低于其资金成本，则是不可行的。因此国际上通常将资金成本视为投资项目的最低收益率和是否采用投资项目的取舍率，同时将其作为选择投资方案的主要标准。

(5) 资金成本是衡量企业整个经营业绩的一项重要标准。资金成本是企业从事生产经营活动必须挣得的最低收益率。企业无论以什么方式取得的资金，都要实现这一最低收益率才能补偿企业因筹资而支付的所有费用。将企业的实际资金成本与相应的利润率进行比较可以评价企业的经营业绩。若利润率高于资金成本，认为经营良好；反之，企业经营欠佳，应该加强和改善生产经营管理，进一步提高经济效益。

资金来源渠道很多，不同的筹资方式其资金成本也不同。资金成本分析应通过计算权益资金成本、债务资金成本以及加权平均资金成本分析项目使用各种资金所实际付出的代价，为优化项目融资方案提供依据。

8.2.2 资金成本计算

由于在不同条件下筹集资金的数额不同，成本也不相同，因此资金成本通常用资金成本率表示。企业使用资金所负担的费用与筹集资金净额的比值，称为资金成本率（一般通称为资金成本），其计算公式为

$$K = \frac{D}{P-F} \quad (8-1)$$

式中 K——资金成本率；
D——资金使用成本；
P——筹集资金总额；
F——资金筹集成本。

由于资金筹集费一般与筹集资金总额成正比，所以一般用筹资费用率表示资金筹集费，因此资金成本率公式也可以表示为

$$K = \frac{D}{P(1-f)} \quad (8-2)$$

式中 f——筹资费用率。

对于资金成本的计算，按照资金来源方式的不同，可分为债务资金成本的计算和权益资金成本的计算；按照融资方案数量的不同，分为个别资金成本的计算和综合资金成本的计算。

8.2.2.1 个别资金成本

个别资金成本是指各种资金来源的资金成本。融资方式和融资渠道不同，相应的资金成本也不同。

1. 债务资金成本

债务资金成本由债务资金筹集费和债务资金占用费组成。债务资金筹集费是指债务资金筹集过程中支付的费用，如承诺费、发行手续费、担保费、代理费以及债券兑付手续费等；债务资金占用费是指使用债务资金过程中发生的经常性费用，如贷款利息和债券利息。

含筹资费用的税后债务资金成本为

$$P_0(1-f) = \sum_{t=1}^{n} \frac{P_t + I_t(1-T)}{(1+K_d)^t} \quad (8-3)$$

式中 P_0——债券发行额或长期借款金额，即债务现值；
f——债务资金筹资费用率；
I_t——约定的第 t 期末支付的债务利息；
P_t——约定的第 t 期末偿还的债务本金；
K_d——所得税后债务资金成本率；
T——所得税率；
n——债务期限，年。

式（8-3）中，等号左边是债务人的实际现金流入；等号右边为债务引起的未来现金流出的现值总额。本公式中未计入债券兑付手续费（可忽略不计）。使用该公式时，应根据项目具体情况确定债务期限内各年的利息是否应乘以（1-T），如在项目建设期内，则不应乘以（1-T）；在项目运营期内所得税免征的年份也不应乘以（1-T）。

2. 权益资金成本

权益资金的红利是由所得税后的净利润来支付的，所以并不会减少企业应该缴纳的所

得税的数额。权益资金成本的估算比较困难，因为很难对项目未来的收益以及股东对未来风险所要求的风险溢价作出准确的测定。可采用的计算方法主要有资本资产定价模型法、税前债务成本加风险溢价法和股利增长模型法。

（1）资本资产定价模型法。权益资金成本的计算公式为

$$K_s = R_f + \beta(R_m - R_f) \tag{8-4}$$

式中 K_s——权益资金成本；
R_f——社会无风险投资收益率；
β——项目的投资风险系数；
R_m——市场投资组合预期收益率。

（2）税前债务成本加风险溢价法。权益资金成本的计算公式为

$$K_s = K_b + RP_c \tag{8-5}$$

式中 K_s——权益资金成本；
K_b——所得税前的债务资金成本；
RP_c——投资者比债权人承担更大风险所要求的风险溢价。

（3）股利增长模型法。权益资金成本的计算公式为

$$K_s = \frac{D_1}{P_0} + G \tag{8-6}$$

式中 K_s——权益资金成本；
D_1——预期年股利额；
P_0——普通股市价；
G——普通股股利年增长率。

【例 8-1】 某期间内，证券市场的无风险投资收益率为 15%，市场投资组合预期收益率是 18%。某一股份公司普通股的投资风险系数为 1.15，该普通股的资金成本是多少？

解： 由式（8-4）可得

$$K_s = 15\% + 1.15 \times (18\% - 15\%) = 18.45\%$$

该普通股的资金成本是 18.45%。

【例 8-2】 某公司发行总价格为 2000 万元的普通股，筹资费用率为 5%，第一年股利率为 10%，以后每年增长 8%。问：这笔普通股的资金成本是多少？

解： 这是一个固定增长股利问题，根据式（8-6）股利增长模型可得

$$K_s = \frac{2000 \times 10\%}{2000 \times (1 - 5\%)} + 8\% = 18.53\%$$

这笔普通股的资金成本是 18.53%。

8.2.2.2 综合资金成本

风电场工程建设项目一般会采取多种不同的融资方式。当把整个项目的所有融资方案当作一个整体来考虑时，就需要计算资金的综合资金成本。

综合资金成本一般是以各种资金占全部资金的比重为权数，对个别资金成本进行加权平均确定的，其计算公式为

$$K_w = \sum_{j=1}^{n} K_j W_j \tag{8-7}$$

式中 K_w——综合资金成本；

K_j——第 j 种个别资金成本；

W_j——第 j 种个别资金占全部资金的比重（权数）；

n——筹资方式的种类。

8.3 资金结构分析

资金结构是指筹集资金中权益资金和债务资金的形式、各种资金的占比以及资金的来源情况，包括项目资本金与项目债务资金的比例、项目资本金内部结构的比例和项目债务资金内部结构的比例。现代项目的融资渠道是多种多样的，将多渠道来源的资金按照一定的资金结构结合起来是制订项目融资方案的主要任务。融资方案分析中，资金结构分析是一项重要内容。从技术上讲，综合资金成本最低，同时企业财务风险最小的资金结构最能实现企业价值最大化，也是最理想的资金结构。

8.3.1 项目资本金与项目债务资金的比例

项目资本金与项目债务资金的比例是项目资金结构中最重要的比例关系。项目投资者希望投入较少的资本金，获得较多的债务资金，尽可能降低债权人对股东的追索。而提供债务资金的债权人则希望项目能够有较高的资本金比例，以降低债权的风险。当资本金比例降低到银行不能接受的水平时，银行将会拒绝贷款。资本金与债务资金的合理比例需要由各个参与方的利益平衡来决定。

资本金所占比例越高，企业的财务风险和债权人的风险越小，可能获得较低利率的债务资金。债务资金的利息是在所得税前列支的，可以起到合理减税的效果。在项目的收益不变、项目投资财务内部收益率高于负债利率的条件下，由于财务杠杆的作用，资本金所占比例越低，资本金财务内部收益率就越高，同时企业的财务风险和债权人的风险也越大。因此，一般认为，在符合国家有关资本金（注册资本）比例规定、符合金融机构信贷法规及债权人有关资产负债比例的要求的前提下，既能满足权益投资者获得期望投资回报的要求、又能较好地防范财务风险的比例是较理想的资本金与债务资金的比例。

1. 经营性国内投资项目资本金占总投资的比例

按照我国有关法规规定，从 1996 年开始，对各种经营性国内投资项目试行资本金制度，投资项目资本金占总投资的比例根据不同行业和项目的经济效益等因素确定，具体规定见表 8-1。

表 8-1　　　　　　　项目资本金占项目总投资的比例

序　号	投　资　行　业	项目资本金占项目总投资的比例
1	交通运输、煤炭	35%及以上
2	钢铁、邮电、化肥	25%及以上
3	电力、机电、建材、化工、石油加工、有色金属、轻工、纺织、商贸及其他行业	20%及以上

作为计算资本金基数的项目总投资，是指投资项目的建设投资、建设期利息与流动资

8.3 资金结构分析

金之和。

根据国民经济发展的实际情况,政府有关部门可能调整建设项目的资本金比例。2004年4月,国务院决定将钢铁项目资本金比例由25%及以上提高到40%及以上,水泥、电解铝、房地产开发项目(不含经济适用房项目)资本金比例由20%及以上提高到35%及以上。2005年11月,国务院又决定将铜冶炼项目资本金比例由20%及以上提高到35%及以上。

项目资本金的具体比例,由项目审批单位根据投资项目的经济效益以及银行贷款意愿和评估意见等情况,在审批可行性研究报告时核定。经国务院批准,对个别情况特殊的国家重点建设项目,可以适当降低资本金比例。

2. 外商投资项目注册资本占总投资的比例

外商投资项目(包括外商独资、中外合资、中外合作经营项目)目前不执行上述资本金制度,而是按照外商投资企业的有关法规执行。按照目前有关规定,要求外商投资企业的注册资本与生产经营规模相适应,其注册资本占总投资的最低比例见表8-2。

表8-2　　　　　　　　　外商投资企业注册资本占总投资的最低比例

序号	总投资	注册资本占总投资的最低比例	附加条件
1	300万美元以下(含300万美元)	70%	
2	300万~1000万美元(含1000万美元)	50%	其中总投资在420万美元以下的,注册资本不得低于210万美元
3	1000万~3000万美元(含3000万美元)	40%	其中总投资在1250万美元以下的,注册资本不得低于500万美元
4	3000万美元以上	1/3	其中总投资在3600万美元以下的,注册资本不得低于1200万美元

对于一些特殊行业的外商投资企业,注册资本有特殊要求,见表8-3。

表8-3　　　　　　　　　特殊行业的外商投资企业注册资本最低要求

序号	行业	注册资本最低要求
1	从事零售业务的商业中外合营企业	不低于5000万元人民币(中西部地区不低于3000万元)
2	从事批发业务的中外合作企业	不低于8000万元人民币(中西部地区不低于6000万元)
3	外商投资(包括独资及中外合作)举办投资公司	不低于3000万美元
4	外商投资电信企业	经营全国的或者跨省(自治区、直辖市)范围的基础电信业务的,其注册资本最低限额为20亿元人民币,经营增值电信业务的,其注册资本最低限额为1000万元人民币;经营省(自治区、直辖市)范围内的基础电信业务的,其注册资本最低限额为2亿元人民币,经营增值电信业务的,其注册资本最低限额为100万元人民币

8.3.2 项目资本金结构

项目资本金内部结构比例是指项目投资各方的出资比例。不同的出资比例决定各投资方对项目建设和经营的决策权和承担的责任,以及项目收益的分配。

(1) 采用新设法人融资方式的项目,应根据投资各方在资金、技术和市场开发方面的优势通过协商确定各方的出资比例、出资形式和出资时间。

(2) 采用既有法人融资方式的项目,项目的资金结构要考虑既有法人的财务状况和筹资能力,合理确定既有法人内部融资与新增资本金在项目融资总额中所占的比例,分析既有法人内部融资与新增资本金的可能性与合理性。既有法人将现金资产和非现金资产投资于拟建项目长期占用将使企业的财务流动性降低,其投资额度受到企业自身财务资源的限制。

(3) 按照我国现行规定,有些项目不允许国外资本控股,有些项目要求国有资本控股。如2012年1月30日起施行的《外商投资产业指导目录(2011年修订)》中明确规定,核电站、铁路干线路网、城市地铁及轻轨等项目必须由中方控股。

根据投资体制改革的精神,国家放宽社会资本的投资领域,允许社会资本进入法律法规未禁入的基础设施、公用事业及其他行业和领域。按照促进和引导民间投资(指个体、私营经济以及它们之间的联营、合股等经济实体的投资)的精神,除国家有特殊规定的以外,凡是鼓励和允许外商投资进入的领域,均鼓励和允许民间投资进入。因此,在进行融资方案分析时,应关注出资人出资比例的合法性。

8.3.3 项目债务资金结构

在项目的债务资金结构比例分析中,需要分析债权各方为项目提供债务资金的数额比例、债务期限比例、内债和外债的比例以及外债中各币种债务的比例等。合理的债务资金结构需要考虑融资成本、融资风险、融资方式、币种、期限、偿还顺序及保证方式等。根据债权人提供债务资金的条件(包括利率、宽限期、偿还期及担保方式等)合理确定各类借款和债券的比例可以降低融资成本和融资风险。

1. 债务期限配比

项目负债结构中,短期、中长期负债结构需要搭配。短期借款利率低于长期借款,适当安排一些短期负债可以降低总的融资成本。但如果过多采用短期负债,会使项目公司的财务流动性不足,项目的财务稳定性下降,导致过高的财务风险。大型基础设施项目的负债融资应以长期债务为主,长期负债融资的期限应当与项目的经营期限相协调。

2. 偿债顺序安排

偿债顺序安排包括偿债的时间顺序及偿债的受偿优先顺序。通常,在多种债务中,对于借款人来说,在时间上应尽可能先偿还利率较高的债务,后偿还利率低的债务。对于有外债的项目,由于有汇率风险,通常应先偿还硬货币(指货币汇率比较稳定、且有上浮趋势的货币)的债务,后偿还软货币(指汇率不稳定、且有下浮趋势的货币)的债务。应使债务本息的偿还不致影响企业正常生产所需的现金量。

多种债务的受偿优先顺序安排对于取得债务融资有重要影响。提供信贷融资的金融机构如果感觉到资金的债权受偿顺序不利,可能会拒绝提供贷款。项目的融资安排应当尽可能使所有的债权人对于受偿优先顺序均感到满意,通常对于所有的债权人都按照相同的受偿顺序是一种可行的办法。

3. 境内外借贷占比

内债和外债的比例主要取决于项目的用汇量,同时主要由借款取得的可能性及方便程度决定。对于借款公司,如果贷款条件一样,使用境外借款或国内银行外汇贷款没有区别。对于国家,相对于使用国内银行的外汇贷款,项目使用境外贷款,国家的总体外汇收入增加,对于当期的国家外汇平衡有利,但是对于境外贷款偿还期内的国家外汇平衡会产生不利影响。

从项目本身的资金平衡考虑,产品内销的项目尽量不要借用外债,投资中如果需要外汇,可以采用投资方注入外汇(如国外或港、澳、台商投资人出资,或者由政府或国内投资人以外汇投资)或者以人民币购汇的方式。如果项目使用的外汇额度很大,以至于大量购汇将会对当期国家的外汇平衡产生难以承受的影响,则需要考虑使用外汇贷款。如果国家需要利用项目从境外借贷融入外汇,也可以考虑由项目公司在国际上借贷融资,包括向世界银行等国际金融机构借款。项目投资中如果有国外采购,可以附带需求国外的政府贷款、出口信贷等优惠融资。

4. 外汇币种选择

不同币种的外汇汇率总是不断变化的,选择外汇币种应遵循以下原则:

(1) 选择可自由兑换货币。可自由兑换货币是指实行浮动汇率制且有人民币报价的货币,如美元、英镑、日元等,它有助于外汇风险的防范和外汇资金的调拨。

(2) 付汇用软货币,收汇用硬货币。对于建设项目的外汇贷款,在选择还款币种时尽可能选择软货币。当然,软货币的外汇贷款利率通常较高,这就需要在汇率变化与利率差异之间做出预测和抉择。

5. 利率结构确定

当资本市场利率水平相对较低且有上升趋势时,尽量借固定利率贷款;当资本市场利率水平相对较高且有下降趋势时,尽量借浮动利率贷款。

8.4 融资风险分析

融资风险是指融资结构及融资方式变化时带来的丧失偿债能力和降低资本金收益的可能性,不同的融资结构和融资方式会有不同的融资风险。融资风险有可能使投资者、项目法人、债权人等各方蒙受损失。在融资方案分析中,应对各种融资方案的融资风险进行识别、比较,并对最终推荐的融资方案提出防范风险的对策。融资风险分析中应重点考虑下列风险因素。

8.4.1 资金供应风险

资金供应风险是指在项目实施过程中由于资金不落实,导致建设工期延长、工程造价上升,使原定投资效益目标难以实现的可能性。导致资金不落实的原因很多,主要包括:

(1) 已承诺出资的股本投资者由于出资能力有限(或者由于拟建项目的投资效益缺乏

足够的吸引力）而不能（或不再）兑现承诺。

（2）原定发行股票、债券计划不能实现。

（3）既有企业法人由于经营状况恶化无力按原定计划出资。

为防范资金供应风险，必须认真做好资金来源可靠性分析。在选择项目的股本投资人及贷款人时，应当选择资金实力强、既往信用好、风险承受能力强、所在国政治及经济稳定的出资人。

8.4.2 利率风险

利率风险是指由于利率变动导致资金成本上升而给项目造成损失的可能性。利率水平随金融市场情况而变动，未来市场利率的变动会引起项目资金成本发生变动。采用浮动利率，项目的资金成本随利率的上升而上升，随利率的下降而下降。采用固定利率，如果未来利率下降，项目的资金成本不能相应下降，相对资金成本将升高。因此，无论采用浮动利率还是固定利率都存在利率风险。为了防范利率风险，应对未来利率的走势进行分析，以确定采用何种利率。

在项目融资中，降低利率风险最主要的方式是利率互换，互换就是用项目的全部或部分现金流量交换与项目无关的另一组现金流量。利率互换在项目融资中很有价值，因为多数银团贷款在安排长期项目贷款时，只愿意考虑浮动利率的贷款方式，使得项目承担较大的利率波动风险。作为项目投资者，如果根据项目现金流量的性质，将部分或全部的浮动利率贷款转换成固定利率贷款，在一定程度上可能减少利率风险对项目的影响。

8.4.3 汇率风险

汇率风险是指由于汇率变动给项目造成损失或预期收益难以实现的可能性。国际金融市场上各国货币的比价在时刻变动，使用外汇贷款的项目，未来汇率的变动会引起项目资金成本以及未来还本付息费用支出的变动。某些硬货币贷款利率较低，但汇率风险较高；软货币则相反，汇率风险较低，但贷款利率较高。为了防范汇率风险，使用外汇数额较大的项目应对人民币的汇率走势、所借外汇币种的汇率走势进行分析，以确定借用何种外汇币种以及采用何种外汇币种结算。一般情况下应尽量借用软货币。

降低汇率风险可采用以下两种方式：

（1）汇率封顶。汇率封顶指在正式签署贷款合同或提取贷款前，项目公司与债权人协商约定一个固定的汇率最高值，还款时，债务人以不超过已协商约定的汇率最高值进行换汇还款。

（2）货币利率的转换。货币利率转换指为降低借款成本或避免将来还款的汇价和利率风险，将一种货币的债务转换为另一种货币的债务。

总之，对融资方案的分析和论证，主要是对融资方案的安全性、经济性和可行性进行评判和比较。安全性是指融资风险对融资目标和项目建设的影响程度。经济性是筹资成本最低。可行性是指融资渠道有无保障，是否符合国家政策规定。最后分析融资方案在可能与可行条件下的最优化，即将资金筹措种类、安排顺序、数量和条件等方面进行综合分析，使筹资成本最低，提出优化筹资方案的建议。

第 9 章 风电场设备更新技术经济分析

设备更新,从广义上讲包括设备修理、设备更换、设备更新和设备现代化改装。从狭义上讲,设备更新是指以结构更加先进、技术更加完善、生产效率更高的新设备去代替不能继续使用及经济上不宜继续使用的旧设备。

风电场及其他企业的设备更新对于提高生产效率、改进产品质量、促进技术进步、加速国民经济发展等都起着重要作用。但是,这并不意味着在任何条件下更新设备都是有利的,应该根据设备磨损客观规律和设备在使用过程中其费用变化的经济规律,对设备更新进行经济分析,由此准确确定设备的经济寿命和最佳更新方案、更新方式及更新时机。

9.1 设备磨损及其经济寿命

9.1.1 设备磨损

设备在使用和闲置过程中不可避免地发生的实物形态的变化及技术性能的低劣化称为磨损。

9.1.1.1 设备磨损的分类

1. 设备的有形磨损

机器设备在使用或闲置过程中所发生的实体磨损称为有形磨损,也称为物质磨损。有形磨损的成因不同,其表现形式也不同,一般分为第Ⅰ种有形磨损和第Ⅱ种有形磨损。

(1) 第Ⅰ种有形磨损。第Ⅰ种有形磨损是指设备在运转过程中,由于各零部件发生摩擦、振动和疲劳等现象而导致机器设备在实体上产生的磨损,这种有形磨损与机器设备的使用时间和使用强度有关。

(2) 第Ⅱ种有形磨损。第Ⅱ种有形磨损是指机器设备在闲置过程中由于金属零部件生锈或腐蚀、橡胶和塑胶部件老化等原因造成的磨损,这种有形磨损与机器设备的闲置时间和闲置期间的维护状况有关。

2. 设备的无形磨损

由于技术进步而引起的设备贬值称为无形磨损,也称为经济磨损。无形磨损也可分为第Ⅰ种无形磨损和第Ⅱ种无形磨损。

(1) 第Ⅰ种无形磨损。由于设备制造商生产工艺的改进和劳动生产率的提高,生产相同机器设备所需社会必要劳动时间减少而导致的原有设备贬值称为第Ⅰ种无形磨损。这种形式的无形磨损虽然使现有设备贬值,但设备本身的技术性能并未受到影响,不会影响到现有设备的正常使用。但是,如果设备贬值的速度太快,有可能在尚未达到设备耐用年限之前,其修理费用就高于设备本身的再生产价值,此时使用原设备是不经济的,应及时更新。

(2) 第Ⅱ种无形磨损。由于技术进步和创新，市场上出现性能更好、效率更高的设备而使得原有设备在技术上显得陈旧、落后和经济效益相对降低而发生的贬值称为第Ⅱ种无形磨损。当发生第Ⅱ种无形磨损时，虽然原有设备仍能正常使用，但是其生产的产品在质量、性能等方面均不如新型设备，所耗费的原材料、燃料等均比新型设备高，导致产品成本高于社会平均成本，削弱了产品在市场上的竞争力，进而影响到企业的发展。这种形式的无形磨损可能导致设备提前更新。

9.1.1.2 设备磨损的计算

1. 有形磨损的计算

设备的有形磨损程度计算公式为

$$\alpha_p = \frac{R}{K_1} \tag{9-1}$$

式中　α_p——设备的有形磨损程度；
　　　R——修复全部磨损零件所用的修理费用；
　　　K_1——在确定磨损时该种设备的再生产价值。

2. 无形磨损的计算

无形磨损程度计算公式为

$$\alpha_j = \frac{K_0 - K_1}{K_0} = 1 - \frac{K_1}{K_0} \tag{9-2}$$

式中　α_j——设备的无形磨损程度；
　　　K_0——设备的原始价值。

3. 设备综合磨损的计算

设备在购置安装后，不论其使用与否都同时存在有形磨损和无形磨损，这两种磨损同时作用于现有机器设备上而使其发生的实体磨损和贬值称为综合磨损。

综合磨损并非有形磨损和无形磨损的简单相加，通常采用下式计算

$$\alpha = 1 - (1-\alpha_p)(1-\alpha_j) \tag{9-3}$$

9.1.1.3 设备磨损的补偿

为了恢复已磨损设备的生产能力，保证企业生产经营的正常进行，必须对设备磨损进行补偿。磨损形式不同，补偿方式也不同。补偿方式一般有修理、更新和现代化改装。

1. 修理

设备修理是指通过维护和更换已经磨损、老化和腐蚀的零部件使设备性能得到恢复。一般分为日常维护、小修、中修和大修。

2. 更新

设备更新是指以相同设备或结构更先进、技术更完善、效率更高、性能更好、消耗更低、外观更新颖的设备替换在经济上不宜继续使用的旧设备。这是实现企业技术进步，提高经济效益的主要途径。以相同设备替换原有旧设备称为原型更新；以新型设备替换原有旧设备称为技术更新。

3. 现代化改装

现代化改装就是应用现代化的技术成就和先进经验，根据生产的具体需要，改变旧设

备的结构或增加新装置、新部件等,以改善旧设备的技术性能与使用指标,使它局部达到或全部达到目前生产的新设备水平。现代化改装是既能补偿有形磨损,又能补偿无形磨损的补偿方式。

对于可消除的有形磨损,应采取修理方式以恢复其功能;对于不可消除的有形磨损,必须对原有设备进行更新;对于第Ⅱ种无形磨损,由于是技术进步所产生的相同功能的新型设备所致,要全部或部分补偿这种差距只有对原有设备进行现代化改装或技术更新。

以上 3 种补偿设备磨损的方式中,修理属于局部补偿,更新属于完全补偿,现代化改装既可能属于局部补偿,也可能属于完全补偿。设备的磨损形式与补偿方式的相互关系如图 9-1 所示。

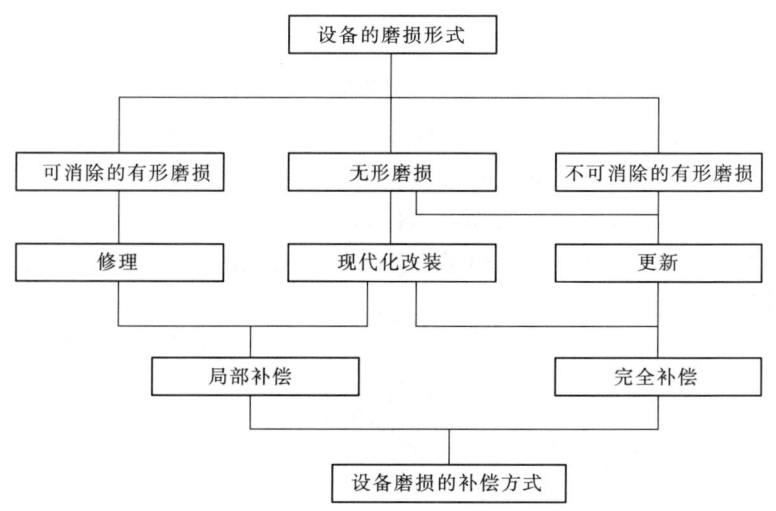

图 9-1 设备磨损形式与补偿方式之间的对应关系

9.1.2 设备的经济寿命

9.1.2.1 设备寿命类型

由于磨损的存在,设备的使用价值和经济价值逐渐消失,因而设备具有一定的寿命。工程项目中设备的寿命一般分为自然寿命、技术寿命、折旧寿命和经济寿命 4 种。

1. 自然寿命

自然寿命也称物质寿命,是由有形磨损所决定的设备的使用寿命,指一台设备从全新状态开始使用,产生有形磨损,造成设备逐渐老化、损坏、直至报废所经历的全部时间。正确使用、维护保养、计划检修可以延长设备的自然寿命,但不能从根本上避免其磨损。

2. 技术寿命

技术寿命是指一台设备可能在市场上维持其价值的时间,即一台设备开始使用到因技术落后而淘汰为止所经历的时间,也叫设备的技术老化周期。技术寿命的长短主要取决于技术进步的速度,与有形磨损无关。通过现代化改装可以延长设备的技术寿命。

3. 折旧寿命

折旧寿命是指按国家有关部门规定的折旧率,把设备总值扣除残值后的余额,折旧到接近于零时所经历的时间。折旧寿命的长短取决于国家或企业所采取的方针和政策。

4. 经济寿命

设备的经济寿命是根据设备使用成本最低的原则来确定的。所谓经济寿命是指由设备开始使用到其年均使用成本最低的年份所经历的时间。经济寿命既考虑了有形磨损，又考虑了无形磨损，它是确定设备合理更新期的依据。一般来说经济寿命短于自然寿命。

9.1.2.2 设备经济寿命的计算

计算设备的经济寿命应从设备运行过程中发生的成本入手，分析其变化规律，找出年均使用成本最低的年数，即设备的经济寿命。

设备的年均使用成本由以下两部分组成：

(1) 设备的年运行费用，包括维修保养费、材料费、操作费、动力费等。

(2) 分摊到每年的设备购置费。

一般情况下，设备的年运行费用随着使用年限的延长而逐年递增，这种运行费用的逐年递增称为设备的劣化；而每年分摊的设备购置费用随着设备使用年限的延长是逐年下降的。综合起来，设备年均使用成本随着时间的变化而变化，一般规律是：第一年高，之后逐渐降低，当达到最低值后又逐年增加，具体如图9-2所示。可见，设备的年均使用成本与使用年限的关系曲线上有一个极小点，与之对应的设备年均使用成本达到最小值的年数就是设备的经济寿命。

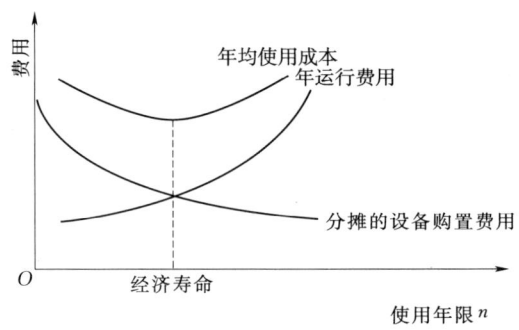

图 9-2 设备经济寿命示意图

如果不考虑资金的时间价值，则设备年均使用成本为

$$AC = \frac{I_0 - L_n}{n} + \frac{1}{n}\sum_{t=1}^{n} C_t \tag{9-4}$$

如果考虑资金的时间价值，则设备年均使用成本为

$$AC = I_0(A/P, i, n) - L_n(A/F, i, n) + \left[\sum_{t=1}^{n} C_t(P/F, i, n)\right](A/P, i, n) \tag{9-5}$$

式中 AC——设备年均使用成本；

I_0——设备初始投资；

L_n——设备在第 n 年末的残值；

C_t——设备在第 t 年的运行费用；

n——设备的使用年限。

9.1 设备磨损及其经济寿命

【例 9-1】 购置某设备花费 30000 元，使用年限为 10 年，各年的使用费用和残值见表 9-1，试分别求解不考虑资金时间价值和考虑时间价值（年利率为 15%）情况下该设备的经济寿命。

表 9-1　　　　　　　　　设备各年的使用费用和残值　　　　　　　　　单位：元

t	第 1 年	第 2 年	第 3 年	第 4 年	第 5 年	第 6 年	第 7 年	第 8 年	第 9 年	第 10 年
C_t	800	1000	1300	1700	2200	3000	4000	5200	6600	8200
L_t	24545	19636	15272	11454	8181	5454	3272	1636	545	0

解：（1）不考虑资金时间价值。根据式（9-4）计算得设备年均使用成本见表 9-2。

从表 9-2 可以看出，当该设备的使用年限为 6 年时，其年均使用成本最低，为 5758 元/年，故在不考虑资金时间价值的情况下，该设备的经济寿命为 6 年。

表 9-2　　　　　不考虑资金时间价值时的设备年均使用成本计算表　　　　　单位：元

t	年运行费用	累计运行费用	分摊的设备购置费用	累计分摊的设备购置费用	年均使用成本
(1)	(2)	(3)	(4)	$(5)=30000-L_t$	$(6)=\dfrac{(3)+(5)}{(1)}$
第 1 年	800	800	5455	5455	6255
第 2 年	1000	1800	4909	10364	6082
第 3 年	1300	3100	4364	14728	5943
第 4 年	1700	4800	3818	18546	5837
第 5 年	2200	7000	3273	21819	5764
第 6 年	3000	10000	2727	24546	5758
第 7 年	4000	14000	2182	26728	5818
第 8 年	5200	19200	1636	28364	5946
第 9 年	6600	25800	1091	29455	6139
第 10 年	8200	34000	545	30000	6400

（2）考虑资金时间价值。根据式（9-5）计算得设备年均使用成本见表 9-3。

表 9-3　　　　　考虑资金时间价值时的设备年均使用成本计算表　　　　　单位：元

t	年运行费用	年运行费用现值	累计年运行费用现值	设备残值	年均使用成本
(1)	(2)	(3)	(4)	(5)	$(6)=[(4)+30000]\times(A/P,15\%,t)-$ $(5)\times(A/F,15\%,t)$
第 1 年	800	696	696	24545	10755
第 2 年	1000	756	1452	19636	10214
第 3 年	1300	855	2307	15272	9751
第 4 年	1700	972	3279	11454	9362
第 5 年	2200	1094	4372	8181	9041
第 6 年	3000	1279	5669	5454	8802

续表

t	年运行费用	年运行费用现值	累计年运行费用现值	设备残值	年均使用成本
第7年	4000	1504	7173	3272	8639
第8年	5200	1700	8873	1636	8544
第9年	6600	1876	10749	545	8509
第10年	8200	2027	12776	0	8525

从表9-3可以看出，当该设备的使用年限为9年时，其年均使用成本最低，为8509元/年，故在考虑资金时间价值的情况下，该设备的经济寿命为9年。

9.2 设备大修及其技术经济分析

9.2.1 设备大修概述

设备在使用过程中，因受到有形磨损的影响会产生不同程度的损坏，需进行修理使其技术性能得到恢复与补偿。大修是指通过调整、修复或更换所有不符合要求的零部件，尽可能地全面排除缺陷，使设备在生产率、精确度、速度等性能指标方面达到或基本达到原有设备出厂时的标准。

大修能利用原设备未受磨损的零部件，节省原材料和加工工时，因此相对于设备更新来说设备大修花费的资金和时间较少，具有很大的优越性。

借助修理的方法可以使设备的性能得到一定程度的恢复和补偿。但是，修理是有限度的，随着技术进步的加速，修理的经济性将发生变化，修理不可能总是经济的。对现有设备长期无止境地修理会导致设备性能的逐步劣化，根本恢复不到原有的性能水平。

设备大修性能劣化图如图9-3所示，图中，OA表示设备的标准性能线。在使用过程中，设备性能是沿AB_1线下降，如果不修理仍继续使用，寿命一定很短。如果在B_1进行修理，设备的性能又恢复至B点。如此反复，直到F点，设备性能完全消失，其物理寿命宣告结束。把图中A、B、C、D、E、F各点相连就形成一条曲线，这条曲线就是设备使用过程中的性能劣化曲线。

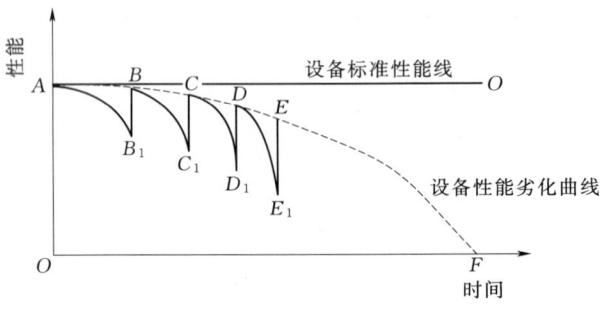

图9-3 设备大修性能劣化图

9.2 设备大修及其技术经济分析

通过性能劣化曲线可以看出，每次大修过后，虽然设备性能有所提高，但是总不能达到上次大修之后的性能最优点；随着大修次数的增加，每两次大修之间的时间间隔越来越小，即大修周期越来越短。

同时，随着大修次数的增加，设备大修费用和运行费用都会不断增加，大修理的经济性也会越来越差。因此，不能只靠修理或大修理来维持生产，应对设备修理进行经济分析，为大修理确定一个合理的经济界限。

9.2.2 设备大修的经济依据

设备大修经济与否，通常要与设备更新的经济效果进行比较。常用的大修决策方法一般依据以下两个基本经济条件：

（1）任一次大修费用不能超过购置同种新设备所需的费用，否则该次大修在经济上是不合理的，而应考虑设备更新。这是大修在经济上具有合理性的起码条件，或称最低经济界限。即

$$R < K - L_0 \tag{9-6}$$

式中 R——大修费用；

K——同种设备的重置价值；

L_0——设备的残值。

条件（1）是设备大修经济合理性的极限条件，而且其成立的前提是设备大修后的生产技术特性与同种新设备没有区别。然而，事实上大修后的设备综合性能将如图 9-3 所示存在低劣化，当低劣化超过某一幅度时，条件（1）就不适合作为大修的依据了，因此还应补充条件（2）。

（2）设备经过某次大修后的单位产品生产成本不能高于同种新设备的单位产品成本；否则，大修理不具有经济合理性。即

$$C_0 < C_1 \tag{9-7}$$

式中 C_0——旧设备修理后的单位产品成本；

C_1——新设备的单位产品成本。

【例 9-2】 某工厂一台装置已使用 5 年，拟进行一次大修，预计费用为 10000 元，大修前的价值为 5000 元，大修后设备增值为 12000 元。大修后年产 20000 件产品，年运行费用为 64000 元，3 年后残值为 2000 元。新设备的重置价值为 56000 元，预计 6 年后需进行一次大修，大修时的残值为 8000 元，期间年产 25000 件产品，年运行费用为 50000 元。假设基准收益率为 15%，请判断：大修是否合理？

解：大修预计费用 10000 元，更换新设备的投资 56000 元，大修前旧设备残值 5000 元，所以大修理费用小于新置设备的价值扣除其残值后的费用，满足设备大修的第（1）个条件。

下一步比较单位成本，旧设备大修后的单位产品成本为

$$C_0 = \frac{[12000 - 2000(P/F, 15\%, 3)](A/P, 15\%, 3) + 64000}{20000} = 3.43 \text{（元/件）}$$

新设备的单位产品成本为

$$C_1 = \frac{[56000-8000(P/F,15\%,6)](A/P,15\%,6)+50000}{25000} = 2.56 \text{（元/件）}$$

由于 $C_0 > C_1$，不满足设备大修的第（2）个条件，所以应当马上更换新设备。

9.2.3 设备大修的时机选择

设备大修的另一种经济分析方法是立即修理还是延期更新的互斥方案比选，决策指标就是各方案的总费用现值，以总费用现值最小作为方案选择的判别标准。

【例 9-3】 某设备可继续使用 3 年，其目前价值为 7000 元，继续使用的年经营费用、年收入和残值见表 9-4。

表 9-4　　　　　继续使用旧设备各年的支出收入残值　　　　　单位：元

继续使用年限/年	残　值	年　支　出	年　收　入
1	5000	3000	8000
2	3000	4000	8000
3	2000	6000	8000

如果立即将该设备大修，可使用 7 年，大修费用为 12000 元，各年支出、收入、残值见表 9-5。

表 9-5　　　　　大修后使用各年的支出收入残值　　　　　单位：元

使用年数/年	残　值	年　支　出	年　收　入
1	16000	750	8000
2	13000	1000	8000
3	10000	1500	8000
4	7000	2500	8000
5	5000	3000	8000
6	3000	4000	8000
7	2000	6000	8000

若延期 1 年大修将多支出大修费用 3000 元；若延期 2 年，大修费将多支出 5000 元。如果基准收益率为 15%，试根据下述条件决定大修理策略：

(1) 根据市场需求预测和产品寿命周期分析，该机器设备只需要使用 2 年。

(2) 需要使用 3 年。

解：(1) 方案一：继续使用旧设备 2 年。

$$NPV_1 = \frac{8000-3000}{1.15} + \frac{8000+3000-4000}{1.15^2} - 7000 = 2641 \text{（元）}$$

方案二：将旧机器大修后再使用 2 年。

$$NPV_2 = \frac{8000-750}{1.15} + \frac{8000+13000-1000}{1.15^2} - 19000 = 2427 \text{（元）}$$

显然，$NPV_1 > NPV_2$，故应继续使用 2 年旧设备而无须大修。

(2) 方案一：继续使用旧设备 3 年。

$$NPV_1 = \frac{8000-3000}{1.15} + \frac{8000-4000}{1.15^2} + \frac{8000+2000-6000}{1.15^3} - 7000 = 3002 \text{（元）}$$

方案二：将旧机器大修后再使用3年。

$$NPV_2 = \frac{8000-750}{1.15} + \frac{8000-1000}{1.15^2} + \frac{8000+10000-15000}{1.15^3} - 19000 = 3446 \text{（元）}$$

因为 $NPV_1 < NPV_2$，故应该大修机器后再使用3年，而不应该直接继续使用旧机器。

9.3 设备更新及其技术经济分析

9.3.1 设备更新的概念和原则

9.3.1.1 设备更新概念

设备更新有原型更新和技术更新两种形式。

（1）原型更新又称简单更新，它是用同型号设备以新换旧。这种更新主要是用来更换已损坏的或陈旧的设备。这样有利于减少机型，减轻维修工作量，能保证原有产品质量，减少使用老设备的能源、维修费支出，缩短设备的役龄。但不具有更新技术的性质，因此不产生技术进步。

（2）技术更新是以结构更先进、技术更完善、性能更好、效率更高、能源和原材料消耗更少的新型设备替换技术上陈旧落后、遭到第Ⅱ种无形磨损、在经济上不宜继续使用的设备。设备更新主要是指这一方式，它是实现企业技术进步，提高经济效益的主要途径。

反映某一国家、部门或企业设备更新的速度指标，可用设备役龄和设备新度来表示。设备役龄是指设备在生产中的服役年限。设备役龄越短，表示某个部门或企业的技术装备水平越先进。设备新度是指设备的净值与设备的原值之比。设备净值就是设备的原值减去折旧提成。新度的比值越大，设备越新，现代化程度越高。

9.3.1.2 设备更新原则

从战略上来讲，设备更新是一项很重要的工作。一台设备经过多次修理可以在更长的时间里勉强使用，但不进行更新意味着技术长期没有进步，成为生产发展的严重障碍。由于各国的工业基础不同，装备政策不同，更新的做法也不相同。在工业相对发达的国家，由于设备拥有量和生产能力已经很大，主要靠设备更新进一步提高劳动生产率。在工业比较落后的国家，由于设备严重不足，在劳动力充裕的条件下要充分利用一切设备来扩大生产能力，因此主要增加设备拥有量，设备更新很少。还有一些国家是设备更新和扩大拥有量并举。

我国设备拥有量已形成较大规模，但技术水平低、老设备多、质量差、效率低、设备更新工作应遵循下列基本原则。

（1）坚持独立自主、自力更生和挖潜、革新和改造的方针。要充分发挥本企业的生产和技术潜力，对于引进设备项目，要做到由学到创，洋为中用。

（2）必须要有战略规划。要注意优先解决生产能力薄弱的环节，使设备能力配套，提高企业综合生产能力。

(3) 讲究经济效益。合理确定设备最佳更新期，以最少的费用获得最佳效果。原有设备余值较大者，继续使用更为有利；原有设备的使用费用增长较快时，提早更换更为有利；与原有设备相同功能的新设备、新技术发展越快，越早更换越有利。

(4) 更新下来的设备合理、充分地利用。设备更新的目的在于提高装备构成的技术先进性，改善设备，改变设备拥有量的构成比，促进技术进步，使先进的、效率高的设备比重逐步提高，以提高产品质量、降低成本、提高劳动生产率、适应国民经济的需要、获得最高的经济效益。

9.3.2 设备更新策略和一般程序

设备更新需要解决：①大修理是否经济合理；②设备使用多少年最经济合理；③什么时间更新设备最经济合理；④用什么方式更新设备最经济合理。

无论解决哪个问题，设备更新的经济分析其实都是对多个互斥方案进行比较选择优化方案的过程，一般应遵循一定程序并采取相应策略。

设备更新策略应在系统、全面地了解企业现有设备的性能、服务年限、磨损程度、技术进步等情况下，有重点、有区别的对待：①对于陈旧落后的设备，即消耗高、性能差、使用操作条件差、对环境污染严重的设备，应当用较先进的设备尽早代替；②对整机性能尚可，有局部缺陷，个别技术经济指标落后的设备，应选择技术改造；③对较好的设备，要适应技术进步的发展需要，吸收国内外的新技术，不断加以改造和现代化改装。

确定设备更新必须进行经济分析。凡修复比较合理的，不应过早更新，可以修中有改，通过改进、改装就能使设备满足生产技术要求的不要急于更新。更新个别关键零部件就可以达到要求的，不必更换整台设备。更换单机能满足要求的，不必更换整个机群或整条生产线。

设备更新的经济分析一般应遵循下列程序，如图 9-4 所示。

(1) 确定目标。目标可以是一台设备、某个生产装置或一条生产线等。

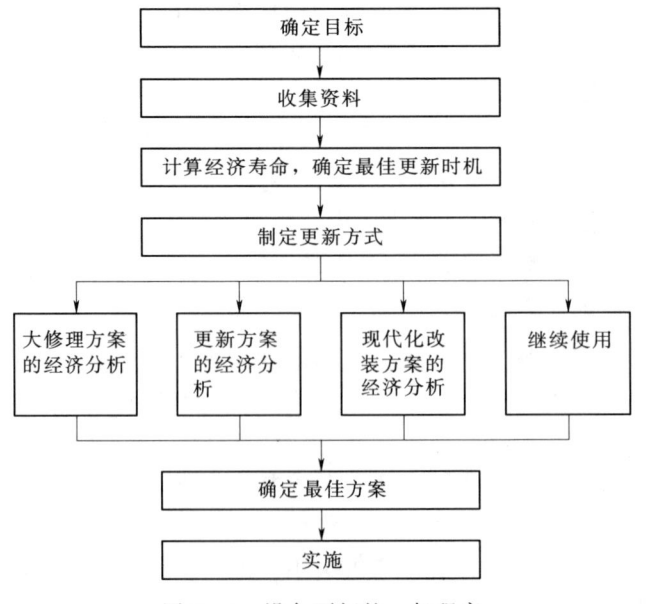

图 9-4　设备更新的一般程序

(2) 收集资料。收集设备的折旧、费用、性能、技术进步、设备磨损程度等资料。

(3) 计算经济寿命，确定最佳更新时机。

(4) 制定更新方式。设备更新方式有很多种，要根据不同的对象（目标）及具备的条件制定更新方式，同时对不同更新方式要制定出内部方案。首先要对各更新方式的内部方案进行评审（经济分析），选出各自的最佳方案后再进入下一步。

(5) 确定最佳方式（方案）。

(6) 实施。

9.3.3 设备更新方案比较的特点和原则

1. 特点

设备更新方案比较的基本原理和评价方法与第4章4.3.3节中互斥型方案比选相同，但实际比选中，有以下两个特点：

(1) 在考虑设备更新方案的比较时，通常假定设备产生的收益是相同的，因此只对各方案的费用进行比较。

(2) 由于不同设备方案的寿命不尽相同，因此通常利用年度费用（也即年均总费用）进行比较。

2. 原则

以经济寿命为依据的更新决策，必须满足设备使用到最有利的年限的条件。因此，比较设备更新方案时，应遵循以下两个原则：

(1) 沉没成本不计原则。即在进行方案比较时，原设备价值按其重置价值计算，而不考虑设备原值和目前的净残值（设备原值减去累计折旧）。

(2) 现金流的客观原则。即分析者应以客观的身份进行新旧设备的现金流比较分析，而不应站在原有状态上进行主观分析。

9.3.4 设备更新的技术经济分析

9.3.4.1 原型更新

原型更新合理更新期的确定方法有很多，最常见的方法有低劣化数值法和最小年费用法两种。

1. 低劣化数值法

假定设备经过使用之后残值为零，并以 K_0 代表设备的原始价值，T 代表已使用的年数，则每年的设备费为 K_0/T。随着 T 的增长，按年平均的设备费将不断减少。但随着设备使用时间的增加，其有形磨损和无形磨损会加剧，设备的维护修理费用及燃料、动力消耗会增加，即为设备的低劣化。若这种低劣化每年以 λ 的数值增加，则第 T 年的低劣化数值为 $T\lambda$，每年的平均低劣化数值为

$$\frac{\lambda + 2\lambda + \cdots + T\lambda}{T} = \left(\frac{T+1}{2}\right)\lambda \tag{9-8}$$

故逐年平均总费用 Y 为

$$Y = \left(\frac{T+1}{2}\right)\lambda + \frac{K_0}{T} \tag{9-9}$$

要使设备的逐年平均总费用最小，可令 $\dfrac{dY}{dT}=0$，则有

$$T = \sqrt{\frac{2K_0}{\lambda}} \tag{9-10}$$

【例 9-4】 某设备的原始价格为 8000 元，每年低劣化增加值为 320 元，问：设备的最优更换期为几年？

解：根据式（9-10）可知，设备的最佳更换期为

$$T = \sqrt{\frac{2K_0}{\lambda}} = \sqrt{\frac{2 \times 8000}{320}} \approx 7 \text{（年）}$$

即设备的最佳更换期为 7 年。

2. 最小年费用法

若设备的低劣化值每年不是以等值增加，而是变化的，则应采用最小年费用法来计算设备的合理更新期。

为了找出设备的最优使用期，需计算在整个使用期内各年消耗的平均费用，从中选出平均费用最小的一年，就是设备的最优使用年限。其计算方法与设备经济寿命的计算方法相同。

以上两种方法都是通过研究设备最优的使用年限以保证在整个使用期内消耗的总费用最小来判断更新与否，这种方法往往是在没有新设备出现的情况下适用。如果在技术进步的条件下出现了更先进的设备，这时必然对原有设备的经济寿命有所冲击，是立即更新，还是延期更新，甚至仍按原设备的经济寿命更新，哪种经济效益最大，应采用更新收益率法更为适宜。

9.3.4.2 技术更新

如果替代设施和使用的设施不同，通常采用更新收益率法来决定是立即更新还是延期更新，甚至是继续按原设施的经济寿命更新。

更新收益率法必须考虑技术进步的影响，因此，在评价时应以新增投资收益率的高低作为设施更新的依据。

当站在企业的立场进行更新分析时，需要考虑税收对设备更新的影响，此时更新收益率的计算公式为

$$i_g = \frac{\Delta R - I}{\Delta K} \tag{9-11}$$

$$I = (R_{nc} + R_0 - A)b \tag{9-12}$$

式中 i_g——更新收益率；
  ΔR——新增收益；
  I——第 2 年年初的税金及应付利息；
  ΔK——新增投资；
  R_{nc}——更先进的新设备相对于旧设备在第 1 年年末收益的增加额和费用的减少额的合计；

R_0——旧设备再使用一年的设备总消耗;
A——新设备的年折旧额及应付利息;
b——企业新增加收入部分的税率。

当 $i_g \geqslant i_c$。(行业基准收益率)时,表明设备技术更新的经济效果是好的,应该进行更新。

由于这种方法给出的是投资收益率,因此可以用来确定各种设备更新的优先顺序。

9.4 设备现代化改装及其技术经济分析

一种设备从构思、设计、研制到成批生产,一般要经历较长的时间,但随着技术进步的加快,这个周期在不断地缩短。若按这个周期更换掉所有陈旧设备是不可能的,解决这一矛盾的有效途径是对现有设备进行现代化改装。

9.4.1 设备现代化改装的概念与意义

设备现代化改装是针对设备的磨损尤其是无形磨损进行实体补偿的一种方式,是指用现代化的科学技术成果改变现有设备落后的结构,即用新部件、新装置、新附件装备现有设备使其技术性能达到或部分达到先进设备水平。现有设备通过现代化改装在技术上可能做到:①提高所有技术特性使之达到现代新设备的水平;②改善设备某些技术特性,使之局部达到现代新设备的水平;③使设备的技术特性得到某些改善。

在多数情况下,通过设备现代化改装使陈旧设备达到需要的水平所需的投资往往比用新设备更新要少。因此,在很多情况下,设备现代化改装在经济上有很大的优越性。其意义具体如下:

(1) 设备现代化改装是对现有企业技术改造的有效措施,在技术上能克服现有设备的技术落后状态,促进设备的技术进步,扩大设备生产能力,提高设备质量。

(2) 在经济上有优越性,因为改装是在原有设备的基础上,原有设备的零部件有很多可以继续使用,因此所需投资往往比用新设备要少。

(3) 现代化改装有很大的针对性和适应性,能适应生产的具体要求,在某些情况下,其适应程度甚至超过新设备,某些技术性能可以达到或超过现代新设备的水平。

(4) 在我国设备更新缓慢的条件下,设备现代化改装具有重大的现实意义。

9.4.2 设备现代化改装的技术经济分析

在一般情况下,与现代化改装并存的可行方案有:①旧设备原封不动,继续使用;②对旧设备进行大修;③用相同结构新设备更换旧设备;④用效率更高、结构更好的新设备更换旧设备。设备现代化改装的技术经济分析的任务在于从中选择总费用最小的方案。这时,除参考前面介绍的方法外,还可用最低总费用法进行决策。

最低总费用法是通过分别计算各种方案在不同服务年限内的总费用现值并加以比较,根据所需要的服务年限,按照总费用最低的原则进行方案选择的一种方法。

各种方案总费用的计算公式为

(1) 继续使用旧设备。

$$TC_{\text{ol}} = \frac{1}{\beta_{\text{ol}}} \left[\sum_{j=0}^{n} C_{\text{ol}j} r_j - V_{\text{olL}} r_n \right] \quad (9-13)$$

(2) 原型设备更新。

$$TC_{\text{ne}} = \frac{1}{\beta_{\text{ne}}} \left[\left(K_{\text{ne}} + \sum_{j=1}^{n} C_{\text{ne}j} r_j \right) - V_{\text{oo}} - V_{\text{neL}} r_n \right] \quad (9-14)$$

(3) 新型高效设备更新。

$$TC_{\text{hi}} = \frac{1}{\beta_{\text{hi}}} \left[\left(K_{\text{hi}} + \sum_{j=1}^{n} C_{\text{hi}j} r_j \right) - V_{\text{oo}} - V_{\text{hiL}} r_n \right] \quad (9-15)$$

(4) 现代化改装。

$$TC_{\text{mo}} = \frac{1}{\beta_{\text{mo}}} \left[\left(K_{\text{mo}} + \sum_{j=1}^{n} C_{\text{mo}j} r_j \right) - V_{\text{moL}} r_n \right] \quad (9-16)$$

(5) 大修。

$$TC_{\text{re}} = \frac{1}{\beta_{\text{re}}} \left[\left(K_{\text{re}} + \sum_{j=1}^{n} C_{\text{re}j} r_j \right) - V_{\text{reL}} r_n \right] \quad (9-17)$$

其中

$$r_j = \frac{1}{(1+i_0)^j}, \quad r_n = \frac{1}{(1+i_0)^n}$$

式中 TC_{ol}、TC_{ne}、TC_{hi}、TC_{mo}、TC_{re}——继续使用旧设备、用原型设备更新、用新型高效设备更新、进行现代化改装和进行大修等各种方案 n 年内的总费用；

K_{ne}、K_{hi}、K_{mo}、K_{re}——用原型设备更新、用新型高效设备更新、进行现代化改装和进行大修等各种方案所需的投资；

$C_{\text{ol}j}$、$C_{\text{ne}j}$、$C_{\text{hi}j}$、$C_{\text{mo}j}$、$C_{\text{re}j}$——继续使用旧设备、用原型设备更新、用新型高效设备更新、进行现代化改装和进行大修等各种方案在第 j 年的运行成本；

V_{olL}、V_{neL}、V_{hiL}、V_{moL}、V_{reL}——继续使用旧设备、用原型设备更新、用新型高效设备更新、进行现代化改装和进行大修等各种方案到第 n 年的残值；

V_{oo}——原有旧设备在决策年份的可售价值；

β_{ol}、β_{ne}、β_{hi}、β_{mo}、β_{re}——继续使用旧设备、用原型设备更新、用新型高效设备更新、进行现代化改装和进行大修等各种方案的生产效率系数，可将 β_{ne} 作为基准参数取 $\beta_{\text{ne}} = 1$；

r_j、r_n——第 j 年、第 n 年的现值系数；

i_0——折现率。

【例 9-5】 假定各种更新方案各年分项费用的原始资料见表 9-6，试选择最佳更新方案。

9.4 设备现代化改装及其技术经济分析

表 9-6　　　　**各种方案的原始数据**（设 $V_0=3000$ 元）

方 案	投资/元	生产效率系数		各年运行费用（Ⅰ）和各年末残值（Ⅱ）/元									
				1	2	3	4	5	6	7	8	9	10
旧设备继续使用	0	0.7	Ⅰ	1400	1800	2200							
			Ⅱ	1200	600	300							
用原型新设备替换	16000	1	Ⅰ	450	550	650	750	850	950	1050	1150	1250	1350
			Ⅱ	9360	8320	7280	6240	5200	4160	3120	2080	1300	1300
用高效新设备替换	20000	1.3	Ⅰ	350	420	490	560	630	700	770	840	910	980
			Ⅱ	11520	10240	8600	7250	5700	4700	4000	3000	2000	2000
旧设备现代化改装	11000	1.2	Ⅰ	550	680	810	940	1070	1200	1330	1460	1590	1720
			Ⅱ	9000	8000	6700	5700	4700	3700	2700	1700	1000	1000
旧设备大修	7000	0.98	Ⅰ	700	950	1200	1450	1700	1950	2200	2450	2700	2950
			Ⅱ	6400	5800	5200	4700	3800	3000	2200	1400	700	700

解： 根据式（9-13）～式（9-17）计算出不同服务年限各个方案的总费用见表 9-7。

表 9-7　　　　**各种方案的总费用**（$i=10\%$）　　　　　　　　　　单位：元

年 限	旧设备继续用	用原型新设备替换	用高效新设备替换	旧设备现代化改装	旧设备大修
1	259.7	4900.0	4563.6	2765.1	1855.3
2	3234.9	6987.6	6135.0	4542.0	3702.1
3	5982.6	8882.4	7715.1	6363.9	5526.7
4		10602.2	8976.4	7849.5	7248.2
5		12163.2	10179.0	9215.5	9193.4
6		13580.1	11033.1	10471.5	10996.2
7		14866.0	11696.5	11626.1	12724.2
8		16033.2	12393.6	12687.4	14376.0
9		16982.4	13018.3	13556.8	15908.0
10		17533.0	13321.6	14141.5	17096.1

计算结果分析：

如果只考虑使用 2 年（如 2 年以后产品将更新换代），以原封不动使用旧设备的方案为最佳。此时不仅没有更换的必要，就连大修也是多余的。如果只打算使用 3～5 年，最佳方案是对原设备进行一次大修。如果估计设备将使用 6～7 年，最佳方案是对原设备进行现代化改装。如果使用年限在 8 年以上，则用高效新型设备换旧设备的方案最佳。

第10章 风电场后评价中的技术经济分析

10.1 概　　述

10.1.1 后评价的含义

　　风电场工程项目的后评价是在项目建成投产一段时间之后对项目决策前的评价报告及其设计文件中规定的技术经济指标进行再评价，并通过对整个工程项目建设过程各阶段工作的回顾，对项目工程全过程的实际情况（施工、建设、投产经营等）与预计情况进行比较研究，衡量分析实际情况与预计情况发生偏离的程度，找出产生偏差的原因，全面总结工程项目管理的经验与教训；再将总结的经验教训反馈到将来的项目中作为参考和借鉴，为改善项目管理工作和指定合理科学的工程计划及各项规定提供重要的信息依据和改进措施，以达到提高项目投资决策水平、管理水平和提高投资效益的目的。

10.1.2 后评价与前评价的区别

　　工程项目后评价的特点决定了它与工程项目前评价有较大的差别，主要体现在以下几个方面。

　　1. 评价的主体不同

　　工程项目前评价是由工程主体（投资者、贷款决策机构、项目审批机构等）组织实施的；而工程项目后评价则是以工程运行的监督管理机构、单设的后评价机构或决策的上一级机构为主，联合主管部门会同计划、财政、审计、设计和质量等有关部门进行。这样一方面可保证工程项目后评价的全面性，另一方面也可确保工程项目后评价工作的公正性和客观性。

　　2. 评价的目的不同

　　工程项目前评价的目的是确定项目是否可以立项，是站在项目的起点，主要应用预测技术来分析评价项目未来的效益，以确定项目投资是否值得并可行；工程项目后评价则是在项目建成之后总结项目的准备、实施、完工和运营，并通过预测对项目的未来进行新的分析评价，其目的是为了总结经验教训和改进决策和管理服务。所以，工程项目后评价要同时对项目进行回顾总结和前景预测。

　　3. 评价的侧重点不同

　　工程项目前评价主要以定量指标为主，侧重于项目的经济效益分析与评价，其作用是直接作为项目投资决策的依据；而工程项目后评价则要结合行政和法律、经济和社会、建设和生产、决策和实施等方面的内容进行综合评价。它是以现有事实为依据、以提高经济效益为目的对项目实施结果进行鉴定，并间接作用于未来项目的投资决策，为其提供反馈信息。可见工程项目前评价的重要判别标准是投资者要求获得的收益率或基准收益率，而工程项目后评价的判别标准则重点是前评估的结论，主要采用对比的方法。

4. 评价的内容不同

工程项目前评价主要是对项目建设的必要性、可行性、合理性及技术方案和建设条件等进行评价，对未来的经济效益和社会效益进行科学预测；而工程项目后评价除了对上述内容进行再评价外，还要对项目决策的准确程度和实施效率进行评价，对项目的实际运行状况进行深入细致的分析。

5. 评价的依据不同

工程项目前评价主要依据历史资料和经营数据以及国家和有关部门颁布的政策、规定、方法和参数等文件；而工程项目后评价则主要发生在已经建成投产后一段时间内，对项目全过程的总体情况进行的评价。

6. 评价的阶段不同

工程项目前评价是在项目决策前的前期工作阶段进行，是项目前期工作的重要内容之一，是为项目投资决策提供依据的评价；工程项目后评价是在项目建成投产一段时间后，一方面对项目全过程（包括项目的工程建设期和生产期）的总体情况进行评价；另一方面是找出问题，分析产生的原因。

总之，风电场项目的后评价不是对项目前评价的简单重复，而是依据国家政策和制度规定对风电场项目的决策水平、管理水平和实施结果进行的严格检验和评价。它是在与前评价比较分析的基础上总结经验教训，发现存在的问题并提出对策措施，促使风电场项目更快、更好地发挥效益和健康地发展。

10.2 风电场后评价中的经济效益分析

10.2.1 经济后评价的主要内容

作为后评价的核心内容，风电场工程项目经济后评价是指对建成投产后的工程项目经济效益的再评价，它是以项目建成投产后的实际数据为基础重新预测项目生命期内各项经济数据，计算出各主要工程效益指标，然后将它们同项目前评价预测的有关经济效益指标进行对比，其目的是分析和评价项目投产后重新计算的项目经济效益指标与预测指标的偏差程度及其原因，以便吸取经验教训，并为提高项目实际效益和制定有关工程建设计划、政策服务。与前评价一样，项目经济后评价也包括项目财务后评价和项目国民经济后评价。

1. 项目财务后评价

项目财务后评价是从企业角度出发，根据项目投产后的实际财务数据，如产品价格、生产成本、销售收入、销售利润等重新预测整个项目生命期的财务数据，计算项目投产后实际的财务评价指标，然后与项目前评价中的财务评价指标进行对比，比较和分析两者的偏离程度及其原因，以吸取其经验教训，进而提高今后项目财务预测水平和项目决策科学化水平。

2. 项目国民经济后评价

项目国民经济后评价是从宏观经济角度考察项目投产后的经济效益情况，即从整个国民经济乃至全社会角度出发，根据项目有关的实际数据和国家新颁布的影子价格和有关参数重新计算出项目的国民经济评价指标，并与前评价时的国民经济评价指标进行对比，比较和分析两者的偏离程度及其原因，为提高今后的宏观项目决策科学化水平提供依据。

10.2.2 财务后评价指标

1. 财务后评价静态指标

（1）项目实际投产年限。即项目从实际投产之日起，至达到设计生产（或营业）能力为止所经历的时间。项目实际投产年限的长短是衡量与考核项目经济效益的重要指标。如果在后评价阶段项目的实际投产期已超过预计的投产期，则要分析两个方面的问题：①投产期延长的原因及造成的损失，并提出改进性建议；②具体测算项目的实际投产期。项目实际投产年限的表达式为

$$项目设计生产能力 = 生产期第一年实际产量 \times (1+平均年生产增长率)^{n-1} \quad (10-1)$$

式中　n——项目实际投产年限。

（2）项目实际投产年限变化率。即实际投产年限和设计投产年限的增减变化量与设计投产年限的比值，是反映项目实际投产年限与设计投产年限偏离程度的重要指标。其计算公式为

$$项目实际投产年限变化率 = \frac{实际投产年限 - 设计投产年限}{设计投产年限} \times 100\% \quad (10-2)$$

（3）项目投产期延长或投产期未达到设计标准损失。即由于项目投产期延长或投产期未达到设计标准而导致的利润总额的减少。其计算公式为

$$项目实际投产延期或未达到设计标准损失 = \sum(年设计产量 - 年实际产量) \times 单位产品利润额 \quad (10-3)$$

（4）项目产品价格（或劳务）变化率。即项目在生产期所生产的产品或所提供的劳务的实际价格与预测价格之差与预测价格的比值。其计算公式为

$$产品（或劳务）价格变化率 = \frac{实际产品（或劳务）价格 - 预测产品（或劳务）价格}{预测产品（或劳务）价格} \times 100\% \quad (10-4)$$

（5）项目生产（或运营）成本变化率。即项目生产期的实际产品（或劳务）成本比预测产品（或劳务）成本的增减变化额与预测成本的比值。其计算公式为

$$产品（或劳务）成本变化率 = \frac{实际产品（或劳务）成本 - 预测产品（或劳务）成本}{预测产品（或劳务）成本} \times 100\% \quad (10-5)$$

（6）项目利润总额变化率。即项目生产期年实际利润总额与年预测利润总额之差与年预测利润总额的比值，是反映项目年实际利润总额与预期利润总额偏离程度的重要指标。其计算公式为

$$各年利润总额变化率 = \frac{年实际利润总额 - 年预测利润总额}{年预测利润总额} \times 100\% \quad (10-6)$$

10.2 风电场后评价中的经济效益分析

(7) 实际工程利润率。即项目达到设计生产能力后的年实际利润总额（或年平均实际利润总额）与项目实际工程投资总额的比值。应将计算出的项目实际工程利润率与基准工程利润率、预期工程利润率加以比较。其计算公式为

$$实际工程利润率 = \frac{年实际利润总额或年平均实际利润总额}{实际工程投资总额} \times 100\% \quad (10-7)$$

(8) 实际工程利润率变化率。即项目实际工程利润率与预期工程利润率之差与预期工程利润率的比值，是反映项目实际工程利润率与预期工程利润率偏离程度的重要指标。其计算公式为

$$实际工程利润率变化率 = \frac{实际工程利润率 - 预期工程利润率}{预期工程利润率} \times 100\% \quad (10-8)$$

(9) 实际工程利税率。即项目实际年工程利税总额或年实际平均利税总额与实际工程投资总额的比值。应将计算出的实际工程利税率与基准工程利税率、预期工程利税率加以比较。其计算公式为

$$实际工程利税率 = \frac{实际年利税总额或年实际平均利税总额}{实际工程投资总额} \times 100\% \quad (10-9)$$

(10) 实际工程利税率变化率。即项目实际工程利税率与预期工程利税率之差与预期工程利税率的比值，是反映实际工程利税率与预期工程利税率偏离程度的重要指标。其计算公式为

$$实际工程利税率变化率 = \frac{实际工程利税率 - 预期工程利税率}{预期工程利税率} \times 100\% \quad (10-10)$$

(11) 实际借款偿还期。即根据项目实际的或重新测算的各项还款资金来源（即可用于还款的折旧、摊销、利润和其他收益）偿还建设工程借款所经历的时间。该指标通过编制实际借款偿还平衡表来计算。

(12) 实际借款偿还期变化率。即项目实际借款偿还期与预期借款偿还期之差与预期借款偿还期的比值，是反映项目实际借款偿还期与预期借款偿还期偏离程度的重要指标。其计算公式为

$$实际借款偿还期变化率 = \frac{实际借款偿还期 - 预期借款偿还期}{预期借款偿还期} \times 100\% \quad (10-11)$$

(13) 到期借款偿还率。即截止到项目后评价时为止，到期累计已偿还借款额与到期应偿还借款额的比值。其计算公式为

$$到期借款偿还率 = \frac{到期累计已偿还借款额}{到期应偿还借款} \times 100\% \quad (10-12)$$

2. 财务后评价动态指标

(1) 实际财务净现值（RFNPV）。即根据一定的折现率计算的各年实际财务净现金流量或根据实际情况预测的财务净现金流量的现值之和，是反映项目计算期内财务获利能力的重要指标。其计算公式为

$$RFNPV = \sum_{t=1}^{n} (RCI - RCO)_t (1+i_r)^{-t} \quad (10-13)$$

式中 $RCI - RCO$——项目实际产生的净收益或根据实际情况估算出的净收益（即实际净

现金流量）；

i_r——后评价时选定的基准收益率。

（2）实际财务净现值变化率。即项目实际财务净现值与预期财务净现值之差与预期财务净现值的比值，是反映项目实际财务净现值与预期财务净现值偏离程度的重要指标。其计算公式为

$$实际财务净现值变化率 = \frac{实际财务净现值 - 预期财务净现值}{预期财务净现值} \times 100\% \quad (10-14)$$

（3）实际财务内部收益率（RFIRR）。即能使项目计算期内各年财务净现金流量的现值之和等于零的折现率。其计算公式为

$$\sum_{t=1}^{n}(RCI - RCO)_t(1 + RFIRR)^{-t} = 0 \quad (10-15)$$

（4）实际财务内部收益率变化率。即项目的实际财务内部收益率与预期财务内部收益率之差与预期财务内部收益率的比值，是反映项目实际财务内部收益率与预期财务内部收益率偏离程度的重要指标。其计算公式为

$$实际财务内部收益率变化率 = \frac{实际财务内部收益率 - 预期财务内部收益率}{预期财务内部收益率} \times 100\%$$
$$(10-16)$$

将根据上述公式计算出的实际值与可行性研究报告和项目评价报告中估算出的预测值或同类项目的经验数据加以比较，据此判断项目的实际财务效益。

10.2.3 国民经济后评价指标

1. 国民经济后评价静态指标

（1）实际工程净效益率。即项目正常生产年份的实际净效益（当各年实际净效益波动较大时可用平均值）与实际工程投资总额的比值。其计算公式为

$$实际工程净效益率 = \frac{年实际净效益或年实际平均净效益}{实际工程投资总额} \quad (10-17)$$

（2）实际工程净效益变化率。即项目的实际工程净效益率与预期工程净效益率之差与预期工程净效益率的比值，反映项目实际工程净效益率与预期工程净效益率的偏离程度。其计算公式为

$$实际工程净效益变化率 = \frac{实际工程净效益率 - 预期工程净效益率}{预期工程净效益率} \times 100\%$$
$$(10-18)$$

2. 国民经济后评价动态指标

（1）实际经济净现值（RENPV）。即根据社会折现率计算的各年实际经济净现金流量或根据实际情况预测的经济净现金流量的现值之和。其计算公式为

$$RENPV = \sum_{t=1}^{n}(RB - RC)_t(1 + i_{rs})^{-t} \quad (10-19)$$

式中 $RB - RC$——经济净现金流量；

i_{rs}——后评价时选定的社会折现率。

(2) 实际经济净现值变化率，即实际经济净现值与预期经济净现值之差与预期经济净现值之比率，是反映项目实际经济净现值与预期经济净现值偏离程度的重要相对指标。其计算公式如下：

$$实际经济净现值变化率 = \frac{实际经济净现值 - 预期经济净现值}{预期经济净现值} \times 100\% \quad (10-20)$$

(3) 实际经济内部收益率（REIRR）。即能使项目计算期内实际经济净现金流量的现值之和等于零的折现率。其计算公式为

$$\sum_{t=1}^{n}(RB-RC)_t(1+REIRR)^{-t}=0 \quad (10-21)$$

(4) 实际经济内部收益率变化率。即实际经济内部收益率与预期经济内部收益率之差与预期经济内部收益率的比值，是反映实际经济内部收益率与预期经济内部收益率偏离程度的重要相对指标。其计算公式为

$$实际经济内部收益率变化率 = \frac{实际经济内部收益率 - 预期经济内部收益率}{预期经济内部收益率} \times 100\%$$

$$(10-22)$$

将根据上述公式计算出的实际值与可行性研究报告和项目评价报告中计算出的预测值或同类项目的经验数据加以比较，据此判断项目的实际国民经济效益。

为了计算有关财务后评价指标和国民经济后评价指标，需要编制一系列表格，其格式与项目评价时基本相同，不再赘述。

10.3 风电场经济效益优化

风电场的经济效益取决于风电场的发电收入和运行管理费用，因此必须采取有效的技术措施保障风电场风力发电机组发电量、控制和降低运营管理费用。

10.3.1 提高风力发电机组发电量的技术措施

影响风力发电机组发电量的主要因素包括风力发电机组的可利用率、风电场设备的安全管理和机组的最优输出。

1. 提高风力发电机组的可利用率

(1) 通过建立生产设备各类故障清单、故障处理程序及方法等技术标准，建立故障定额标准、质量管理标准、考核体系等措施，高效、快速处理和解决风力发电机组运行中出现的问题，降低风力发电机组故障停运时间，提高设备可利用率。

(2) 提高机组运行维护工作质量，及时处理机组运行中存在的质量隐患。采取的主要技术措施：①根据风力发电机组运行时间，抽样测试风力发电机组部件的性能参数，与该部件本身技术要求进行核对；②定期进行风力发电机组噪声、温升、振动、接地、保护定值校验等方面测试；③储备合适数量的备品备件，保证风力发电机组出现故障时，能够快速处理、排除故障；④根据风力发电机组的运行时间，科学合理地进行风电场设备的定期检查、预防性试验。

2. 保证风力发电机组、变配电设备等资产的安全

保证风力发电机组、变配电设备等资产的安全包括风电场资产的安全管理、特殊情况下风电场设备的安全防护。

3. 风力发电机组的优化输出

风力发电机组在运行过程中，由于受到风力发电机组安装地点的空气密度、湍流、叶片污染、周围地形、地表植被等方面的影响，风力发电机组的输出有可能达不到最优状态。因此，风力发电机组投入运行后，应根据风力发电机组安装地点的具体情况，调整叶片的安装角度，使风力发电机组的功率曲线满足现场风能资源的风频分布，保证最大发电量。

10.3.2 控制和降低风电场运营管理成本

风电场运营管理成本主要包括人工费用、检修费用、系统损耗、场内用电、办公及其他费用。控制和降低风电场运营管理成本对提高风电场经济效益具有显著意义。

1. 控制人工费用

合理规划设计风电场工作岗位，优化岗位结构；建立长期稳定的人才队伍，满足风电场可持续运营发展需要；做好员工培训，提高员工素质。

2. 减少检修费用

最大限度减少检修费用；依据风电场实际运行情况，配置合适数量的检修工具、设备和仪器；科学地编制和实施定期检修计划；控制设备检修时的机械费用。

3. 控制用电

控制风电场自身用电，降低系统损耗，就是间接地增加风电场发电量，提高发电收入。

参 考 文 献

[1] 王承煦,张源.风力发电[M].北京:中国电力出版社,2003.
[2] 宫靖远.风电场工程技术手册[M].北京:机械工业出版社,2004.
[3] 薛桁,朱瑞兆,杨振斌,等.中国风能资源贮量估算[J].太阳能学报,2001,4:167-170.
[4] 朱成章.关于中国风能资源储量的质疑[J].中外能源,2010,4:34-38.
[5] 李俊峰,施鹏飞,高虎.中国风电发展报告2010[M].海口:海南出版社,2010.
[6] 李俊峰,等.风光无限:中国风电发展报告2011[M].北京:中国环境科学出版社,2011.
[7] 李俊峰,等.中国风电发展报告2012[M].北京:中国环境科学出版社,2012.
[8] 国家发展改革委,建设部.建设项目经济评价方法与参数[M].3版.北京:中国计划出版社,2006.
[9] 顾圣平.工程经济学[M].北京:中国水利水电出版社,2010.
[10] 傅家骥,仝允桓.工业技术经济学[M].3版.北京:清华大学出版社,2001.
[11] 游达明,刘亚铮.技术经济与项目经济评价[M].长沙:湖南人民出版社,2001.
[12] 施熙灿,蒋水心.水利工程经济[M].3版.北京:中国水利水电出版社,2005.
[13] 王丽萍,高仕春.水利工程经济[M].武汉:武汉大学出版社,2002.
[14] Sathyajith Mathew.风能原理、风资源分析及风电场经济性[M].许锋飞,译.北京:机械工业出版社,2011.
[15] 国家能源局.NB/T31011—2011 陆上风电场工程设计概算编制规定及费用标准[S].北京:中国电力出版社,2011.
[16] 国家能源局.NB/T31032—2012 海上风电场工程可行性研究报告编制规程[S].北京:中国电力出版社,2013.
[17] 武献华,宋维佳,屈哲.工程经济学[M].大连:东北财经大学出版社,2007.
[18] 都沁军.工程经济学[M].北京:北京大学出版社,2012.
[19] 马如宏.工程经济学[M].南京:南京大学出版社,2011.
[20] 杨克磊.工程经济学[M].上海:复旦大学出版社,2007.
[21] 国家能源局.NB/T31045—2013 风电场运行指标与评价导则[S].北京:中国电力出版社,2014.
[22] 王子龙.风电产业政策分析的理论与方法[M].北京:科学出版社,2014.
[23] 许昌,钟淋涓.风电场规划与设计[M].北京:中国水利水电出版社,2014.
[24] 曹云.风电场规划设计与施工[M].北京:中国水利水电出版社,2010.
[25] 丁立新.风电场运行维护与管理[M].北京:机械工业出版社,2014.